U0938970

谨以此书
献给近代海战场上
抗击帝国主义侵略的
中华民族英烈！

中国近代海战场纪实

烟锁虎门

李道明 著

學苑出版社

图书在版编目(CIP)数据

烟锁虎门:虎门篇/李道明著.—2版.—北京:学苑出版社,2007.7

(中国近代海战场纪实)

ISBN 978-7-5077-1615-3

Ⅰ.烟… Ⅱ.李… Ⅲ.虎门之战—史料 Ⅳ.K253.06

中国版本图书馆CIP数据核字(2007)第096758号

责任编辑:韩继忠
责任校对:袁大威
封面设计:艾博堂文化
出版发行:学苑出版社
社　　址:北京市丰台区南方庄2号院1号楼　100079
网　　址:www.book001.com
电子信箱:xueyuanyg@sina.com
　　　　　xueyuan@public.bta.net.cn
销售电话:010-67674055、67675512、67678944
印 刷 厂:固安生强印制有限公司
开本尺寸:850×1168　32开本
印　　张:9
字　　数:200千字
版　　次:1999年7月北京第1版第1次印刷
印　　次:2009年12月北京第2版第1次印刷
印　　数:14001-16000册
定　　价:20.00元

目　录

中国的崛起将从海上开始

“海殇则国衰，海强则国兴”。

这是中华民族千百年来的伟大梦想和屈辱体验熔铸成的心声。

中国是一个海洋大国，拥有18000公里的海岸线，海洋国土面积达300万平方公里，约占我国陆地面积的三分之一，居世界第四位，大陆架面积居世界第五，200海里专属经济区面积为世界第十。

如果说中国近代史是一部屈辱史，倒不如说是一部近代海患史，外敌对中国的入侵，绝大部分都是从海上开始的。当时中国积贫积弱，有海无防，西方列强用炮火一次次轰开中国的大门。

孟子说：生于忧患，死于安乐。

国歌的作者田汉说：没有危机的民族，是无望而无救的民族——这种危机感，就是植根于我们民族思维深层的忧患意识。

看完12集电视片《大国崛起》让我产生一个强烈的念头：今天的中国已不是昨天的中国。既然昨天的屈辱是从海上开始的，那么，今天的崛起必然要从海上开始，我坚信只要有全中国人的支持，“太阳一定会重新从东方升起”！

8年前，学苑出版社策划这套丛书，就显现出了他们具有较强的前瞻性，表现出一种很强的政治意识、大局意识、忧患意识和责任意识。他们用8年来的社会效益和经济效益，再次印证了一个道理：登高才能望远，详察才能洞悉。如今，出版社再次修订重印这套丛书，目的是想让更多的人知道：虽然书中讲述的是中华民族苦难的昨天，但它所昭示的是我们的今天和明天；让我们走进中国近代海战场，与历史对话，聆听古炮与沉舰的诉说，回味林则徐、关天培、陈化成和邓世昌的警世之言。

21世纪是海洋世纪，海洋的战略地位日益凸显。据权威部门公布的数据，全球200多个百万以上人口的大城市，3/4集中在沿海地带；全球70%的工业资本和70%的人口，也集中在距海岸200公里以内的沿海地区。海洋已经成为人类克服人口膨胀、资源枯竭、环境恶化，实现可持续发展的重要宝库；维护海洋权益，保障海上通道安全，利用海洋大开发的历史契机挺进海洋、经略海洋，已成为越来越多国家的共识。与此同时，世界经济的重心正在向海洋转移，随着海洋新资源的发现与开发，海洋上争岛夺礁、抢占资源，是引发海洋争斗和局部战争的重要原因。

古罗马政治家西塞罗说过："谁能控制海洋，谁就能控制世界。"海权论的创始人马汉也提出："所有帝国的兴衰，其决定因素，都在于是否拥有强大的海权，能否控制海洋。"

纵观历史上世界大国的崛起，都可以说与经略海洋息息相关，葡萄牙、西班牙、荷兰、英国和美国等，无一不是"发轫于海洋"，并最终成为具有强大海洋控制能力的国家。据报道，美国把"控制全球16条海上战略通道"作为海军战略的重要内容，并不断加强在这些地区的军事存在。日本自卫队也明确提出，要保卫海上"千里生命线"。印度海军则提出了"远海歼敌"的作战思想，以实现"印度洋控制战略"。

而我国呢，虽说是大国，但在世界大国中却是唯一没有实现统一的国家。特别是海洋问题上，还有许多麻烦。

——在东海，台湾问题久悬未决，陈水扁在台独道路上越走越远；我国固有领土钓鱼岛被日本非法占领；东海大陆架是我国陆地的自然延伸，因此，面积77万平方公里的海区中应归我管辖的为54万平方公里，但日本却提出中日两国是共架国，要求按中间线划分海域。按日本的无理要求，日本与我国有16万平方公里的争议海域。

——在南海，我国海洋权益受到的侵犯更加严重。从权威部门的数字看，大约有150万平方公里的海洋国土处于“争议”中，特别是当我亲眼目睹南沙还有一些岛礁在别人掌控之中时，不免生发愤慨。

——还有，我国海上能源命脉的安全，海外利益的保护，第一岛链、第二岛链的围堵等等问题。可以说，国人现在最关心的是海洋，是海军，是安全，因为海洋和海军关系着中华民族的未来。

正因为如此，去年12月28日，胡锦涛总书记在接见海军第十次党代会代表时指出，我国是一个海洋大国，海军在捍卫国家主权和安全、维护我国海洋权益中地位重要，使命光荣。他强调，要努力锻造一支与履行新世纪新阶段我军历史使命要求相适应的强大的人民海军。

全国人大代表、海军司令员吴胜利在十届全国人大五次会议就《政府工作报告》举行分组讨论时强调，国家应从战略全局的高度，研究制定我国海洋安全战略，用以指导我海洋方向的战略行动，有效维护我国海洋权益、海洋资源和海上战略通道的安全。也有专家学者认为，无论是推进经济发展还是维护国家安全，我国在海洋空间都拥有巨大的战略利益。如果中国没有一支强大的舰队存在于世界海洋上，我国海洋上“海域被侵、海岛被占、资源被掠”的局面难以改变，我国海上“石油生命线”安全难以保卫，一旦国外发生自然灾害或社会动荡，海外财产与人员安全无法保障，也无力承担一个海洋大国应负的国际海洋安全义务。

在全球经济一体化的今天，中华民族要实现伟大复兴，紧追世界科技进步的浪潮，无论是引进来，还是走出去，都已经与海洋无法割断。站在国家总体战略的高度上认识海洋战略问题，树立新的海洋国土观、海洋利益观、海洋防卫观，是全中国人的当务之急；如何走好、走活这一盘经略海洋的大棋，是全中国人义不容辞的历史责任。

这，也许就是学苑出版社重新修订出版这套丛书的目的所在。

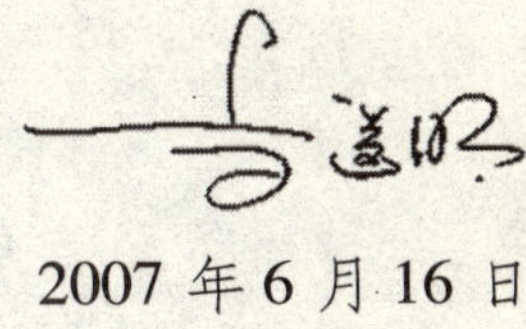

2007 年 6 月 16 日

序　幕

硝烟过后，昔日雄视海口的大清铁炮如废物般滚落在海滩上，锈迹斑斑。

两道“木排铁链”穿过上、下横档山，在波峰浪谷的大海中起伏不止，发出“吱吱”的呻吟声，仿佛随时都有解体的可能。

厚厚的乌云，狂啸的大风，连同那滔天的巨浪，把伶仃洋折腾得如同吃人的“百慕大三角”一般。

天的尽头，一个个黑点变得越来越大，越来越近，隐隐约约地可以看到，挂着“米”字旗的舰队如饿狼般向虎门海口扑来。

“狼”又来了！“狼”真的又来了！

于是，天朝皇帝居宫不安，钦差大臣林则徐怒不可遏，水师提督关天培拔刀迎战……

这是虎门鸦片战争博物馆二楼大厅中巨幅油画“金锁铜关”给我的一种联想。

1998 年 10 月的一天，就是在这幅巨画面前，我伫立了许久、许久。

早在九年前的 6 月 23 日，也是在这个地方，身着白衬衣、黄军裤的中共中央总书记江泽民，凝视着这幅巨画，眉宇紧锁，感慨万千。他对陪同参观的广东省、海军南海舰队领导说：“鸦片战争以来的中国近代史，是我们中华民族奋起抗争、救国图强的历史，我们绝不能忘记这段历史！”

中国第三代领导核心的话语，如洪钟般在唤醒亿万中国人民不忘屈辱史；如号角般在激励炎黄子孙为增强国力、建设强大国防而努力奋斗。

中小学生来了，企业员工来了，农民兄弟姐妹来了，解放军战士来了。于是，沙角炮台诉说当年“虎门海口第一道防线”和“粤海第一重门户”在英军“坚船利炮”攻击下迅速失陷的屈辱史；威远炮台诉说当年关天培率众将士为保卫“广州海路的天然屏障”而血战的悲愤史；虎门销烟池旁的“鸦片战争虎门人民抗英纪念碑”，向人们展示当年林则徐虎门销烟的英雄壮举……

虎门——天朝之门，一百五十多年前在英国的武力打击之下，被迫洞开。侵略者依靠“坚船利炮”，在中国大地上狂轰滥炸，大肆掠夺，烧杀奸淫，写下了一页又一页黑色的历史。

天朝之门

虎门这个名字，最早给我留下记忆的，是清代两位诗人写的诗句。

溟波接百川，
倾泻多奇状。
潮从虎门出，
势到沃焦放。

写这首诗的是屈大均。而与屈先生是知己的钱以恺，在畅游了伶仃洋回太平镇（当时的虎门镇又称太平镇）后，也抒发了自己的一番感慨：

平明舟发虎头门，
大虎小虎海上蹲。
我舟荡漾随所适，
耳边崩渤轰雷奔。
极岛依稀出水面，

如萍著水疑无根。
蓬莱三山若可即，
瑶台玉阙真仙子。
微身缥缈轻蝉翼，
暮游元圃朝昆仑。

从清代诗人这些意境幽深、词藻优美的诗句中，我们便可想象到当年虎门海口的盛景。

1. 曾是一颗璀璨明珠

四年前，我曾去过虎门，与其他游客一样参观过许多炮台。1998 年秋天，我再次来到虎门，用六天时间，对 100 多年前的古战场再次作了寻访。

这两次参观、寻访，一次比一次有收获，特别是对虎门的风土人情，有了更多的了解，尤其是关于虎门的传说至今仍记忆犹新。

传说，镇守珠江口的南海龙王用金锁制服了一只企图吞食龙女的斑斓猛虎，不料这只老虎却是一只怀了孕的母老虎，就在龙王欲将它送上西天的时候，母老虎突然产下两只幼仔。

龙王虽然下了决心，但一见两只幼仔，还是动了恻隐之心，便对母老虎说：你如果从此改邪归正，替我守好珠江出海口，不让坏人去坑害老百姓，我便放你一条生路。

母老虎一听，顿时泪流满面，点头同意了。

此时的龙王爷看到珠江口有了守门虎，便带着龙儿、龙女回深海龙宫颐养天年去了。

望着远去的龙王爷，母老虎方知责任重大。于是，她守在江口的左边，让仔虎守在江口的右边，双目圆睁地注视着海面上的一举一动，恪尽职守。

这就是今天的大虎山、小虎山。

两山对峙，大小船只通过此处，个个都谨小慎微。而那龙王的金锁则变成了如今的金锁牌岛。大小虎山千百年相对，不免有伶仃之感，所以人们把珠江口外的海域叫做伶仃洋。

虎吼山动，人们以为是雄狮吼叫，又把珠江口河面称作狮子洋。

据史书记载，3000 年前的新石器时代，这里就有先民渔猎散居。村头贝丘遗址，便是那个时代南粤文明的有力见证。春秋时期此为百越之地，秦汉时归南海郡，三国时此地置靖康盐场，立专官管理，至唐肃宗时东莞立县，其行政归属一直相沿至今。

钟淦泉不仅是当今虎门镇的镇长，而且对虎门的历史也颇有研究。他说，虎门原是军防地名，自明代设防以来建制不断升格而为粤海军防的最高官署。古代，盐、渔、耕、织等是自然经济的主要支柱。三国时期这里的盐业是专管。由于“盐之利，国中岁赋之半”，当时的虎门居民基本上是秋冬晒盐，春夏捕鱼、耕织。到了宋代，盐业进入大发展时期，虎门城内另设大宁盐场，是当时广东 13 个主要盐产基地之一。进入明代，此地设盐埠，官盐批转，民盐集贸，一时广开经济交流，从而带动了珠江三角洲的经济。

渔业是虎门的传统经济。这里咸淡水交汇，浮游生物较多，使鱼虾蟹贝有了充足的天然饵料。这里的先民以捕鱼为生，盐民兼事渔业。随着盐、织产品向外运转，鱼货也参与流通。宋元以后，这里的渔业有了很大的发展。

渔业的发展又相应带动了造船、修制、竹织等手工业的兴盛，国内大部分咸鲜鱼货出自虎门。

进入明万历年间，虎门北栅村有一位贤士，名叫陈名益，因从小受贤良家风的影响，为人恭勤俭守，不尚浮华，关心民疾，乐善好施，曾泛海安南（即今日越南），引进红扑扑、滑溜溜、甜滋滋的红薯回国，发动虎门乡亲广为种植。不久，虎门的大小山坡、渠沟旁的荒地到处栽种上红薯，使废地得到了充分利用，从而为我国开辟了一大粮源，造福桑梓，泽惠神州，促进了种植业的发展。

自然经济的开发和综合利用，使虎门在很早的时候就参与了外地商品的交流，尤其是盐业的销运，打开了内地人认识虎门的通道。

进入唐宋，水上丝绸之路又为虎门走向文明、繁荣找到了钥匙。不少官吏、商人看上了这块风水宝地，纷纷携眷前来定居。

自古以来，虎门人才济济。据查，在国内外较有影响的人士不下百人。深厚的历史文化底蕴，培育了淳厚的乡风和爱乡、爱国的民族精神，使虎门在中华民族历史上写下了光辉的一页。

2. 拱卫虎门的炮台

提起虎门，人们自然想到虎门至今犹存的炮台。

作为天朝大国的南大门，拱卫着它的一座座坚壁铁座炮台，不仅在中国近代海战中发挥了重要作用，成为中华民族抵御外来侵略的象征，同时，也成为当代中国人不忘屈辱历史、进行爱国主义教育的重要基地。

虎门炮台分南山、靖远、沙角、大虎山、大角、横档、威远、镇远等。

南山炮台设在威远岛山巅，面朝西南，如神鹰般注视着南中国海的潮涨潮平。据史料记载，明代万历年间，山麓设陆营，与虎头门水寨相为应援，后在山南侧建寨城置铳台。清初移建山后，而南山历为军防要区，康熙五十六年（1717）于山顶建置炮台，是虎门海口诸炮台中建造较早的一座古炮台。该炮台周长52.5丈，设炮洞12个，当时安放大小生铁炮12门，另贮有生铁炮6门，熟铁小炮2门，配以官员1名，士兵30名驻守。台上建有神堂2间、官兵住房12间、弹药库1间。炮洞石砌，台面垛口为青砖所砌。南山炮台所处位置最高，它与威远、横档等炮台组成严密的立体交叉火力网，成为虎门海口主要防线。现只剩残墙，但台上仍存放着一门后来放置的铁炮，全长8.4米，最大直径0.9米，口径0.24米。

靖远炮台在威远、镇远两炮台之间，1839年建造，共安炮60门。台面宽63丈，高1.45丈；墙用石砌，垛墙炮洞用三合土夯筑；炮台东南包墙长9.5丈，西角包墙长7.3丈，后台围墙90丈。炮台两侧分别建有城门，炮台内还有望楼、官厅、兵房、军装库和火药库。是虎门诸炮台中最坚固、火力最强的一座炮台。

沙角炮台始建于清嘉庆六年（1801），在城区以南10公里。林则徐曾于道光十九年（1839）写过一首长诗，赞美该炮台：

炮声裂山杂鼓角，樯影蘸水扬旌游。
楼船将军肃钤律，云台主帅精运筹。
三山倒影入海底，玉宇隐现开琼朴……

沙角炮台长139米，配大小铁炮11门，炮台正门配炮1门，另铸250公斤生铁炮1门备用。台上建有神堂1间、官厅3间，官房3间，兵房17间，还有火药库等设施，均青砖结构，基础、垛口、炮洞、台面为花岗石砌筑。此外，在相连的扯旗山有望楼和圆形炮台；在捕鱼山建有露天炮位。

沙角炮台与大角炮台东西斜峙，形成虎门海防的第一重门户。1841年1月7日，沙角炮台遭英军破坏。道光二十三年（1843）及光绪年间进行了重修和扩建。沙角炮台的炮位遍及沙角湾的捕鱼山、仑山、象山、白鹤山等附近相连的小山包。

大虎山炮台在大虎山东南部。大虎山屹立虎门水道中流，山如虎踞之状而得名。明初曾在此立水寨，清嘉庆二十一年（1816）在此添建炮台，是虎门地区最早的军事设施之一。嘉庆二十三年（1818），大虎山炮台配大小生铁炮32门，并设防台把总1名，防兵50名。道光十五年（1835），提督关天培对原炮台加筑坚厚，为虎门第三重防线。道光二十一年（1841）初，琦善屈膝求和，拆卸江防，英军长驱直入，该炮台被炮火淹没，至今荡然无存，只余碎石、残砖。

大角炮台在大角山，处珠江口，与东岸沙角炮台对峙，呈钳形阵地，是虎门第一道防线。始建于清道光十二年（1832），周围93丈，配铁炮16门。鸦片战争中（1841年1月7日），被英军攻陷，炮台遭受破坏。道光二十三年（1843）重修，咸丰六年（1856）又被英、法联军炮损。光绪十一年（1885）重建炮台8处，分别是振定、振阳、振威、安平、安定、安威、流星、安胜，除部分人为毁坏，其余尚存遗址。

横档炮台与东岸威远岛诸炮台对峙，扼守珠江水路咽喉。炮台建于康熙五十六年（1717），是虎门水道最早的炮台之一。周91丈，安设大小生铁炮40位，防台千总1员，防兵60名。

道光十五年（1835），关天培奏准于横档背面山麓及对岸芦

湾山脚，续添永安、巩固炮台 2 座，安炮 40 位、20 位不等，

威远炮台在虎门的诸炮台中，最为雄伟壮观。100 多年前，它是虎门防务的主要阵地，是珠江咽喉的“锁喉骨”。炮台后面的威远山，是虎门地区的最高山峰。炮台呈半月形，全长 360 米，高 6.2 米，宽 7.6 米。底层均用宽厚各 0.3 米、长 1.5 米的花岗岩石垒砌，顶层用三合土夯筑。全台有券顶暗炮位 40 个，各高 2.9 米，宽 4.2 米，深 6.6 米。沿台面上还有 4 个露天炮位，每个炮位两边各有一个储藏室。暗炮洞后面由一条 2 米宽的露天炮巷沟通，炮巷后面还有条相距 2 米多的护墙，墙上设有枪眼，一旦敌人登陆还可以继续抵抗。炮台内有官厅 1 座，神庙 3 间，兵房 12 间，药局 1 座，码头 1 个。整座炮台背山面海，内有广阔的平地回旋，位置非常险要。

镇远炮台位于威远岛武山的西北麓，建于 1815 年，同样是虎门的重要炮台之一。120 丈周长的垛墙均用三合土夯筑，台上设大小铁炮 40 位，台上建有神堂 3 间、官房 3 间、兵房 20 间、军火局 2 间。6 个露天炮位由一条砖砌券顶暗道相连，构造十分特别。“镇靖狂澜澄碧海，远扬大武慑红彝”。这是当年关天培为镇远炮台写的楹联。

当笔者以一个年轻军人身份再次寻访这片古战场时，几百年来中国历代朝廷将海防建设与国家安危系于一体，不惜重金构筑海防防御体系的历史便历历在目，而虎门便是一个缩影和最好的佐证。

3. 闭门的朝廷

虎门周围的座座炮台，筑成了中国的南大门，而中国的清政府多年以来却把这大门紧闭，采取闭关锁国的对外政策。这除了表现一个主权国家的尊严外，另一方面也是由于中国几千年封建社会自给自足的自然经济所决定的。可以说，这一政策是明王朝海禁政策的继续和发展。

早在清朝初年，郑成功在东南沿海领导武装抗清斗争。1656年，清政府厉行海禁，片板不许下海。当郑成功之孙郑克塽降清后，清政府于1684年变“严禁”为“弛禁”，继而开广州、漳州、宁波、云台山（连云港附近）四关，作为通商口岸。口岸刚刚开通，西方殖民主义者便在我东南沿海一带大肆进行海盗活动，使居住在京城深宫中的统治者忐忑不安，于是，又开始采取种种严禁措施。

1757年，清政府又实行严格的闭关政策，封闭江、浙、闽三关，只留粤海关广州一口对外通商。同时，采取一系列限制中外贸易的措施，如：提高关税，抑制进口、出口；外国商船只准在黄埔停泊，兵船不得入口；外商买卖必须通过官方特许的十三行进行；外商在广州不准离开“夷馆”，外出不准坐轿，不准带妇女，不准在广州过冬等等。这是近代清朝政府正式闭关的开始。

从1759年到1831年，清政府先后颁布了《防范外夷规条》、《民夷交易章程》、《防范夷人章程》等，对外国人的商务活动、居住处所、行动自由等，都做了苛刻而繁杂的规定。

与此同时，清政府对中外贸易货物的品种和数量都有严格的限制性规定：粮食、铁和铁器、硫磺、硝等严禁出口；丝和丝织品、茶叶、大黄的出口量严格限制；中国的书籍包括史书禁止出口；禁止中国人教授外国人汉文，违者按“汉奸”治罪。清政府不仅限制商品出口，而且限制制造海船，严禁在外国造船后带回国内。

尽管清政府对中外贸易实行了种种限制，但外国人并没有循规蹈矩，而是想方设法增强了与中国贸易的力度。面对西方尤其是英国对中国贸易的不断增加，清朝政府害怕了！

一方面，他们认为民间通商极大的流动性破坏了以农业为基础的封建统治的根基；同时，大量积累的民间财富对官本位的传统权力结构也构成一种挑战。如果洋人再与民间互相自由贸易，那就远远不是“流动”、“聚财”之事了，其结果可能更可怕。

另一方面，历史没有给当时的中国从容迎接海上文明的机会。从明朝以来，倭寇遍布东南沿海，不断骚扰沿海的渔民、乡民；早期的殖民者，如葡萄牙、荷兰等国的冒险家，常常以类似海盗的行径来确立其海上霸主地位。于是，清政府在沿海修筑御盗工事，实行“禁海”政策，远离这些心怀叵测的洋盗贼；而那些受惠于中外海盗的沿海各地官员，为了自己的私利，采取了睁只眼闭只眼的态度。

事实是，一直到英国推行鸦片贸易溃我大国基业之前，中国的经济力量还是十分雄厚的。当时我国可供出口货物品种繁多，货源充足，特别是丝、茶、瓷、漆等许多传统产品在国际上有广阔的销售市场，潜藏着巨大的竞争能力。这是一种外向的与闭关锁国相对抗的因素。

中国的封建统治者长期在简单再生产的磨盘上转圈，在自给自足的帝国内昏睡。他们既不了解世界大势，也不依赖商品的进出口，已经被排斥于世界联系的体系之外，还竭力以天朝尽善尽美的幻想来欺骗自己。农业经济自给自足的特点，使封建统治阶级所需之物品，完全可以在国内解决。外国之贡品只是锦上添花的东西，即使完全断绝了来源，也无不可。

中国经济的这种特征，使统治者可以毫无顾忌地实行闭关锁国政策。因为朝廷害怕广大人民和外国人频繁接触，不是带来中外之间无休止的纠纷，就是中外结合形成强大的反清力量。以下几件事，就很能说明问题。

一件事是，1753 年，安徽马朝柱聚众造反，与外国人毫无关系，但由于马使用了“西洋寨”的名称，引起清廷的警惕，对天主教的禁令也就更加严厉。

另一件事是，1784 年，甘肃回民起义，正巧四名外国传教士到陕西传教。尽管陕西和甘肃不是一个省份，但乾隆帝还是不放心，下令地方官吏留心稽查防范。

环视当时的国内外环境，应该说这是中国主动开放国门，通过与西方接触交流，加强应变竞争能力，实现历史转轨的有利时机。但由于清政府推行闭关锁国政策，使这个有利的机遇白白地丧失了。

破门而入的强盗

对于清政府来说，实行“海禁”政策尽管有它落后的一面，但从当时国际、国内实际情况来看，这对于抵御外国侵略与掠夺起到了一定的积极作用。因为此时的清政府明白：经过断断续续七十余年的开放政策，简单的贸易行为已满足不了外国人尤其是英国人的胃口，他们掠夺、占有的欲望越来越明显，越来越贪婪，鸦片的输入便是征兆；已是彻底断掉他们财路的时候了，因为中国人“一切皆可自给，无需他求”。

清政府的行为违背了外国人尤其是英国人的意愿，正如列宁在《俄国资本主义的发展》一文中所言：“如果资本主义不经常扩大其统治范围，如果不开发新的地方并把非资本主义的古老国家卷入世界经济漩涡之中，它就不能存在与发展。”

4. 崛起的海上霸主

对于曾经自诩为“日不落帝国”的英国，我们对它并不陌生。早在中学的教科书里，就领略了它侵略、扩张成性的本质。

据史书记载，从15世纪开始，脆弱的中世纪货船进化成强有力的满帆船。这种满帆船载着哥伦布从西班牙到新大陆，载着伽马从葡萄牙绕过非洲到印度。黄金随之源源不断地运往西班牙和葡萄牙。

不久，在中东与地中海贸易路线之外，又增添了新的航线，从而刺激了大西洋沿岸欧洲国家之间的竞争。

英国是一个岛国，海上力量发展较早。10世纪时，就自称为“不列颠海洋”之主。后来，他们又要求别国船只在“不列颠海洋”航行要向英国国旗行礼，以示承认英国在欧洲的霸权。

世界上第一次海上较量在西班牙和英国之间展开。

1588年，西班牙派出共有130艘舰只的“无敌舰队”来对付英国。他们用重型、短距离火炮武装了自己的舰队，指望在英国舰队参战时一举将其摧毁。

这年夏天，当“无敌舰队”利用西南风航行到英吉利海峡时，英国舰队在它后面集结，然后占领上风阵地，并使用远程炮进行射击，致使西班牙的“无敌舰队”无法实施打击。当西班牙舰队在格拉沃利纳水域抛锚时，英国舰队实施了持续不断的打击，迫使西班牙人从英伦三岛的偏西北方向踏上了遁逃回国的遥远而又艰险的航程。在撤退路上，又遇上大风暴，许多船只被撞毁、沉没。“无敌舰队”的覆没，摧毁了西班牙的海上威力，标志着西班牙称霸海上的时代结束。

在17世纪后半期，荷兰人几乎垄断了所有的海上贸易。

英国人为了称霸海洋，于1651年10月9日制定并颁布了《航海条例》，规定只能由英国船只或货物生产国的船只将货物运进英国。《航海条例》对专营海上贸易的荷兰是一次沉重的打击。因此，荷兰拒绝承认英国的《航海条例》。于是，1652年至1654年爆发了第一次英荷战争。

从1652年到1674年，英国人与荷兰人在海上打了三次仗，荷兰人吃了败仗，大部分贸易被英国人夺走。在一系列战争中，荷兰进一步走向衰落，失去了海上贸易垄断地位。

1756年至1763年，发生了世界上第一次波及多个欧洲国家的战争，又称“七年战争”。美洲、印度、非洲、西印度群岛，以及菲律宾都发生了陆上和海上军事冲突。

从17世纪末开始，英国与法国之间爆发了四次规模较大的战争。

1756年5月20日，英、法海军在海上发生冲突，英国人暂时失利。

1759年夏季，法国舰队进攻英国舰队，结果受到英舰重创。为避免被英军俘获，法军司令将旗舰撞在礁石上，然后放火将战舰烧毁。法国海军彻底失败。

“七年战争”以后，法国的海军力量被彻底摧垮了，失去了它在欧洲称霸的地位。英国最终战胜了最后一个海上竞争对手法国，确立了海上霸主的地位。

1814年，反拿破仑战争结束，俄、英、奥、普等国在奥地利首都维也纳举行分赃会议，英国得到了地中海的战略要地马耳他岛、爱奥尼亚群岛，北海的赫耳果兰岛，非洲的好望角，大洋洲的塔斯马尼亚岛以及西印度群岛和印度洋上的一些岛屿，使得英国完全控制了地中海，基本上控制了大西洋，并为进一步向印度洋、太平洋扩张准备了条件，也使英国“海上霸主”地位进一步得到了巩固。

18世纪60年代，英国进入工业革命时期。

从19世纪开始，英国加强了对外侵略和殖民掠夺，而英国海军又成了它扩张的重要工具。

英国人就是利用它的“坚船利炮”横扫所侵略的国家。从

1815 年到 1824 年，英国占领了新加坡；1824 年登陆缅甸仰光；1839 年占领了亚丁港；1852 年，英国又故意制造事端，派遣 6 艘军舰驶抵缅甸海岸，迫使缅政府全面接受英方殖民条件。

1853 年至 1856 年，英国立克里米亚战争的胜利，使英国海军长驱直入黑海，进一步加强了海上霸权。

到了 19 世纪末 20 世纪初，英国形成了一个庞大的殖民帝国，面积达三千三百五十万平方公里，相当于本土的 100 多倍；人口近四亿，等于本国人口的九倍。英国迅速成为世界金融的中心，对外贸易额占世界总贸易额的五分之一。

英国终于控制了全球海洋，有着从欧洲到世界各地的海上交通线和海军基地网：百慕大控制着英国至加拿大的航线；在通往东方的航道上，有直布罗陀、马尔他岛、南非开普敦、锡兰、新加坡等战略据点；在通往拉丁美洲的航线上，有巴哈马、牙买加、巴巴多斯等。

在称霸世界的同时，英国非常注重武器装备的发展。到了 18 世纪，已拥有较先进的 74 门炮战列舰、36 门炮护卫舰，还建造了很多 64 门火炮的舰船。18 世纪末，英国海军建设到了鼎盛时期，它军舰上的水手能在 5 分钟之内实施 5 次舷炮齐射。

“坚船利炮”绝不是徒有虚名，而是实实在在的。

5. 寻找传说中的东方帝国

早在距今四百多年前，安居在西半球的英格兰人就在苦苦寻找祖先们传说中的东方帝国。

1492 年，由热那亚人约翰 · 卡博特率领的英国探险队发现了北美东岸。但西班牙素有“海上霸主”地位，它想方设法阻止和遏制英国人的海上探险行动。

到了1565年，英国女王派贾明·伍德作为自己的特别使臣，绕过非洲大陆南端西侧的西蒙斯敦海军基地附近的好望角去中国。

伍德深知这次中国之旅使命重大，对女王致中国皇帝的信，他不知阅读了多少遍。他清楚地记得，在他这次中国之行的78年前，也就是1487年，葡萄牙航海家迪亚士探险到了好望角，伽马继而找到了美丽富饶的印度和东南亚，获得了珍稀宝物。伍德迫切希望通过这次东方之旅，也能寻找到中国这个富裕的国度，看看它的地有多大，财有多富，人是个啥模样。

女王与中国通商的心情特别迫切，信中恳切地写道：

> 今求至尊之陛下，凡我国来人到贵国某处、某港、某镇或某城贸易时，务求赐予自由出入之权……使其享受自由特典及权力，与其他国人在贵国贸易所享受者，一律无差。

但是，伍德的船队在航行中极为不顺，不是遭遇台风和冰山，就是闯来海盗，要么缺水缺粮，半途中剩下的最后一条船也沉没海底。

女王的信自然也深藏海底。

当时的中国人包括皇帝，也不知道世上曾发生过这么一件与中国有关的事儿。这是后话，是英国人从自己的档案馆里成堆的历史档案中发现的。

1573年，英国人曾设想过五条通往中国的路：一是取道葡萄牙人拥有专用航道权的好望角；二是取道西班牙人拥有专用航道权的麦哲伦海峡；三是通过北美走西北航道；四是经过俄罗斯国的东北航道；五是走北极航道，这是一条最艰险的航道，制定航道的决策者们只是把这条航道作为最后的选择。据史书记载，1576 年、1577 年和 1578 年，由马丁·傅洛比雪尔率领的探险队，曾经三次沿着东北航线寻找通往中国的道路，结果，只到达了加拿大北部巴芬岛一带。

到 1587 年，在一个多世纪中，英国人曾先后八次寻找中国，均没有获得成功。

面对寻找中国的一次次失败，英国国王詹母斯一世于 1620 年再次派出探险队，走西北航道寻找中国。威茅斯作为领队，手中同样拿着女王致中国皇帝的信。

可悲的是，这次探险的结果与前次一样，同样以失败而告终。

从这两次冒险寻找中国来看，西方人为了寻找到传说中的“黄金俯首可拾”的东方帝国，他们不惜付出巨大的代价；因为他们很明白，找到中国，就等于找到了财富。

于是，英国人便沿着葡萄牙人和西班牙人拥有的专用航线，再次为着掠夺东方古老文明帝国的财富而找来了。

到了 17 世纪中叶，由一批伦敦商人组成的莫斯科公司派出它的代办安东尼·杰肯逊，取道伏尔加河来到中亚的布哈拉城，企图寻找一条从水上或水陆联运到达中国的路线。由于当时战争频繁，无论是水上还是陆地，行走十分艰难，寻找行动最终搁浅。有资料说，不少船只在返回途中遇到狂风恶浪沉没海底，陆上马车也因人疲马倦、水尽粮断而不得不打道回府。

据考证，17 世纪末，英格兰国女王第三次派遣一个名叫约翰·纽伯莱的商人前往印度，手中还拿着女王伊丽莎白致中国皇帝的信。当然，她并不知道中国的皇帝叫什么，更不知道中国的首都在北京，东方帝国比她想像的还要大，物产还要丰富。至于皇帝的称谓，西方人是一无所知的。

女王在信中说："我认为，西方各国从与东方各国所进行的相互贸易而获得的利益，贵皇帝及所属臣民同样可获得，我们相互间所进行的贸易是交换性质的，是互惠互利的。"

然而，纽伯莱到了印度再也没有继续前行，至于其中原因，至今仍是个谜。这也就是说，伊丽莎白女王的第三次梦想，也没有能够通过这位商人来实现。信，自然也就没有送到中国皇帝的御案。

应该说，17 世纪是荷兰人的世纪。一直没有找到中国的英格兰人摒弃近两个世纪的盲目寻找，开始与荷兰人结盟。正是这种结盟，使英国人在很短的时间内同中国人拉上了线，同时也发现了南洋贸易一直由中国人在主宰。英国为了实现自己的经济掠夺野心，与荷兰人共同抵制中国人在南洋贸易中的"老板"地位。正是在这种利益冲突中，英格兰人了解了黄皮肤、黑头发的东方人非常聪明，但又非常保守。

有学者这样比较过：英国人来华比葡萄牙人晚了一个世纪，比西班牙人晚了半个世纪。

这一年，英船"育尼康号"在澳门附近海面被突如其来的大风掀翻。当地的中国渔民发现后，立即派人下海营救，而后，又半送半卖给英国人两只船供返程用。

可以说，这是有史记载以来中英两国民间第一次在中国本土的接触。

到了 1635 年春末，当荷兰海军大举进攻澳门，企图从葡人手中夺取中国贸易基地时，急不可待的英格兰人立即参与了这场战争。因为此时的英荷矛盾又到了白热化程度，可谓一触即发。看好时机的英格兰人又转身与葡萄牙人联手。

1635 年 7 月 23 日，这是英格兰人永远不会忘记的一天。

这天，为了褒奖英格兰人，葡萄牙的印度总督授权英国东印度公司拥有在远东的贸易权。于是，一艘“伦敦号”的商船自印度的阿果出发，抵达澳门港。

这是英船第一次正式到达中国。

到了1787年，英王乔治三世任命卡恩卡特为特命全权大使访华。当时国王给卡恩卡特的任务有六项：一、设法改变英国在华商务，破除种种限制；二、消释中国对英国的疑虑，说明英国人的目的只在通商，并无领土野心，只求中国予以保护；三、希望获得一块地方或一个岛屿作为屯货之地；四、若这点要求达不到，则须力谋解除目前英人“痛苦”；五、要求英人不受中国裁判；六、彼此交换使臣。

遗憾的是，1788年6月10日，卡恩卡特率使团航行到达班卡海峡时，突然大病，死在了茫茫大海上。随即，船队返航回国。

历史上，英国曾先后派三个使团来华，除卡恩卡特外，1793年乾隆皇帝接待了马戛尔尼，1816年嘉庆皇帝接待了阿美士德。

无论是乾隆帝，还是嘉庆帝，他们各自所处的环境决定了他们所主张的对外政策。

这里，我们不妨引用《中国近代史通鉴》一书的有关内容，对马戛尔尼和阿美士德两个使团的中国之行做番比较。

马戛尔尼使团非常庞大，使团除正副使臣外，随从人员中有哲学家、机械学家、植物学家、航海学家、画家、绘图专家、医生、海军军官等。这个使团打着为乾隆皇帝补祝八旬寿辰的旗号，送给中国皇上的礼物也是工艺精湛的艺术品，如：天文地理仪器、车辆火器、轮船模型以及钟表乐器等。他们想通过使团人员的组成以及所赠送礼品来展示西方近代文明。

马戛尔尼勋爵以为来中国会受到非常好的礼遇。当船停靠广州后，使团向广东巡抚提出，要将船直接开到天津港，然后再往北进入京城。他的这一要求遭到朝廷直截了当的拒绝。

朝廷认为，广州是唯一可以允许外国船只停靠的地方，使臣的船也不例外，要是真的朝贡皇上，必须心诚，从广东登陆徒步赴京。使团得知这一消息后，非常的不理解。正当他们准备登陆时，又传来皇上谕旨：念夷人初来大清，应予以体恤，特准从天津登陆。

一路兴致勃勃的英王使团到了紫禁城后才感到，中国皇帝和大臣们并没有把他们当成所谓的尊贵客人，而只不过是来给皇上朝贡的，与大清各地官员待遇一样。就连他马戛尔尼与随员们的一举一动都要纳入贡使的规范。

与中国地方官员不同的是，他们一不懂中国话，二不懂中国规矩，特别是朝廷礼节。在他们看来，中国的双腿下跪以头叩地并起伏多次的“三跪九叩礼”不仅繁琐，而且有辱人格尊严，如若他们也遵守，势必损伤国体——毕竟是代表英女王和英国政府而来，并非个人行为。尽管只是一个小小的礼节，却反映了东西方文化的差异，是西方的人文主义和东方的封建意识的一次碰撞。

于是，他们提出见皇上能不能免去这些繁琐程序。

朝廷大臣们见洋人如此无礼，便一再降低接待规格。

他们这样做也是有道理的。乾隆帝正逢 82 岁寿辰，一切在他眼里都是美好的，整个庆典活动绝不能出现任何有损皇上尊严的无理言行及气氛。然而，马戛尔尼毕竟是外国人，他对中国的规矩一窍不通。在中间人斡旋之下，乾隆帝自登基以来第一次同意宽容了这些“夷人”——按英国人屈一膝礼节办。

当马戛尔尼想向中国皇帝提出英国政府对促进两国间贸易的看法、派使臣常驻北京的愿望，保护英人在华权利的建议，以及请中国为大英帝国提供贸易方便和关税优惠时，乾隆皇帝则以宗主国的口气回了一封信。信中，首先是感谢英王的诚意，其次是拒绝所提条件，指明派使臣驻北京与天朝祖制不符，在华英国商人已经得到了天朝足够的关怀。

使团在中国两个多月，除受到皇帝接见、参加庆寿大典外毫无收获。他们在回国前，又以书面形式直接向中国方面提出促进贸易的几项具体要求：一是请求准许英货船到浙江、天津等口岸从事贸易；二是请求在京设立商行；三是请求在舟山附近划出一小岛供商人停歇和收存货物；四是请求在广东拨给一处地方供英商人居住，或准许澳门居住之人出入自便；五是请求英商自广东下澳门由内河行走时，货物可不上税或少上税；六是请求确立船只关税条例，以便照例上税。

马戛尔尼中国之行的最后一着棋也没走成。

不仅朝廷对他进行了严厉批驳，而且，乾隆皇帝也亲自致书“晓谕”英国国王。中国方面始终认为，“天朝物产丰富、无所不有，原不藉外夷货物以通有无”。

据说，英国使团送给乾隆皇帝的礼品，代表着英国资产阶级革命后工业革命的成就，利用了当时世界上最先进的科技手段。当英法联军火烧圆明园时，英国人惊讶地发现，这些几十年前来自本国的礼品还一直被中国朝廷封存着。

和马戛尔尼访华一样，阿美士德使团访华，英国政府对使团成员也是做了精心选择的。

正使阿美士德（1773—1857）是英国贵族，英王的侍从官、外交官，曾任驻那不勒斯公使，使华回去后于1823年被任命为印度总督。

副使斯当东，是上次使团中的成员、马戛尔尼使团副使斯当东的儿子，当年他随使团访华，觐见乾隆帝时讲了几句中国话，甚得乾隆帝喜爱。后在东印度公司任职，1800—1817 年，被派驻广州，1804 年，晋升为管货人，1816 年，又升为英国大班，成为东印度公司的重要人物。斯当东在广州期间，一面从事贸易和外交活动，一面研究汉语，并于 1810 年翻译出版了《大清律》。

第二副使亨利·埃利斯，曾在东印度公司当了六年职员，继而在波斯、土耳其担任外交官。

翻译马礼逊和德庇时，汉语方面颇有造诣。马礼逊是英国传教士，是新教派到中国的第一人，长期在东印度公司广州商馆任职，此外还行医办学校，积极活动于中国沿海。德庇时后来任东印度公司的秘书、英国大班、首席商务监督、驻华公使兼香港总督等。

这次使团和上次比较，有两个明显的特点：一是使团成员汉语水平高；二是重要人物几乎都来自东印度公司。从使团成员组成来看，也很能说明英国对对华贸易的重视以及东印度公司在英国的地位。

1816 年 2 月 8 日，阿美士德一行从英国朴茨茅斯港启程，7 月 28 日到达天津口外，继而要到北京觐见中国皇帝，商谈中英贸易问题。

然而礼节之争，仍是清政府与使团争执的焦点问题。中国政府听说远方的英吉利国又派贡使来华，依照成例准备给予接待。这时，中国已是嘉庆帝主政。他从他的父亲乾隆帝手中接过来的清王朝，已今非昔比，康乾盛世已成为过去，江河日下，千疮百孔，阶级矛盾日益尖锐。

嘉庆皇帝刚一继位，就遇上来势凶猛的白莲教起义，费时九年，才平息教乱。

元气未复，1813 年“禁门之变”又起，林清等天理教徒打进皇宫。嘉庆皇帝惊呼，真乃汉唐宋明未有之事。

刚刚过了几年平安日子，又遇上西方英吉利国派使要叩开中国紧闭的国门。

国势虽然衰微了，但视外国为文明低下的“蛮夷”，中国为尽善尽美的天朝，驾驭万国的思想观念没有什么变化。

嘉庆皇帝对英使访华的意图多少有些了解，认为英国远涉重洋必有所求。所以，他一方面按成例准备接待，派直隶总督那彦成到天津探听消息，并会同天津长芦盐政广惠照料使臣；另一方面又命沿海督抚严加防范，不许他们私自登岸，并对接待英使团的规格也做了原则上的规定，即“勿事铺张”，“此时朕不认为喜，何必有意迎合夸张”。对英使团到天津后的会谈，嘉庆皇帝指示直隶总督说：如使臣要求增开通商口岸，应严辞驳斥；如使臣言词恭顺，就令他入觐；如不遵守中国礼节制度，即在天津筵宴遣回，不让其进京。

英使团来到这个有着几千年封建礼教历史的天朝大国，面临的首要问题还是礼节问题。

英国方面曾慎重考虑过英使使华的礼节问题。英国外交大臣曾指示阿美士德，“只要能达到出使的目的，尽可以顺从中国的要求”，即可以遵从中国礼节，向皇帝行叩头之礼。但东印度公司董事会却认为在广州所能产生的效果比较在北京的任何表面利益更加重要，因而劝他在仪节或接见问题上不做任何让步，以免降低国家的威望。

礼节之争的结果是阿美士德被逐出北京。嘉庆皇帝让使团带回一封致英国国王的诏书。诏书主要内容是：一、英王输诚向化，笃于恭顺，皇帝深为愉悦；二、使臣无礼，是以遣回；三、中英两国相隔遥远，遣使远涉，良非易事，以后不必再遣使来。

可以说，这封国书是中国封建统治者昧于世界形势，仍然自高自大的表露。

《清代外交史料》记载，阿美士德被逐出北京后，清政府派长芦盐政广惠陪同到广州。为了向英使宣扬地大物博、人口众多的中华，特意安排阿美士德一行沿当年马戛尔尼行走的路线，即沿运河由直隶、山东、江苏、浙江等省到广东。1817 年元旦，阿美士德一行抵达广州，全程整整花了四个月。两广总督蒋攸銛，在阿美士德使团到达广州后，受嘉庆皇帝钦命，在广州城外的海幢寺宴请了使团，特意向英使表示天朝雍容大度的“怀柔之情”。

阿美士德在广州住了 20 天，然后经澳门回国，向英王复命。

据柔克义《欧洲使节来华考》说，阿美士德访华失败固然是中国封建统治者愚昧无知、虚骄自大造成的，英使在觐见礼节上的固执己见，也为一重要原因。对阿美士德使团在华之所为，“欧洲人士议论如麻，有是之者，有非之者”。已被流放的前法国皇帝拿破仑对叩头一事发表了如下看法。他说：“中国之皇帝，有索人叩头之权力”，外国大使“即肯叩头，万事皆了。俄英二国应指令其使服从叩头之请，然亦应要索中国大使之来伦敦及圣彼得堡者须一律遵其道之行也。入国问禁，理所当然，但均应自尊其国俗。夫下礼于异国之君，一依其俗，诚适合而无损尊荣也。然叩头一事，亦指人之性矣。”大意是说，叩不叩头为一国礼节，为达到出使目的，大可不必过于计较，只要双方互遵对方礼节即可。拿破仑之言，是对中英两国关于觐见礼之争的公正评价。

从英国政府两次使团访华的失败，我们不难看出，英国政府通过外交努力扩大对华贸易的尝试已告失败，以战争手段强迫中国接受英国政府条件的谋划正在酝酿之中。阿美士德一行愤愤返英，曼彻斯特、利物浦等地的资本家掀起一片反华叫嚣，疯狂鼓吹发动侵华战争，要求政府用武力打开中国的大门。

面对战争叫嚣，英国政府并没有采取“一步到位”的方法，而是从输出鸦片入手，改变中英贸易态势，先从经济上削弱中国，然后摧残这个民族的躯体，进而武力侵犯，要将天朝大国变成西方的殖民地。

战争的起因就是从这里开始，虎门从此在这场由贸易之争到禁毒之战直至演变成武力对抗的斗争中，充当了一个重要舞台。

6. 363 年前的中英第一次虎门海战

据史书记载，363 年前，中英两国海军在虎门曾发生过一次冲突。

关于这次冲突，《明史》把它写进了第三百二十五卷，但国名、时间及所记事实都存在很多差错。国内现存许多史书如《国榷》、《明通鉴》以及康熙年间的《新安县志》、嘉庆年间的《新安县志》，都只字未提这次冲突。只有崇祯年间《东莞县志》记载了这件事，可惜只有一句话：“红夷突入虎门。”

前不久，笔者在虎门采访时，偶尔从《东莞文史》中看到了杨宝霖先生撰写的文章。他从奏书残稿《恭报红夷飘突情形开洋颠末以慰圣明南顾事》仅存的八千余字中，了解到了明崇祯二年虎门那场中英之战。

奏稿写道，崇祯二年（1629），英国人梦啻牟率船队到中国进行贸易。因当时中英两国之间没有接触，梦啻牟只能与澳门通商，货物也只能由澳门葡萄牙人转贩中国。葡萄牙人见英国人不了解中国人，便开始大肆敲诈勒索，高抬物价，百般欺压，使得英国商人亏损数十万金。

到了崇祯十年，梦啻牟不甘心八年前的那笔糟糕透了的生意，再次率领五艘船驶往中国。

到了澳门后，葡萄牙人仍像以前一样敲诈他们，使得梦啻牟不得不采取赖账手段，坚决不给葡萄牙人现款。于是，葡萄牙人便置毒于食物中，一次毒死四十余人。此时的梦啻牟决意不再通过葡萄牙人转手贸易，而是直接找中国人。他命令船队直驶伶仃洋赴虎门，然后直插广州。

由于虎门要塞有中国的士兵在把守进江口，梦啻牟只好将船队“久泊虎门”。至于在虎门呆了多久，奏书中的“久”究竟是指几日，至今也没有权威考证。

不过，梦啻牟还是用尽了手段甚至给广州准总兵陈谦、香山参将杨元行了贿赂，并通过翻译李香荣把大批货物私运广州，窝藏在李香荣家，又采购大批中国货通过李香荣运到英船上。

当时的驻南头副总兵黎延庆，深知葡萄牙人就是从做生意开始一步步侵占澳门的。没过几天，黎延庆得到情报，说梦啻牟的船队在驶出虎门时，可能要对中国炮台进行炮击，并抢劫虎门乡村百姓财产，然后回国。

紧急之下，陈谦与黎延庆、杨元等人，立刻召开紧急会议，商议如何制敌。

到了农历七月初一，烈日炎炎下的虎门百姓，大都在家中或海边榕树下，享受丝丝海风凉爽。他们谁也没有料到，洋鬼子会向他们投来罪恶的炮弹。

面对来犯之敌，中国守军立刻布防：一方面拦截龙穴海面来敌；一方面又在蛇西海面拦截欲出海英船，同时派差哨马宗理带领众兵分别把守沿海乡村，决不允许英人上岸。

一切准备就绪之后，当天下午，英船行至沙角发现中国军队个个严阵以待，虎门各炮台压弹待发，便声称“风色不顺”而停泊过夜，实质上他们是想伺机而攻。

到了第二天晚上，明军陈帮基、吴一凤带领40名善于火攻的福建兵丁，用几艘即将退役的老木船做火船，准备待到深夜二更天时，勇士与火船一起悄悄靠近英船。当时风向突变，由南风变成北风，对火攻极为不利。就在这千钧一发之际，陈帮基的那条船蓦地搁浅，火攻未果。

英军见到中国军队要火攻他们，个个失魂落魄，纷纷跳下船，离虎门而歇。

到了初三上午7时，梦沓牟经过精心布置，命令英军直闯虎门，炮击中国炮台，并下令：“谁要怕死，以军法处置。”

英军的侵略与无理行动，激怒了中国守军，虎门炮台立刻予以还击。经过激战，一直打到上午9时，我守军终将英军击退到原处休整。

到了初九，英军派一艘船潜入沙角以北、南栅以西海面，被清军发现，英船立刻掉头退到伶仃洋海面。在后来的一个多星期里，英船始终没有任何动静，陈、黎也没有掌握到最新情报，双方处于对峙状态。

到了二十四日夜二更天的时候，梦沓牟再次增派四艘战船，突入白沙海面，双方发生炮战。结果明军炮击英船造成起火，使英船不得不退到龙穴外海。

据史料记载，这场不大不小的中英之战前后经历了九个月时间，最终被定性为“红夷今日误入，姑从宽政，日后不可再来”。

又据史料说，到了战后第二年4月，陈谦、杨元、李香荣等俱以“与夷通贿事情，别案提问”。

7. 中国这块“肥肉”要从虎门“吃”起

英国人对中国贸易市场之大的认识决不是凭空想像出来的。

作为西方大国，英国上层通过连续三个世纪对中国的寻找和不断了解，不断认识，已越来越发觉这个东方帝国就像一块上等的“肥肉”，是他们不可缺少的。

而此时的明丰中国，朝庭内部斗争复杂，政令、军令不畅。

当洋人张大口真的要想吃这块“肥肉”的时候，才知道下口的地方在虎门。如果闯进了虎门海口，就可进入珠江；进了珠江，深入到中国内地就不成问题。

1637 年 6 月，英国商会“可甸联合会”派出一支船队，船长叫威代尔。据说，该商会是由反对东印度公司垄断的贵族和商人组成，甚至英国国王查理一世也拥有该商会的股份。所以，这次船队的冒险计划得到了前所未有的支持，从被允许挂联合王国的旗帜和可以在一切地方开拓市场，从事贸易，就可看出它的“特别地位”。

这支商船队刚刚进入虎门海口，就遭到了冷遇，被虎门炮台守军勒令返回。

初来乍到，威代尔为免去不必要的麻烦，挂起世界公认的“免战”旗——即后来视为“投降”的白旗，并表明是为贸易而来。明军表示要在六日之后才能答复。

然而，这支船队的到来不知为什么被葡萄牙人知道了。他们抢在虎门明军的前面赶到广州知府进行密报，称：英国人到澳门后受到了葡萄牙人谴责，被拒绝进港贸易。他们的商船上有火炮，这次来中国是不怀好意。一旦进入珠江，他们就会在广州制造麻烦。

在大洋上苦苦航行了九个月还没有得到一点休整的威代尔及船员们，在寂寞之中苦熬了六天。六天过后，中国守军告知威代尔："请你们立刻返回，本国暂不接待你们。"

雄心勃勃的威代尔，哪能接受得了这个结局！他在未请示国内允许的情况下，倚仗船队的武装实力，不顾明军的一再警告和拦截，强行闯入虎门海口进入珠江。

无奈之下，虎门守军开始炮击，英船队进行还击。

毫无准备情况下的中英海军遭遇战就这样打响了。

战争的结果，是威代尔所没有料到的：虎门中国守军不堪一击，很快便败下阵来；英国船队自由自在地靠在了太平镇口码头，占领了炮台。

更可恨的是，威代尔指挥部下，将中国炮台的35门火炮搬到自己的船上，并逼迫虎门一位渔民赴广州送信，要求所谓的"通商"。

后来一连串的事实，打破了威代尔的梦想：先是中国沿海乡村民众不愿意与他们贸易，虎门村寨的人只要一见他们，不是远远地躲开，就是关起店门拒绝与他们谈生意；然后是他利用行贿的手段获得在广州通商许可东窗事发，中国政府迅速查处了此事，受贿的广东总兵与三名行贿的英国商人一同遭到逮捕。

广东衙门调集各路大军封锁了虎门海陆各通道，使得威代尔不敢轻举妄动。

没有"耳目"，没有淡水，没有食物，威代尔又一次挂起了白旗，然后坐到了谈判桌前，答应了中方提出的"退出炮台，交还赃物，方可到广州在指定地点做生意"的要求。

就这样，威代尔在中国人面前迅速由敌人变成了商人，成了第一批经允许到达广州的英国人。

就是这个集军人与商人于一身的威代尔，在跟中国的贸易中，施展了他的全部能耐。船队一靠上广州码头，他就疯狂地采购。据史料记载，威代尔在“指定地点”购得12086担糖、800担青干姜、53桶瓷器、14条金链、88箱丁香、500担冰糖、24盒丝织品，还有30.5个金元宝，而后于12月底离开中国。

威代尔的欲望远远没有得到满足，他弄不明白为何葡萄牙人是如此地反感他们，而且在中国也是极不受欢迎。他对于此次中国之行感到非常失望，仅仅带一批中国商品是很难向英王交代的，更不是船队远涉重洋的目的。

不过，威代尔在失望之中又发现了一线希望：中国的通商大门并没有完全关闭，澳门就好比大门中的一条缝，老牌的西方殖民者牢牢控制住了这条缝，那就是葡萄牙人获准在澳门居住。

威代尔感到这次东方之旅受到了莫大侮辱，他想打破葡萄牙人的垄断，甚至想独吞中国这块“肥肉”。当他的船队途经虎门海口行将回国的时候，他特派船队中的“皮纳斯·安号”到虎门入海口进行地形考察，以期下次再来中国也要霸占作永久性“根据地”。

一次次的失败，并没有使英国政府和商人寻找打开中国贸易大门的努力停止下来。

1808年9月，英海军少将度路利以帮助葡萄牙人防御法国入侵为名，在未经中国朝廷的批准之下，不顾当地葡萄牙人的反对，于21日率兵登岸占领了澳门之东的望洋、娘妈阁、伽思兰三个炮台。

登陆之后的英军不仅没有打算离开，而且还进一步从印度增兵，前后兵船数达13艘，其中3艘还潜入虎门。到11月11日，度路利又率30多只舢板船到广州城郊十三行停泊。

直到此时，两广总督才感到事情弄大了，下令驱逐。

因英军不听，总兵黄飞鹏令兵丁开枪吓唬，当场毙英兵1名，伤3名。英船退至黄埔。

后来，度路利又令所有英人24小时内全部撤离广州，大有战争一触即发之势。终因英商人从自身利益出发，不同意发动战争，度路利不得不于12月15日率船撤退。

事实上，这是英国人向中国进行武力侵略的一次试探。

8. 巡洋舰突现虎门外海

1832年2月26日，一艘巡洋舰突然出现在广东海面。当时的中国广东守军因为没有任何资料，加上也没有接到任何情报，对这个庞然大物的行动路线、目的一无所知。

据史书记载，这艘巡洋舰大约在500多吨左右。它是一艘由军用改为民用的英国商船，船上载有78人，是东印度公司花2000多元买来专门运载货物的，名字叫“阿美士德号”。它的主要任务是调查中国沿海海域水文资料，侦察中国沿海军事情报。

按当时的国际公约，这样的公开行动，等于侵犯了中国的主权。于是，他们伪装成商船，自称是到日本去做生意，途经中国海，有时要停泊中国沿海城乡进行补给和休整，并公开声明船上没有任何诸如鸦片、武器之类的中国禁运物品。

自从“阿美士德号”从澳门出发后，他们内部就做了严格分工：船长礼士负责测量中国沿海海湾的水道，绘制中国东南沿海海图；林德赛原本是东印度公司广东商馆的高级官员，这一次他摇身一变成了船主，并化名胡夏米，主持调查与侦察活动；德籍传教士郭士立化名甲利，充当医生和翻译，他的主要任务是在船靠岸后，走街串乡，以对老百姓乐善好施为名，从事中国社情调查和传教活动，实质上是所谓“胡夏米”的副手。

胡夏米在写给英国政府的一份《“阿美士德号”中国北部口岸航行报告》中称：他们每到一处都要结交几个中国“朋友”，并随时散发《赌博明论略讲》、《崇真实弃假谎略说》、《说城》等小册子。

胡夏米在中国沿海的调查与侦察活动抓得非常紧，并写出了许多专题报告。正如他在报告中所言：“南澳是中国第二个海军根据地，一半在广东，一半在福建，是总兵官或提督的驻所所在地，共有军队 5230 多人，其中 4000 余人属广东，1100 余人属福建。但是，这些军队的实际存在，除了花名册以外，是令人怀疑的。据我们所见，整个驻军只有 78 只战船。从外形来看，它们属小型战舰，实质上是小商船。无论从哪一方面讲，它们要比我们在广州看到的战舰差得多。海湾入口处有炮台两座，较高的一处有炮 8 门，较低的一处有 6 门。海湾内部也有一座炮台，但没有架炮。”

从这段文字中我们不难看出，胡夏米的调查和侦察活动是很缜密和细致的。

在南澳民间有这样一个传说：

有一天，“阿美士德号”船员上岛补淡水，中国渔民见洋人要东西，便准备敲他们一下竹杠，以一尺布换一担水。谁知，这些洋人并非省油的灯，非要一尺布换一百担水。渔民们一看这些洋鬼子手中没有枪没有剑，胆子也大了起来，纷纷把提水的桶藏了起来。因为这次调查与侦察活动是秘密的，胡夏米令所有船员既不要与中国渔民发生冲突，又要想方设法把淡水补充到位，否则会影响下一步工作进展。

尽管已进入初春，但南澳岛上仍然是冷风嗖嗖。

胡夏米为了使中国渔民能为他们这帮西方人开方便之门，便提着一匹布和几瓶葡萄酒来到相当于现在村长的渔老大家中，请他出面解难。

这位渔老大从没有见过黄头发、蓝眼睛的外国人，更没有与洋人相距这么近。他很有礼貌地给这位洋人端来一瓢水。还没等把水递到胡夏米面前，他便“哇”地一转身吐了起来：“这洋人身上的味道怎么比山羊身上的味道还难闻，太恶心了。你们要是到沟溪里洗澡，肯定会把水弄脏，而且还会破坏风水。太恶心了！太恶心了！你赶紧上船离开这里。”

说完，渔老大便把布和酒还给洋人，连劝带推地把胡夏米打发走了。

渔民们一听洋人要坏风水，更是群情激愤，各自拿着刀、矛和竹竿，坚守着沟溪和池塘。

一时没了主意的胡夏米和几个随从便灰溜溜地往海边走去。

船员们见胡夏米一行垂首丧气地上了船，便知道情况不妙。

深夜，胡夏米突然通知船员集合训话，他说：“中国人从骨子里讨厌我们西方人，看来文明之道是走不通了，我们干脆就以野蛮代替文明。把船上所有能盛水的用具都用上，一切要悄悄进行，不能暴露行动，在凌晨3点以前把淡水罐装满，天亮之前离开这鬼地方，否则会影响行动计划的按时完成。”

于是，夜幕之下，英国人在中国南澳岛上演了一幕夜盗淡水的丑剧。

“阿美士德号”自从3月28日沮丧地离开南澳岛，用了一个星期时间才于4月2日抵达厦门。

厦门地方政府先前接到了情报，“阿美士德号”还未靠码头，一群文官、武官便在码头等候。他们上船没有检查到什么违禁物品后，水师提督陈化成站在码头，神情严肃地对胡夏米宣布："所需粮水可以无偿赠给，但必须即刻离开，更不允许上岸同居民接触。"

随后，陈提督又派遣水师船监督洋船。只见停靠在"阿美士德号"船旁的水师船上，赫然立着一块牌子：

> 厦门提督为严禁事：
>
> 查夷船应即遵命启碇开行，不准其停泊滞留。本地船只与臣民均不得与该船靠近或交接。特示。

然而，胡夏米并没有立刻按中国水师提督的要求去办，而是想办法拖延时间。

据胡夏米本人在一份报告中所写：到了第二天，陈化成又在厦门一座寺庙里接见胡夏米，严厉指责英船擅自停泊厦门是违法的，必须尽快离开；只要答应这个条件，粮水即刻无偿补给。

然而，胡夏米面对陈化成的要求，他既不说"不"，也不说"是"，硬是在厦门赖了好几天。

在这几天中，"阿美士德号"并没有按照中国政府的要求去做，他们不是走街串巷，就是下乡访户，而清兵只能紧随其后，却动不得洋人的一根汗毛。

在六天当中，胡夏米对厦门的港口、屯兵等情况进行了大量的调查，特别是对清政府军队的腐败和清政府官吏的无知无谋无略，有了更进一步的了解。正如胡夏米报告中所写到的："我们到过的部分地区都发现中国人，甚至高级的人士，对于我们外国人的每一件事都极端无知，甚至达到这样的程度——例如，我极少见过有人除知道英国为'红毛国'外，尚有别的名号。"

4 月 8 日，胡夏米率"阿美士德号"离开厦门，向东航行到了澎湖列岛和台湾西岸的五条港，对这一带的物产及地势做了考察。接着向西北方向航行，于15日抵达福建福清县属的南日岛。

通过海峡后，他们在万澳停泊。在这里，他们住了两天。驻岛清军一再催他们离开，而英船一直拖到19日才离开前往闽江口外的笔架山。24日上午，当英船驶到闽安镇时，当地驻军命令他们退回，但他们不听劝阻，强行通过，直抵福州城下。胡夏米、郭士立等五人登上南岸，穿过33孔长达420米的万寿桥和密集人群，一直闯到福州城内的县衙门，要求直接觐见总督，并要求在城内居住。

接待官员和颜悦色地告诉他们，面见总督要等到明天再说，外国人居住城内是违反惯例的，请他们回到船上居住。

胡夏米一行不听招呼，过江到了最初上岸的那个海关，准备在那里寻找住宿地，最后硬是死赖在一座官署里住了一夜。

第二天上午，他们感到面见总督已无希望，才把禀帖交给总督手下一官员。

远在上海的苏松镇总兵关天培，此时已得到“阿美士德号”在福州城活动情况的通报。为了慎重起见，他派人进一步了解福建方面官员处理这一事情的方法及进展。

据回沪的情报人员说，自胡夏米进福州城后，“阿美士德号”便退到闽江下游两公里的地方，但仍然遭到了中国水师船的严密监视，不允许其与中国任何船只往来。

后来，胡夏米一行又登上了闽安左营都司的船，要求和百姓自由往来，否则就将英船开至城下等候总督的批复。

这位都司从没有与洋人接触过，更没有独自处理过这样的涉外事情，深感处理不好，触犯了朝廷，那就不是丢乌纱帽的事情了，说不定还要赔进小命一条。于是，他就来了个折中办法：一是绝不让英船继续北上，进一步违反中国禁令；二是让其停泊在城下，允许与民间往来。

福州城老百姓听说来了洋船，而且还有洋医、洋货，纷纷前往，身体不好的看病，有钱有物的谈生意。因为语音的障碍，传教士郭士立听不懂闽南话，加之他又不是正儿八经的医生，几天之内，胡、郭二人病没治好一例，生意没谈成几笔，倒了解了不少情况，可谓收获不小。

关天培又得知，胡夏米等人以为中国人很好欺压，而且连清政府的官员也很容易驯服，在福州城的活动更是肆无忌惮，甚至指责清政府不该对英国人称“夷”，还说什么：只要是进行自由贸易，双方愿买愿卖，互惠互利，中国政府就不该干涉。

面对胡夏米的言行，福建方面采取了更为严格的监督措施。一方面，左营都司陈显生在福州乡下贴出告示，禁止百姓与英夷来往；另一方面，允许他们在城内销售价值万元的货物。

这艘英船直到 5 月 17 日才离开福州，25 日到舟山定海，26 日到镇海、宁波，距上海只有几百海里。

为了找到一条处置这帮英“夷”的办法，关天培立即派遣水师船前往内外洋海面巡查堵截，同时令苏松太兵道吴其泰贴出告示，不准乡村、海上民众与英船交易，如遇到英船，想法避之。

6 月 20 日，“阿美士德号”在没有受到任何阻拦的情况下顺利到达吴淞口。胡夏米一行继续采取在福州的做法，找借口与当地中国政府软磨，以便争取时间对上海的军事布防进行侦察。

在上海期间，胡夏米深入到崇明、宝山等地进行大量军情调查，郭士立则对黄浦江水道进行仔细调查。

尽管苏松镇总兵关天培与吴其泰一再明谕英人要遵守中国法典，不得擅自动作，而胡夏米、郭士立等人自以为浙江提督动用水师船和兵丁都没有拦得住他们，就不把关天培、吴其泰放在眼里。

怪事往往就是这样出现的。

就说吴淞炮台的阅兵，这本是中国军队自己的事，也是各国军队正常的训练总结项目，没有特别批准，外国人是不可进入观看的。胡夏米等人却擅自进入吴淞港口，并参观了中国军队500人的阅兵表演。

可笑的是，胡夏米一行英国人进入中国兵营后，不仅没有受到严格检查，吴其泰反而卑躬屈膝地向洋人声明阅兵并非针对他们。

当胡夏米发现中国军人的弓箭分离不在一处时，感到很纳闷，于是就向士兵打听，方知中国军队为防士兵之间乱用弓箭发生哗变，便将箭放到对岸去了。

随后，胡夏米又来到兵营宿舍参观，发觉墙上挂的刀不过是废铁一块，锁在一边的枪全都生了锈。胡夏米断言："只要有50名意志坚定、训练良好的士兵，或者比这数字还要少些，就足以彻底、干净地消灭这500人或更多的中国军队！"

面对英国人的狂妄与骄横，关天培气愤至极。可他毕竟只是个苏松镇总兵，要想彻底把胡夏米以及英国船赶出上海，他还没那个权力。但他发誓，要找个机会与英国人较量较量。

正是关天培在上海目睹了英国人的野蛮，为他日后在虎门与英军决一死战，血洒炮台，成为民族英雄打下了伏笔。

据《清宣宗实录》记载，清朝政府得知英船出现在中国东南沿海时，非常恐慌。道光皇帝坐卧不安，责令新任闽浙总督程祖洛上任后，"悉心查访……毋许该夷船在洋停泊，必须驱逐净尽"。

然而，区区一艘英船在中国海面自由出入半年之久，如此众多中国水师船竟没能将它拒之外海；胡夏米、郭士立等几十名西方人对中国人针对他们而定的禁令不屑一顾，走乡串街，访民问军，数以千计的中国人包括那些吃皇粮的官吏，竟没有一人能制止住英国人的违法行径，有的反而受其蒙骗，私自与其互换物品，这就更助长了他们的侵略野心。

中英军事力量的悬殊，清政府的软弱无能，中国城乡民众对日用品特别是对布匹等洋货的需求，使胡夏米更加为这次破门而入的中国之旅的收获感到非常满足，至少在女王那里他会理直气壮地说："打开中国贸易大门就像我们英格兰人用刀叉将蛋糕送入口中一样轻而易举。"

这也就是几年之后，英国人敢于破坏中国的禁烟政策，挑起鸦片战争，用武力敲开中国大门的真正动因。

英国人的伪商船能轻而易举地破"门"而入，那么英国人的军舰开赴中国内河，实现其侵略野心的时间还会远吗?!

紧闭着的虎门在沉默。"不在沉默中死亡，便在沉默中爆发"。

第三章 罪恶的黑色贸易

到了道光帝时代，鸦片不断流入中国，成了朝廷的一个棘手难题。而这一难题，先于道光帝的几任皇帝都未能解决。如果说清史的上半部是写着辉煌的话，那么，它的下半部则是写着颓废与没落。

鸦片就是直接威胁着民族存亡、国家兴衰的黑色毒品。

虎门的悲壮史就是从这黑色鸦片写起的。

9. 美丽与罪恶并存

据记载，鸦片起源于希腊，是用罂粟的汁液制成。罂粟则原产于南欧和小亚细亚，是一种两年生草本植物，全株有白粉，叶长圆形。

1998 年夏季，笔者曾参观了在北京军事博物馆举行的大型禁毒展，亲眼目睹了美丽的罂粟花。只见花儿有鲜红、橙红、粉红、黄色、白色，十分艳丽可爱。据讲解员介绍，罂粟果在未成熟时，如轻轻划破表皮，可流出汁液，用这种汁液可制麻醉剂或毒品。鸦片内还含有植物盐基，也就是通常所说的吗啡，具有镇痛、镇咳、止泻、安神等药用功效。

大约在7世纪末或8世纪初，鸦片由土耳其人和阿拉伯人传入扬州和广州等通商口岸，后来传到我国的中原和西部地区。

对于鸦片，世界各地有许多叫法，有的称米囊，也有的称阿芙蓉。中国最初提到这种植物的，是8世纪初叶唐朝的陈藏写的《本朝拾遗》一书。以后宋人刘翰于宋太祖开宝六年在其《开宝拾遗》中也提到过罂粟。在医药典籍之外，唐人郭橐驼在《种树书》中写道，“莺粟几月几日及中秋夜种之，花必大，子必满。”晚唐诗人雍陶《西归斜谷》诗也有“马前初见米囊花”句。“莺粟”、“米囊”都是罂粟的别名。郭橐驼是长安人，雍陶是成都人。可知唐朝时陕西、四川已种植罂粟。宋时用罂粟煮粥，当作补品，谓之“御米”，可谓珍贵。

大诗人苏轼有诗云：“童子能煎莺粟汤。”

苏辙《种罂粟》诗还说，“罂粟可储。罂细如粟，与麦皆种，与穋皆熟，苗堪春菜，实比秋谷，研做牛乳，烹为佛粥。老人气衰，饮食无几。食肉不消，食菜寡味。柳槌石钵，煎以蜜水，便口利喉，调肺养胃……”

可见宋人食罂粟好比当今人服食参茸。

在《开宝本草》之后，宋人所著医书如苏颂《图经本草》、杨士瀛《直指论》等，已先后指出罂粟壳蒴可治呕逆、下痢、腹痛等病。

元代，也用它来治咳嗽及泻痢。但从唐朝到元朝还只是直接吞服罂粟实米和壳蒴，直到明朝才知道刺取罂粟汁液制成鸦片，用以治疗一些疑难病，或作为增强性功能的辅助药物。

大凡读过书的中国人，都知道我国历史上有一位名医叫李时珍，他写过一本书名叫《本草纲目》，书中有这样一段文字："阿芙蓉能涩丈夫精气，俗人房中求用之。"

鸦片虽然可以治病，但是药力过猛，麻醉性极大。在这方面，早在元朝就引起医学家的重视。

但在后来的几百年间，人们并没有记住古人"杀人如剑，宜深戒之"的教导，而是一直把鸦片当作高级补品，要么自己享用，要么用来馈赠大官。

六卷本《鸦片战争档案史料》第一册，就记载这样一件事：乾隆年间有一位姓余的老烟鬼，他食毒如命，到处宣扬吸毒始觉其味清甜，久之，骨节欲酥，万念俱无，像是进了"极乐世界"。不少吸毒者大概就是这样送命的。

文学家、思想家魏源，写过这样一首《新乐府》，痛斥鸦片之害：

阿芙蓉，阿芙蓉，
产海西，来海东。
不知何国香风过，
醉我士女如醇酕。
夜不见月与星兮，
昼不见白日，
自成长夜逍遥国。
长夜国，莫愁湖。
销金锅里乾坤无。
…………

向中国输入大量鸦片，以换取大量金银，损害中国人身体健康——英国政府对华采取的这一措施，就如同在血淋淋的刀口上撒了一把盐，深深地刺痛了中国政府。

史书记载，在1729年之前，每年鸦片输入我国的总量不足200箱；1800年为4570箱；而到了1837年，竟达40200箱。

就其扩散的范围而言，鸦片买卖已由原来的广州一处辐射到福建的厦门、直隶的天津、中原的郑州，并由此形成一个较大的网络；网络的中心既不在中国腹地西安，又不在皇城北京，而是在广东南中国海的伶仃洋。

中心由东部的南澳、中部的澳门、西部的雷琼三路，把鸦片输入广东；或者在洋面上，由南北往来之商船、渔船、小舟等转运到福建、浙江、江苏、山东、天津以及东北各海口。

流入广东的鸦片，西走梧州、浔州等地转销于广西各地；北由乐昌、连州转售于湖南、湖北；东出饶平、澄海而进入福建。

福建方面又从光泽、长汀、宁化销往江西；由浦城、福鼎、寿宁转至浙江。到了江苏，鸦片又经水路运至湖北，再由商州龙驹寨、洵阳、蜀河入陕西。

山东方面又将鸦片转卖给河南，并由潼关、太庆关入陕西。

进入天津地方的鸦片，则销于京师、直隶和山西，从山海关、锦州运至盛京（今沈阳）。

东北属中国的高寒地区，尽管交通不便，但鸦片还是由远堡、浑河渡口贩入长白山地区。

庞大的贩毒网，犹如人身体中密布的血脉，将毒液源源不断地输送到中国巨大躯体的每一个部分。

当时中国吸食鸦片的人之多，涉及阶层之广，真是触目惊心。

吸食鸦片成瘾者，身体逐渐衰弱。他们面灰齿墨，颜色日枯，肌肤日削，两眼浑浊，双肩低垂，鼻出涕，眼流泪，精神困顿，神志萎靡。

鸦片不仅摧残吸食者本人的身体和精神，而且也给全体中国人民造成了巨大的财力消耗和心理创伤。

鸦片给予中国的危害远远不止于此，就连殖民者办的报纸也不得不承认。道光十九年第五期《澳门月报》的文章说：吸食鸦片“这种习气，由上层蔓延到士大夫、文武官员，而至军队和所有的贫穷阶层。那些‘被害的’鸦片吸食者，我们曾经见过的，是最为不幸的，是被他的亲友当作可怜可耻的废物来看待的。就我们所知，无人不把吸食鸦片当作戕害人心、败坏道德的行为。他们说：‘鸦片是毒物，一经上瘾，你就要设法利己害人。’……因为它使成千上万的富人破产；有不少人因烟瘾而绝望自杀，有不少人又因烟瘾而成为盗贼”。

1832 年 8 月，湖广道监察御史冯赞勋呈上奏折一份，内称：近来发现广东、福建兵丁吸食鸦片者甚多，将帅之中也有不少。另外，云南、贵州、四川、浙江等省八旗、绿营也盛行吸烟，其他各省也难免其情。兵丁吸烟，必至精力疲软，营伍疲弛，操防巡哨有其名无其实。

清朝政府自从察觉到鸦片的祸害开始，就推行了禁烟政策。

早在 1729 年，雍正皇帝便颁布了第一道禁烟令。1780 年乾隆皇帝也颁布了禁烟令。由于只禁鸦片烟，不禁鸦片进口，没有产生什么效果。

到了嘉庆年间，皇帝发现鸦片输入犹如洪水猛兽势不可挡，便借登基之机发布更为严厉的禁烟令。

1800 年，正值白莲教大起义，加上东南沿海海盗四处抢掠民众财产，社会处于动荡，清政府财政十分紧缺，这更加坚定了嘉庆皇帝禁烟的决心。

在这关键之时，两广总督奏请皇上，除了重申禁止鸦片输入外，同时还要禁止内地种植鸦片。

嘉庆皇帝立即采纳了这条建议。

从史书中我们发现，嘉庆皇帝在位25年中，对禁止鸦片的输入与种植远比前后几代皇帝贡献要大。仅1807年、1810年、1811年、1813年，嘉庆皇帝就四次发布谕令，要求各地严密查禁鸦片。特别是1813年7月，嘉庆皇帝获悉宫内侍卫官员也吸食鸦片，便下令“侍卫官员买食鸦片烟者，革职，杖一百，枷号两个月；军民人等杖一百，枷号一个月”；太监“违禁故犯者，立行查惩；惩治吸食者，对官员、太监还要加等治罪”。对此，《清仁宗实录》、《中华帝国对外关系史》、《嘉庆十五年三月丙辰谕》、《清代外交史料》等典籍均有记载。

禁烟令发布后，受到了全国人民的支持。这次禁烟令比以往历次禁烟都要彻底。这次禁烟最为重要的，是清政府把禁烟的矛头由禁内兴贩转向禁外输入。自此以后，鸦片再也不敢公开交易。鸦片贩子为了逃避检查，把鸦片交易的地点由伶仃洋移至葡萄牙人管辖的澳门。葡萄牙人允许英船每年运入500箱，但必须向澳门当局纳银10万两。

英国人感到葡萄牙人太诈，于是又把鸦片运至广州的黄埔港，在那里进行走私交易。

就这样，嘉庆年间的中后期，黄埔港实际成了鸦片的交易中心。

面对禁烟令后出现的鸦片非法交易，嘉庆皇帝发誓要把祖辈、父辈们未能解决的难题在自己手中彻底解决。

遗憾的是，由于出行不慎，1820年8月，嘉庆皇帝从避暑山庄返京城没过几日，就因中暑而驾崩，把一个灾祸频仍、物力艰难、摇摇欲坠的江山留给了次子旻宁，即道光皇帝。

鸦片之害，就连今天的中国老百姓一提起也都是咬牙切齿，恨之入骨。英国侵略者就是利用鸦片这个没有响声的武器，想置中国人于“奄奄若病”之境地。而实际操作的结果，正达到了他们的目的。

首先是军队参与鸦片走私。

1826 年，广东当局为了严查鸦片走私，特设巡船，供缉查用。然而，负责缉查的水师官兵不少人已吸毒成瘾。于是，假公济私、以职放私等现象不断出现。仅水师船每月就可从鸦片走私者的手中捞到 3.6 万两银。水师副将韩肇庆，专以获私渔利，与洋船相约，走私 1 万箱，水师提成 1%。有时英船入关难，水师船就亲自保驾护航，有时甚至干脆用水师船偷运。这位贪官因赚钱有功，“反以获烟功保擢总兵，赏戴孔雀翎”。

《广州番鬼录》曾记载了 1837 年“玫瑰号”鸦片走私船在南澳岛的一段经历：

有一天，“玫瑰号”在南澳遇到两艘水师船，只见兵丁们随着一个军官一起上了“玫瑰号”，例行公事地向他们宣读了谕旨。然后，军官便把兵丁们打发回船。

而那位相当于现在“舰首长”的军官和“秘书”被请进了官舱。

这位“首长”开门见山地问：“你们船上有多少箱？都是运来南澳的吗？你们还沿着海岸往北驶吗？”

“玫瑰号”船员回答说：“船有货物 200 箱，船不准备再往北驶。”

接着，这位“首长”就暗示要按中国老规矩办。

“首长”说：“你们船上的货物如果要‘方便’上岸，可要遵守我们的老规矩。”一听说是老规矩，“玫瑰号”船员立马心领神会。老规矩，说穿了就是钱。这钱——就是指每箱鸦片收保护费 10 元。

一切谈妥之后，“首长”和“秘书”便喝酒抽雪茄烟，然后回到了自己的大船上。

悄悄躲在远处的中国买货者一看已“检查”完，便大大方方地将小船划过来，然后又以惊人的速度把鸦片运到自己的船上。

其次，是民间黑帮操纵鸦片走私。

由于贩运、转卖鸦片有着诱人的经济效益，一些靠走私鸦片发了财的地方商贾，便暗地里组织帮对，一方面用白银收买负责缉私的官员，有的甚至将这些官员纳入其中，定期获丰厚的报酬；另一方面，把社会上武艺高强或在水师服过役的兵勇招买过来，为他们走私和垄断鸦片生意做马前卒。

10. 花花的白银在外流

这种军匪不分、贪赃枉法的腐败行为并没有瞒得住居于深宫中的皇帝。

1822年年初，道光帝在给广东督抚的谕旨中，对鸦片泛滥的原因及造成的危害进行了分析。他认为，一方面，许多洋商私下与贩卖鸦片的英国人狼狈为奸；一方面，广东督抚在执行缉私工作中存在黑吃黑行为，有的缉私官员为了个人私利，已经堕落成犯罪分子。谕旨指出，鸦片流毒已造成整个社会风气污浊。因此，广东督抚要对整个所属海关进行整顿，查出腐败分子，健全监督机制，堵塞漏洞。对犯罪分子，不管他的官职多大，也不管他的关系多广，哪怕涉及到朝廷，都要严惩不贷，“革除积弊，以清关隘而裕民生”。

面对祖辈们留下的一个灾祸频仍的烂摊子，道光皇帝倒是一位一心想在皇位上有所建树的帝王。他深知国库空虚，民众潦倒，物力艰难，不禁鸦片无法渡过难关，更不可能使国家强盛。尤其是在1838年，道光皇帝在一个奏本中看到："近年银价递增，每银一两易制钱一千六百有奇。"

由于银价上涨，劳动人民零星卖出的商品只能换回制钱，而交纳赋税却按银折算，加重了经济负担。

鸦片大量输入，白银大量流出，造成了中国银源枯竭，财政拮据，金融恐慌。

据鸿胪寺卿黄爵滋在《请严塞漏卮以培国本疏》中的材料：1820至1838年，中国白银外流至少在一亿两以上，平均每年流出白银五百万两，近于清政府每年总收入的五分之一。

作为一国之君，道光帝心急如焚。同时，他也非常体恤民众之苦。传说道光皇帝生前舍不得花钱，就连套裤穿破了，也不肯裁做新的，而是打上补丁继续穿。弄得朝中的大臣们纷纷效仿，穿上破旧衣服上朝。

作为一国之君，道光皇帝禁烟的决心是国人有目共睹的：

1822年，他秘密旨谕两广总督，令其汇报粤海关监督在鸦片贸易中是否有放纵、串通行为，并禁令不得在澳门、黄埔等地囤放私售鸦片。

1823年1月29日，道光皇帝又降旨，命令两广总督及粤海关监督，认真查拿，制止鸦片进口。

同年6月，道光皇帝又降旨批准一份奏请，内容有三项，均为提高惩罚吸食、买卖鸦片的刑律。

到了8月，道光皇帝再次谕令督抚，责成各管道府地方直至保甲，严查有无私自栽种罂粟者；凡种罂粟者，土地全部没收，种者与贩者同罪等等。

同年9月，批准吏部、兵部制订的惩处失察官吏条例，内称："如有夹带鸦片进口，并奸民私种罂粟，煎熬烟膏，开设烟馆，文武官员及巡察委员有得规故纵者，按旧例革职。若止系于觉察，按其烟斤多寡，百斤以上者该管大员罚俸一年，千斤以上降职易地使用年月，谕令各省督抚每年具奏，确保所辖省内没有鸦片。道台知府每年年终须向督抚具结，确保所辖境内无私种罂粟者。"

11. "严禁"还是"弛禁"

有令不行，有禁不止，越戒越多，越禁越獗——道光帝没有想到的局面还是实实在在摆在了他面前。按理说，道光帝身为大清国皇帝，若不高兴，只要他轻轻说一声"斩"字，人头便会立刻落地；他一高兴，只要随意说句"开条河如何"，不几日粮田就会变成一条大河。然而，如此之大的权力，却对鸦片的一再泛滥奈何不得！

"量"的积累，必然要引起"质"的变化。

1838 年，朝廷内部爆发了一场关于是"严禁"还是"弛禁"的大争论。在这场争论中，林则徐以忧国忧民对朝廷负责的精神，凭借冷静的思考、清晰的思路、激烈的雄辩、周密的方案，脱颖而出，使静听的道光帝两眼放光，为之一振。

在复杂的局势面前，道光帝力排众议，毫不犹豫地从众多高级官员中提拔林则徐为钦差大臣，并将他推上了彻底根绝鸦片祸害和反抗外国资本主义侵略的主帅位置。

对于这场论战，有关鸦片战争的诸多史料均认为 1836 年 6 月 10 日，由太常寺少卿许乃济提出的《鸦片例禁愈严流弊愈大亟请变通办理折》，是最先提出“弛禁”主张而引起全国论战的导火索。

其实，真正率先提出“弛禁”主张的第一人并非许乃济，而是广东劣绅吴兰修、何太清等人。其中，吴兰修在《弭害论》一文中，曾毫不隐讳地说吸食鸦片好比“饮食男女之欲”，是不应该禁绝的，“鼓吹”弛禁有三大好处：一是如允许外来鸦片纳税进口，便可增加海关关税收入；二是如提倡内地种植可减少白银外流；三是如让农民改种罂粟，“鸦片之利，数倍于麦，其益于农者大矣”。吴兰修通过友人何太清，把自己撰写的这篇文章送到当时任广东按察使的许乃济手中。

俗话说，苍蝇总是飞向有臭味的地方。这位按察使也是一位“弛禁”论者。他见到吴兰修的文章如获至宝，急不可待地推荐给两广总督卢坤、广东巡抚祁埙。

卢坤混迹官场多年，城府很深，处事非常圆滑。他虽不敢明确表态支持“弛禁”，但他却以“粤士私议”的方式，附片上奏，说明鸦片已“势成积重，骤难挽回”。

从当时卢坤附片上奏的心理来分析，他一不想成为皇帝禁烟的“反对派”，二是想刺探一下皇帝对目前国内禁烟运动的态度。即便皇帝坚持严厉禁烟，他这份奏折也算是下级向朝廷如实反映情况；假如皇上禁烟决心动摇，想找个台阶下，这份奏折自然成了他升官的“梯子”，可谓一石投二鸟。

然而，道光皇帝见到这份奏折后并没有给予多大的关注，也许那一刻他脑子里还在考虑其他国家大事，并没有记下“卢坤”这个名字和他的奏折内容。

原本很正常的细节在许乃济看来却非常微妙。他认为向皇上奏请“弛禁”的机会终于到了。于是，《鸦片例禁愈严流弊愈大亟请变通办理折》的所谓“许太常奏议”便出笼了。

许乃济的奏折实际上是卢坤奏折的翻版，同时也是广东地方官员对朝廷禁烟主张态度的下情上达。他的奏折主要包括三方面内容：

一是允许鸦片贸易合法化。具体办法是，把鸦片作为药材，批准纳税进口，不准用现银购买，使鸦片贸易合法化。他认为，外商纳税的用银比用于贿赂走私的少，他们会放弃走私而正常纳税交易。采用易货贸易，可防止白银外流。“岁竭中国之脂膏，则不可不大为之防，早为之计……”这样，就可以通过海关控制鸦片入口，解决鸦片贸易失控局面。

二是允许内地百姓自由种植罂粟，以抵制洋烟进口。他认为，中国土地温和，适宜种植罂粟，而且制成鸦片后价格低廉，且烟性平淡，不会伤人至深，即便上瘾，戒起来也非常容易。如果内地种植越来越多，英国和印度人输入就会越来越少，久而久之，鸦片就会被杜绝。他说，有人认为种植罂粟会占用农田，实际上这种说法是不妥的。以广东为例，九月晚稻收割完毕，开始种植罂粟，到了第二年的初春，便可开花结果，收浆后仍可继续种早稻，既不误农时，又对土地无害，还使农民受益，这岂不是利国利民的一件大好事。

三是允许民间吸食鸦片，不准公职人员吸食。他认为，想吸食鸦片的人基本上是社会上游手好闲的人，不伤大雅，用奏折原话说，“率皆游惰无志、不足轻重之辈，亦有年愈耆艾而食此者，不尽促人寿命”。这些人即便死亡，“海内生齿日众”，决不会引起人口的减少。而文武官弁、士子、兵丁等公职人员，不得沾染吸烟恶习，如有吸食鸦片者，立予斥革；该官上级及保结统辖官，有知情不报，故意放纵者，则分别查处。

许乃济的奏折，代表了国内外鸦片贩子的利益和愿望。如果这一主张得以推行，那么，中国无论是在精神上还是物质上，都会遭到致命的摧残。

12. 英国人高兴得太早

许乃济的奏折一出笼，立刻受到了英国鸦片贩子和中国鸦片走私者的欢迎，他们到处奔走相传，称赞这个奏折“立论既佳，文字清楚，是个极聪明的办法”。

英国鸦片走私巨头查顿操纵的《广州纪事报》不仅将许乃济奏折全文发表，而且还称赞它是“该世纪以来令皇帝重视的、最重要的措施。……外国人要把这个‘打破中国立法混沌和黑暗的点点微光’，煽成光芒四射的火焰”。

就在这时候，两广总督卢坤病死，他把“弛禁”的建议留给了后人去讨论。

在道光皇帝看来，这种以“杜漏卮而裕国计”的变通办法似乎有一定的道理；何况他对许乃济的印象也不错。然而，明眼人只要把许乃济“弛禁”主张和他上奏皇上的时间，与道光帝发交广东三位大员“会同妥议具奏”的时间，以及三位官员复奏时间一起比较，就不难发现，许乃济早在上奏前是与这几位官员有过密议，而且在道光帝发交后的第四个月，广东大员邓廷桢、祁𡎴、文祥就联名复奏皇上，完全赞同许乃济实行“弛禁”政策，并提出九条办法：

一、以货易货，不得用银交易。假使鸦片进口过多，其不足部分也不得用银支付，超过部分留存于公行，待下一个贸易季节来航时，归还夷商。

二、水师的巡船不得借查禁之名出洋，引起事端。

三、夷商因充作运费及其他费用而带来洋银，只准许带回其带来银额的三成。

四、鸦片既然已作为药材正式承认其进口，就应与其他商品完全同等看待，委交公行，不必设局专办，否则，将会产生垄断之弊害。

五、税率仍按旧制，不必增额。税愈轻，甘冒走私危险者愈少。

六、弛禁一旦实现，价格当然会下跌，切不可预先定鸦片的价格。

七、用船运鸦片至全国各省，应交付广东海关的印照，无印照者，视为走私运输。走私运输为漏银之根源，应严加制止。

八、民间栽种罂粟可稍宽厉禁。限在山头地角、丘陵之地栽种，良田不得改为罂粟地。

九、对官员、士子、兵丁，严禁吸食鸦片。

据历史学家推测，为三位广东大员起草复奏的可能是祁𡊭的幕僚仪克中。和吴兰修、何太清一样，仪克中也是一位最早鼓吹“弛禁”的重要代表。这位城府极深的仪克中不仅左右了祁𡊭，而且通过祁𡊭也影响了两广总督邓廷桢。据说，邓廷桢因与祁𡊭、文祥一起上奏皇上并共同提出所谓的“九条办法”而使自己名声受到影响，有人误以为他是一个贪赃枉法的大员。邓廷桢当时的确赞成“弛禁”主张。当道光帝决心严厉禁烟后，邓廷桢又立刻成了不折不扣坚决贯彻皇帝指示的先锋。

13. 正义者的呐喊

许乃济等人提出的“弛禁”主张若得到皇帝批准，这就意味着清王朝近百年来所制定的禁烟政策和为之所做出的努力付之东流。而这种结果，正是国内外鸦片贩子求之不得的。

纵观许乃济提出的“弛禁”主张，从理论上来讲，自相矛盾，漏洞百出。正如内阁学士兼礼部侍郎朱樽所指出的：许大人不仅语言不通顺，而且理由也不充分。他明知鸦片是一种害人之物，反而主张让其自由生存，还交所谓的税。我大清王朝，怎能容忍这样的事情发生？朱樽还认为：鸦片流毒，妨碍国家财政收入是小事，而残害百姓，扰乱社会，破坏国家政体是大事。

这位云南通海人、内阁学士在他的《申严例禁以彰国法而除民害折》中认为，即使允许鸦片到行馆进行贸易，也不能杜绝银两外流。至于“弛禁”可以避免偷税漏税之说，纯属欺人之谈；而让国人像种稻谷、小麦、玉米一样去种罂粟，好去与外国人竞争鸦片生意的说法，更是荒诞至极。因为“今食之者多，而择食求精者，又必以洋烟为美也”，结果罂粟种得漫山遍野，每年产出的鸦片不下数千箱，“而流到国外的银两并不比往年少多少”。何况，种植罂粟的人很少有“常在河边走就是不湿鞋”的，遭受摧残的往往是种罂粟人自己，渔利的则是那些倒卖鸦片、坑害国人的贩子和“毒枭”。

兵部给事中许求也是最先站出来反对“弛禁”者之一。他在《请禁鸦片疏》中认为，鸦片之所以禁不住，而且愈禁愈滥，其根本原因，不是皇帝的圣旨缺少权威，而是各路官员没有给朝廷的政令制造顺畅的通道，没有带头克己奉公，履行使命，更没有从江山社稷出发，为子孙后代考虑。本来应该追究这些官员的责任，现在不仅不究，反而要“弛禁”，这等于给那些地方官员推卸责任提供了借口和机会。

许求认为，自古管制英国人的办法，就是对自己规定得具体而严格，对外只从大的方面原则上定几条规矩。在执行和监督上，要先治自己人，后治外国人。要处理好这件事，并抓出成效来，就必须制订治罪条例，将所有贩运鸦片的奸民，为之说好话的奸商，包办的窑口，护送的蟹艇以及行贿受贿的官员、军人，都纳入严治之中。只有这样，才能把这股走私毒品的黑潮遏制住。他继续写道：对那些居住在这里的英国人，先让他们分住到各洋行。而记录在案的奸猾烟贩子，必须先抓起来再说，然后让他们泊居伶仃洋上或金星门的趸船上，带上中国政府给英国女王的信尽快回国。如鸦片趸船不再来中国，中国政府欢迎他们继续从事贸易。假如再违反中国政府禁令，那就必须采取更严厉的措施。

10 月 12 日，江南道御史袁玉麟又递上一折。他从是非利害两方面立论批判了许乃济的“弛禁”论调，同时也痛斥了广东三位大官员筹拟的“九条办法”。他认为，“弛禁”之议，“戾于是非者有三，暗于利害者有六”；“弛禁”者变更旧章，是违祖制而背谕旨，是坏政体而伤治化，一定会暗暗掠走内地之银。

他在奏议中认为：英国人出售鸦片是为了获得银两，绝不会同意以货易货。如果“严禁”不仅是写在纸上，而且是落实在行动上，鸦片之禁可行，银出洋之禁也可行；如果搞所谓的“弛禁”，不仅大量银两会外流，而且农民也会发现种罂粟比种稻谷获利更大。种植鸦片的人多了，大片农田被罂粟占领，没有粮食，一旦遇到饥荒将一筹莫展。至于所谓的“农民寿命因吸鸦片而缩短并不可惜”之说，更是令人感到荒唐和没有一点人性。难道天朝皇上就视百姓为草木吗！所谓“严禁”则贿赂多，“弛禁”则贿赂少，此系纲纪问题。“奉法得人，则禁鸦片也会有贿赂；奉法不得人，则放松鸦片之禁，贿赂也会以某种形式横行。”

这位江南道御史请求皇帝“察其是非，究其利害，立斥‘弛禁’之议，仍请敕在廷诸臣悉心妥议，于烟入银出有可永远禁绝之方，各陈所见，皇上择之实施”。

就在禁烟之争处于异常激烈之时，平时以直谏著称，不久又被破格提拔为鸿胪寺卿的黄爵滋又举起禁烟大旗。

1838 年 6 月 2 日，黄爵滋在《请严塞漏卮以培国本疏》中，提出了自己的四点禁烟主张：

第一，鸦片泛滥造成民穷财尽。他列举了道光朝鸦片输入白银外流的情况，说明这种状况一年比一年严重，由于白银流到国外而使国库空虚，民众拮据。他在疏中指出，如不尽快禁烟，再过几年，银价上涨，“奏销如何能办？积课如何能清？设有不测之用，又如何能支？”他认为，白银大量外流的根本原因在于鸦片输入，这是路人皆知的事情，现在当务之急是要从制度入手，从朝廷大臣到乡村官员人人带头执纪守法，既要把吸食毒品者的下场昭示天下，更要把鸦片的货源彻底根断。

第二，首治吸食，予以重惩。他认为，花花的白银之所以流到洋人的国库里、口袋中，一方面是贩卖鸦片的人造成的，另一方面，又是由吸食鸦片的人造成的。假如你拒绝鸦片，就像有些人天生就怕烟酒一般，你又怎么能去用白银买毒品？洋人又怎能从你的口袋里掏走白银呢？禁烟先禁食，对那些已经查证吸食的限期戒毒，到期还不能戒毒的一律处以死刑，这是吸取以往屡禁屡不止教训而必须采取的措施。如果按照这个办法施行，不仅吸食者自己会衡量吸烟和死亡的分量，而且家人也会主动规劝他。这就可以形成一个巨大的禁毒氛围，促使吸毒者自己主动珍惜生命，远离毒品。外国给吸食鸦片者一律定死罪。所以，国外只有造烟者和贩烟者，而很少见到有人吸食。吸食者以死论处，但不一定个个都处以极刑。只要订法严厉，执法严肃，吸食者畏法，一年之内，虽未动刑，吸食者十之八九可戒除。这样，皇上便以“止辟之大权”，行了“好生之盛德”，名订要杀，其实是为了不杀。

第三，官民共遵一法，具结互保。为了保证限期戒毒，黄爵滋还给皇上开了一剂“药方”，建议广为宣传。他提出，第一年应定为“知法懂法守法年”。

第四，将第二年定为依法检查年。每五家为一组互相督查，发现有吸食者可以直接举报，并给举报人一定的奖励。倘若发现隐情不报者，除吸食者治死罪，互保人也要治罪。在繁华集镇如发现有店铺留客吸食者照窝藏罪论处。文武官员违反者，加等治罪，除本人要治罪外，其子孙不得参加考试。军队和民众一样，绝不允许有特殊的军队和特别的军人。

黄爵滋的奏文写得非常精彩，它如磁铁般吸引住了皇帝的注意力，深深打动了皇帝的心。可以这样说，黄爵滋的主张，是参加禁烟争论中最为激烈者，其所提禁烟措施明确、具体、可行，超过了原先的禁烟内容。他在所提的禁烟对策中，抓住了以往戒烟成效不大的根本原因：禁民不禁官，使禁烟令徒有虚文。能否严惩吸食的官员，成为禁烟政策能否贯彻落实的关键之一。黄爵滋的这一主张，很快引起那些屁股并不干净的官员们的反感，认为这一禁烟方略是专门针对他们这些人而来的。

很快，道光皇帝就将这份奏折批给各省总督、巡抚以及盛京、吉林、黑龙江的将军“议奏”，想再听听他们的意见。

一夜之间，黄爵滋——这位江西宜黄人，立刻由一位进士而成了大清政府权力中心的焦点人物。黄爵滋的文字功底非常厚，他曾任翰林院编修等职，著有《黄少寺寇奏疏》、《仙屏书屋诗录》、《仙屏书屋文录》等。

很快，到了10月间，各路封疆大吏们的复奏陆续呈到了皇帝面前。

遗憾的是，在28份复奏中，赞成黄爵滋观点的只有湖广总督林则徐等8人，而琦善、伊里布等20名要员仍主张按“定例”办事，认为对吸食鸦片者定死罪的做法太严厉，难以服众。

14. 皇帝的选择

面对这一局面，道光皇帝心中已有了“谱”。他认为，自从批了朱樽、许求的奏折后，即颁发谕旨，表明了不放弃禁烟的决心。而后，又颁发了不少禁烟谕旨，命令驱逐趸船，缉拿鸦片私贩。除广东执行得比较认真外，其他地方多半是敷衍应付，未有明显动作，更看不出有多大成效。

此时的道光帝已拨开迷雾，看清了事实真相。他认为黄爵滋的建议是非常正确的，林则徐奏折中讲到的情况也是属实的，再不开杀戒，大清朝廷的威信就要受损，皇帝的权威就要受到挑战！整个民族的健康就要受到严重威胁！

鸦片之害，犹如毒鸩。

皇上的决心既下，就势不可挡。到了10月25日这一天，道光帝从自己身边的皇亲国戚和宗室开刀，把那些吸食鸦片的人统统揪出来示众。革去亲侄儿庄亲王奕赍的王爵，停发养赡钱粮两年；剥夺辅国公溥喜的称号，也停发养赡钱粮两年；三等伯爵贵明的爵位同时被革去。10 月 28 日，又以“冒昧渎陈，殊属纰漏”为由，把两年前力主“弛禁”的许乃济降为六品顶戴，革其官职，并令其立即退休。其决心之大，措施之力，在今天看来，也是难能可贵的。

皇帝的举动连同黄爵滋的禁烟主张使举国震惊，全国各地的官员谁也不敢怠慢。在广东，冯得圃等人因开设窑口、囤贩鸦片而被捕；在云南，施猴等人也因贩卖烟土而被投入监狱；在天津，鸦片烟贩邓然在大沽一带的洋船上被逮捕，还起获鸦片 13 万两。由于道光皇帝从身边的皇亲国戚开了禁烟的刀，一时政令畅通，狠狠地刹了“弛禁”之风。

林则徐的奏折属于那赞成派中的八分之一，他在极力称赞黄爵滋禁烟主张的同时，又提出了自己的禁烟章程六条：

一、为了禁绝谗根，必须把烟具收缴净尽。特别是烟枪和烟斗，而烟斗比烟枪“尤不可离，遇无枪时，以习用之斗，配别样之烟杆犹或迁就一吸；若无斗，即烟无装处，而自不得不断矣”。

二、为了避免因循观望，各省必须出示文告劝令吸食者自新。把一年革瘾之期按三个月为一限分为四限：自发文之日起，扣至三个月作为初限；在这个时间内改悔断绝，赴官投首，罪名亦可减轻；“不肖之徒，如再不知悔罪，置诸死地，诚不足惜矣”。

三、为了断源截流，必须加重开馆兴贩以及制烟具者的罪名，并分别勒限缴具自首。

四、为了禁止衙内吸食，必须对文武属员犯者的上司，规定失察处分。限期一个月查明其本署戚友家丁，三个月查明本署属差，举发惩办；逾限失察者，即行革职或降职。

五、为了禁止地方吸食，必须责成地保、牌头、甲长等负责稽查奸宄，检查烟土膏烟具。“若不举发，置系包庇，应与正犯同罪”。

六、为了使事实确凿无误，必须讲求审断方法。

从以上六条禁烟措施来看，林则徐处理问题是以实事求是的作风和宽猛相济的精神相结合为其特点。他对禁烟细节之清楚，对问题关键之明确，实在令我们这些后人赞叹不已！就连投黄爵滋主张赞成票的另七人也与林则徐一道力主皇帝“严禁”，而且要求动真格。他们是：两江总督陶澍、安徽巡抚色卜星额、漕运总督周天爵、湖南巡抚钱宝琛、河南巡抚桂良、江苏巡抚陈銮、河东河道总督栗毓美。反对“严禁”主张“弛禁”的有：盛京将军宝兴、吉林将军祥康、黑龙江将军哈丰阿、直隶总督琦善、云贵总督伊里布、江南河道总督麟庆等。

就在当年的4月25日，清廷在上谕中已明确指出了鸦片流毒对国计民生的危害：

“自鸦片流毒中国，纹银出洋之数，逐年增加，以致银贵钱贱，地丁漕粮盐课因而交困。若不及早防维，力图筹复，将以中国有用之财，填海外无穷之壑，于国计民生大有关系。”

由于皇上态度明确，朝廷对“严禁”基本形成了共识（尽管仍有少数反对），统一了思想，许多官员认为实行“严禁”的时机已经成熟。而鸦片走私的根子在广州，禁鸦片必须先铲除根子；而要铲除广州这个根，没有得力的干将是万万不行的，必须委派一位重臣去督办。

当时皇帝身边的人多以为黄爵滋会被重用，就连林则徐也认为黄爵滋提出的禁烟主张最彻底，最适合中国国情，最具可操作性。而到了11月下旬，道光帝偏偏选中了时任湖广总督的林则徐。

当时道光皇帝是如何考虑这一人选的？是不是拿黄爵滋与林则徐做过比较？他从林则徐身上又发现了什么？对此没有任何文字记载。但有一点历史已经证明，林则徐鉴于朝廷中“弛禁”派势力大，担心皇上举棋不定，便在奏稿《钱票无甚关碍宜重禁吃烟以杜弊源片》中进行了更为深入的分析，可谓句句中的：烟不禁绝，则国日贫、民日弱，“数十年后，中原几无可以御敌之兵，且无可以充饷之银。”

据说，道光皇帝在看到这份奏折后先是出了一身冷汗，而后提起朱笔在“数十年后，中原几无可以御敌之兵，且无可以充饷之银”的警句下面画了一连串红圈。

在朝廷是“严禁”还是“弛禁”争论不休的时候，林则徐以他过人的胆略和智慧，寥寥几笔，就抓住了统治者的要害之处。就拿“饷”来说，它是封建统治者赖以生存的物质基础，不能不对道光皇帝起到警省作用。

林则徐抓住黄爵滋的主张和皇帝严谕的时机，率先在湖广地区实施戒烟政策，焚毁江夏、汉阳二县所缴烟枪 1264 杆及烟斗、杂具等。湖广两地禁烟运动搞得轰轰烈烈，人民群众到处拍手叫好。这一切，都让道光皇帝看得明明白白。

道光帝慧眼识英豪，把禁烟重任担在了林则徐的肩上，从而使林成为不朽的民族英雄。

林则徐自己也没有料到，他这次赴京以及后来南下禁烟，为中华民族历史写下了光辉灿烂的篇章。林则徐的名字也和虎门紧紧联在一起。林则徐用自己“禁烟”的行为在虎门书写了中华民族抵御列强的最辉煌一笔，而虎门这一古战场也让林则徐的名字写进了中华文明史。

11 月 23 日，林则徐接到吏部宣召进京的命令，便将湖广总督的职务交给湖北巡抚伍长华兼任，命汉阳知府杨炳坤将各省有关禁烟奏折逐件查看，凡属可用的都抄下来，作为资料备用。

同月27日，林则徐从武昌动身北上，各部门同僚送至皇华馆。林则徐刚出总督衙门就发现外面站了许多人，再往远眺，武昌城外的驿道两旁也挤满了人。这些乡民百姓听说林总督要卸职赴京与皇上商议禁烟大计，有的一夜没睡，与家人合计着向林大人说些什么；有的从凌晨一点等到太阳升起；有的因家境贫寒穿不上棉衣，但为了给林大人送上一程，硬是挺着在瑟瑟寒风中静候了许久。

要知道，这些乡民中有的曾亲手从林总督手中接过救济粮；有的人家茅屋里至今仍留有林总督的身影；还有的人就是听了林大人的话戒了烟，身体恢复了健康，家庭走出了贫困。他们当中的许多人虽然没有见过林则徐，但他们心里又全都装着林则徐。听说林大人就要离开武昌，就要离开荆楚大地，四面八方的百姓赶到总督府，非要见上他一面不可。

林则徐，贫苦农民家庭出身，中了举人而无钱读书，几次离家出走四处打工，当过衙门的文书，做过塾师。作为一方大吏，他对人民疾苦非常了解，深知此时送行乡亲的复杂心情。

林则徐伫立在总督衙门口许久未言，心头阵阵发热，两眼盈满泪水。在他的心里，何尝想过要离开这些黎民百姓，无论是在江苏任按察使，还是后来当编修、考官、治河官、漕运、盐政、巡抚，他从没有忘记生活在社会最底层的民众。他从小就立志要像岳飞、文天祥那样，通过体恤民众来实现尽忠报国的志向。

林则徐为官几任，所到之处，都在百姓之中留下了极好的口碑和印象。

林则徐非常明白这样一个道理：一个人只有从心底想百姓所想，急百姓所急，为百姓解决生存疾苦，他才可能得到百姓的真心拥戴，就如俗话所说的，“水能载舟，也能覆舟”。

林则徐，这位把“为社稷苍生谋福利”当作人生最大追求的英勇战士，如今被深深地拥进了巨浪滔天的历史洪流中。

林则徐依依不舍地告别武昌人民，踏上了赴京之路。

15. 敢闯“红灯”的地方官

既然皇上禁烟决心如此之大，谁要是顶风作案，岂不是闯着红灯上马路，鸡蛋碰石头？最终会落个头破血流。

偏偏就在这风口浪尖上，龙门协兵士吴李茂等查获一私船内有鸦片，他不是立刻据实上报，依法行事，而是私卖分赃；署守备夏秀芳等讳匿不报；水师提标把总詹兴有拿获鸦片商后，伙同兵丁陈有光等受贿放纵，詹后来害怕被治罪而自杀；香山协记名外委孙朝安包送李阿观鸦片船；碣石镇千总黄成凤盘获船户鸦片，商同署守备曾振高讳匿变卖分肥等案，道光帝都一一亲自过问。最终有被发配到军台的，有被充军到新疆的，几乎没有一个不被重惩。

由于走私鸦片可得暴利，不少亡命之徒还是铤而走险，顶风作案。

为了切实做到令行禁止，维护清朝政府和皇帝的权威，同时，也是为使国家从贫困中走出来，道光帝先后发布了许多禁烟令，归纳起来大致有三方面：

一是责成地方官严禁内地种植鸦片，并要求各地方官按期逐级禀报，州县每季禀报，道府要在年终向督抚具结禀明所属有无种植鸦片情况。

二是严禁内地贩卖鸦片。要求各关隘巡查兵役认真查拿；同时，要赏罚分明，对查获走私鸦片的兵丁要根据功绩大小给予厚奖，以示鼓励。对漏查或有意放私的，一旦查出，严惩不贷，同时对其兵丁的上级官员也要惩办。对借查拿鸦片名义，栽害他人或故意扰乱的也要惩办。

三是规定制定禁烟章程。

这年5月16日、22日、24日，6月13日、16日、26日，7月，9月，10月，许多省都向皇上禀奏了查禁烟情况和禁烟章程。

由于皇上禁烟态度坚决，各地大小官员纷纷响应，可谓雷厉风行。

道光皇帝自己对禁烟的认识也越来越深刻，发布的有关谕令也越来越具体详实，措施也越来越完善和严厉。

1832年3月6日，道光皇帝在给李鸿宾的谕令中指出，要切实杜绝走私鸦片的货源，省内河道不准快速船只航行，因为鸦片走私者最容易利用时速差逃避检查和打击。广东、海南等海面船只不准接近伶仃洋海域。

可以说，自从道光皇帝执政以来，大清朝廷不断发布一个又一个禁令，在全国基本上形成了一个“严禁”的氛围，致使一些种植鸦片、吸食毒品、走私鸦片者谈“烟”色变。

令道光皇帝没有想到的是，虽然他在宫中为全国戒烟运动殚精竭虑，寝食不安，但是全国各地的戒烟情况却越来越糟：一些官员白天抓戒烟，晚上忙吸毒；有的老百姓见衙门来人查烟了，就急忙把毒品藏匿起来，只要风声一过，又立刻私下做起肮脏交易来。“严禁”措施如此之严，胆大妄为者还是大有人在，而且还顶风犯案，这是皇上所没有料到的。

据说，广州有一个鸦片走私团伙，成员几乎都是目不识丁的农民。但他们通过走私鸦片发了财，成了暴发户，有的不仅盖起了豪华私宅，娶纳了妻妾，而且，还成了县衙门的座上宾。

福建马尾有一个渔民，刚开始听说朝廷要抓戒烟，他还弄不清是咋回事。一次偶然机会，一个鸦片走私商请他运一包东西到汕头，事成之后给他几十两银子。这位渔民来回用了一个月有余时间，结果捧回家一堆白花花银子。老实本分的渔民心里很清楚：海上辛劳一年也换不回这么多银子！

后来，这位渔民在回家途中遭这位鸦片走私商暗算，被突如其来的蒙面人抢走全部银两，但他还是明白了走私鸦片会有连做梦都不敢想的那么多银子。这位渔民经过多方打听，很快加入了走私毒品的队伍，还把在水师船的几个同乡也拉下了水。

这位渔民用走私毒品赚来的钱贿赂衙门中的有权人，很快成为当地不可一世的人物。要不是此人后来买官又杀人东窗事发，说不定会成为走私鸦片的大“毒枭”。

既然皇帝再三严令禁烟，为什么始终杜绝不了呢？

纵观历史，我们就不难发现，鸦片屡禁不绝的最大障碍来自两方面：一是鸦片贸易与英国政府、英国商人利益攸关，他们向中国输入鸦片的目的很明确，态度也很坚决，手段更是特别符合中国的国情；二是从朝廷到各地衙门大臣、官员、兵弁，不少人本身就是瘾君子加贪官。他们整日半躺在床上腾云驾雾，到处以缉私为名，收受贿赂，大发横财。《澳门杂录》曾一针见血地指出：广州当局的官员们，把当地外贸当成捞外快以补薪俸之低薄的机会，基本上是不会理睬皇帝的禁烟令的。

16. 气势汹汹的勋爵

由于中国官场腐败，朝廷的号令迟迟得不到有力落实，这就给英国鸦片贩子提供了一个极为有利的机遇：他们只要给海关官员、各地知府大人送去些好处，花花的白银便会成为他们的囊中之物。

英国政府进一步加深了对中国这个庞大的贸易市场的认识后，便撤销了在中国独家经营的东印度公司，在广州设直接受英国政府控制的机构，名叫商务监督。而这个职务的第一任者，就是血统上属于英国王室、海军军官出身的苏格兰贵族韦廉·约翰·奈皮儿，他的中国名字叫律劳卑。

说起律劳卑这个名字，也很有意思。他本来的名字加职务应叫“奈皮儿勋爵”，由于译员用广东话来翻译，把“勋爵”译成“律”，把“奈皮儿”译成“劳卑”，所以人们就称他为“律劳卑”。

就是这个律劳卑，他不留在英国，也不去法国、美国、普鲁士之类的地方当大使，偏偏选择了中国。

英国政府寄希望于律劳卑来迅速占领中国这个世界上人口最多、土地广博的巨大市场。英国女王曾给律劳卑签署手谕，要求他想法增进与中国的“友谊”。手谕中有四项内容，大概意思是：一是以说理的方式解决英国人之间、英国人与中国人之间、英国人与中国以外其他国家人之间的一切纠纷；二是不管纠纷到什么程度，不可动用英国陆海军保护；三是必须避免任何足以引起中国人民或政府不满的行动；四是教育在华英人要遵守中国一切法律和义务。

外交大臣巴麦尊也严令律劳卑到广州后，应以书信形式通报两广总督，不准随意设法庭，正常情况下不准将军舰开进虎门。

初看这些规定，还以为英王和外交大臣真的要和中国友好。广东的官员见律劳卑的身份异常特殊，已不是原先意义上的管理商务的“大班”，而是英王的特使。这中间的奥秘，随着律劳卑在与中国官员的交往中所引发的诸多矛盾而逐步明朗。

当时的两广总督卢坤很瞧不起英国人，就连英国国王他也看不上。所以，他在许多公开场合称律劳卑只不过是个“夷目”。

以前，东印度公司在澳门有一班人马，但地位不高，一直没有争取到与总督直接打交道的机会，心甘情愿地给粤海关监督上禀帖，交由“公行”代呈。

自从律劳卑来后，他就不愿意那样去做。因为英国外交大臣巴麦尊勋爵曾经明明白白地告诉律劳卑，到广州后必须用书信形式告知两广总督，也就是说，必须与中国总督卢坤直接发生接触。

1834 年 7 月 15 日，律劳卑来到广州后住在商馆里。公行的两位负责人前来拜访他，传达总督卢坤吩咐粤海关经由公行而颁发给他的指示。律劳卑耸耸肩，两手一摊，不屑一顾地说：“我不能接受，而且也无权接受。”

第二天，律劳卑叫秘书阿斯特尔将他自己写给总督卢坤的英文信与华文译本一并送到广州城门去投递。

这位洋秘书来到城门口后足足等了三个多小时，遇到来来回回好几个中国官吏，每次走过去递交，他们一看是给总督大人的，都把手缩了回去，走时几乎扔下同样的话：“还是请公行代交吧！”

过了一天，公行的人来请律劳卑在信封上加一个“禀”字。

律劳卑觉得这是中国人不把英国人放在眼里，让他屈尊，他断然拒绝。

卢坤见律劳卑如此蛮横无礼，目无大清朝规矩，便叫粤海关转公行，让律劳卑先回澳门，静候总督奏请皇帝决定，是否准许改变那一百多年以来公行与大班之间的关系。

然而，律劳卑就连总督卢坤的这一点指示也不当回事，他执意留在广州居住。

结果，事情被律劳卑搞得越来越糟。因为他从内心深处想不断制造事端，把贸易中的小摩擦，把他个人拒绝遵守中国法令所酿成的后果，上升到两国政府间的矛盾乃至冲突，最终用武力来解决，迫使中国政府主动打开贸易大门，让英国人自由出入赚个够。

从律劳卑致巴麦尊的信中，也可以看出他恣意妄为的坚决态度。信中写道："有四万名士兵经常驻守在广州，他们对我没有护照或未经允许登岸一事发布了四道谕令，命令我离去，并恳求我启程。然而，尽管发布了所有这些谕令……他们仍然没有捉拿我并把我押送出珠江。假定有一名中国人或任何其他的人在类似情况下来到白厅，阁下将不会允许他闲游，像他们曾经允许我那样。"

要知道，尽管卢坤也赞成"弛禁"，也是鸦片走私的利益既得者，但他身为总督，使命在身，皇旨不敢违，更不愿因屈从一个小小"夷目"而丢了官。他狠狠地批评了粤海关擅自让律劳卑来广州的失职行为，而且声称要查处公行。

公行不得已，于8月16日宣布与英国商人停止一切贸易。

七天之后，总督派广州知府、潮州知府、广州协台以及公行商人等来访律劳卑。双方谈了一阵，毫无结果。

又过了七天，卢坤在一气之下，下令"封舱"，要求所有华人仆役均须从英国商馆中撤出，任何人包括中国人、外国人，均不许卖日用必需品给英国人。

总督卢坤的封舱令，是隔了两天后才对外公布的。

在这两天，公行会同怡和洋行的老板查顿做最后的调解。他们与律劳卑商量了四条办法：一是由英国商人出面上禀帖，请求恢复贸易，由总督批准；二是律劳卑于四五天后悄悄离开广州，去澳门居住；三是在律劳卑走的时候总督不出公示，也不下令禁止他再来广州；四是以后律劳卑随时可来，中国官方装作不知晓。

据说，这四点办法有总督授意之嫌。又由于广东巡抚祁埙大人坚决不同意，才导致封舱令不得不公布。

17. 英舰突入虎门

9月5日这一天，广州城的天气十分炎热。

由于商馆的华人全部走光，没有小贩子给他们送蔬菜、水果、面包、牛肉、鸡蛋等食品，律劳卑等英国人住在商馆里如坐牢一般苦不堪言；加上商馆后边的珠江有中国水师船在耀武扬威，弄得他们神经兮兮。

于是，律劳卑恼羞成怒，指挥两艘军舰突入虎门，用大炮猛烈轰击中国军事要塞。

虎门炮台守军事先没有接到任何英舰进犯珠江的通报，所有炮弹都整整齐齐摆放在弹窝中。当他们发觉英国人的炮弹已落到自己身边时，便立刻准备还击。笨重的大炮还没有抬起头，英国军舰已闯进了珠江。

9月8日，律劳卑又指挥军舰开进黄埔，沿途遭到了中国炮火袭击，终因速度过快而未伤及。与此同时，律劳卑又另派军舰去印度调遣援兵，准备将势态扩大。

两广总督卢坤立即将这一情况飞报道光皇帝。道光皇帝命令卢坤：如英国人不听约束，将其驱逐出境，特别情况下，可以示以兵威。

接到谕令，卢坤决定以武力对付骄横的律劳卑，将水师68艘战船封锁珠江口，期限为17天。

可笑的是，当卢坤的军事行动刚刚部署完之后，律劳卑又发表了一份所谓的“宣言”，指责中国当局开始了战争的前奏曲，狂言要直接向中国皇帝控诉两广总督的欺诈行为。

得知律劳卑的“宣言”后，两广总督卢坤又于9月11日下训令给公行，作为对律劳卑“宣言”的回应。训令说：“英国派一个‘夷目’来替代原先东印度公司的大班，中国也有权继续执行‘凡洋商的禀帖必须经由公行转呈’的老规矩，而且，中国官吏照例不得与洋人来往，除非接待‘贡使’的朝拜或访问。”

卢坤在训令中还说：“英国政府没有将律劳卑的事正式通知中国政府，律劳卑也不曾携带任何有效证件。他贸然来到广州，要与总督通信，而且要约期会面，等不及总督奏请皇上，甚至公然调兵、调兵船，携带武器，闯入中国境内，向中国驻军开炮，践踏中国法律，这是大清政府和人民所不允许的。本总督可以告诉律劳卑，麾下兵将千万，对付你律劳卑不费吹灰之力！”

接着，卢坤又下令将公行中的“英商保人”通事（即翻译），与一艘被认为是夹带了律劳卑来广州的商船的大副一起逮捕下狱。

律劳卑自“封舱”后不久便得了病，过了一两天又染上疟疾。自知寿命不长的律劳卑表示："可以离开广州，七天之后下令撤走英国军舰，同时，自己乘小船到澳门。"

当珠江沿岸人民得知小船舱里躲着的洋人就是律劳卑后，纷纷敲锣打鼓，鸣放鞭炮，欢庆胜利。见此，律劳卑又羞又怒，精神受到严重刺激，半个月后便在澳门死去。

律劳卑死后，德庇、罗宾生相继接任商务总监督。这场持续两个多月的中英冲突总算告一段落。

围绕这场冲突，史学界的争论就一直没有停止过。

有学者认为，中英之间的冲突，实际上是"平行往来"与"旧章遵守"之间的冲突。

笔者赞同这种观点。因为对当时的两广总督卢坤来说，他始终认为天朝定制，"国体攸关，不容迁就"。所以，他与律劳卑之间的交锋，完全可以上升到是东方封建体制与西方"现代文明"之间的冲突。

冲突结束之后，中英双方对自己的做法都进行检查与反省，尤其是两广总督卢坤与巡抚、海关监督等人，吸取律劳卑闯关的教训，革除旧章外，又细加斟酌，对外国人的管理做了严格规定。主要内容有：

外国护货兵船不准驶入内海，水师船应认真防堵；外国人如偷运枪炮以及私自携带运人，行商必须认真稽查；外国人雇用小贩运淡水和买东西，必须持澳门同知所颁发的牌照；包括英国人在内的外国人有事禀报，一律由洋行转禀；如外国人私自买卖鸦片等物品，变相逃税，水师及沿海各省有权查拿和处罚。

广东方面的几个大员还认为，英舰直闯虎门后抵达黄埔，而水师和沿海炮台居然无力阻挡，说明"武备废弛"。他们决定加铸大炮，严密设防，并处罚和勒退一批水师官员。不久，道光皇帝调关天培任广东水师提督。

英国方面，德庇接班后，吸取了律劳卑“触犯众怒”的教训，推行“沉默政策”，从而引起了英国自由商人的反感。他们建议英国政府采取强硬政策，迫使中国政府让步，这样便可以向中国输入更多的鸦片，获得更多更大的利润。

由于英商没有实现他们的愿望，他们便在律劳卑一事上大做文章，制造舆论。特别是由英商控制的《广州纪事报》又一次发出了主战论调。

烟贩马地臣将这些论调带回国内，为外交大臣巴麦尊所欣赏。

德庇意识到自己的所作所为得不到英国商人的理解，便以休假的方式，在接任三个月后辞职了。

在巴麦尊的推荐下，新任驻华商务监督义律，于 1836 年 6 月 15 日得到英国政府的正式任命。

壮士一去

1838年12月22日，林则徐在北上途中，经直隶省城保定至安肃县，当晚就住在城外的客舍里。

第二天，反对“严禁”的直隶总督琦善也从京城赶至安肃林则徐下榻的客舍，同林“谈至夜分而别”。

至于他们之间谈了些什么，无从考证，就连林则徐在日记中也没留下文字记载。但在雷缙所著《蓉城闲话》里有这样一段描述：

> 道出直隶，遇直督琦善，嘱文忠无启边衅。盖文忠任江臬时，琦为总督，曾荐文忠。今忌文忠故言此。论似公而意则私也。文忠漫应之。

琦善以“无启边衅”相挟，企图说服林则徐放弃“严禁”立场；而林则徐则王顾左右而言他，毫不理会琦善的威胁、诱劝，这表明朝廷中的“弛禁”势力也已感到“山雨欲来风满楼”。因为他们是鸦片走私的既得利益者，所以不赞成重治吸食者，更反对查禁海口。

面对琦善，林则徐没有忘记当年的提拔之情，但他心里很清楚，这次奉命进京，尽管不知道皇上的禁烟措施，但道光皇帝禁烟的决心是很清楚的，自己担当的是大清朝廷的重任，是全民族的利益重任，个人恩怨绝不能渗入其中。

面前是阳光大道，还是万丈深渊，此时的林则徐已顾不上那么多了。

18. 八次召见

12 月 26 日，林则徐风尘仆仆从湖北抵达京城。顿时，朝廷上下四座皆惊，尤其是那些投降派势力对林则徐进宫受大任深为嫉妒。

从林则徐到京的第二天起，道光皇帝连续八天八次召见林则徐，共商禁烟方略。

关于这八次召见，不同史书所记载的内容都有出入。我们以《林则徐集·日记》为准，并借鉴其他史料补充。

27 日，道光皇帝第 1 次召见林则徐。这天清晨 6 点多钟，早朝已毕，众臣散去，道光皇帝第一个接见林则徐，叫他坐毡垫，垂问政事。会见约三刻有余。召见时道光皇帝表示要严禁鸦片，命林则徐赴广州担当重任。林则徐深知禁烟一事阻力重重，举步维艰，故一再婉拒。无奈圣旨已下，加上皇帝对他寄予厚望，林则徐当然只好遵命。

28 日的召见约两刻钟，君臣共同讨论了禁烟与外夷挑衅动武的问题。林则徐曾向道光皇帝请示向英王发出檄谕问题，道光皇帝表示须“经朕披览，再行檄发”。林则徐表示，要想彻底根除毒品，就不要怕同洋人打仗，有备才无后患。他劝皇上不必担心，建议消除顾虑，严加查禁；他还提出，只要朝廷不动摇，“严禁”的目的就一定能实现。

林则徐的一番话，更加坚定了道光皇帝禁烟的决心。

29日的召见，时间约两刻钟。林则徐详述加强武备、整顿边防的意见。道光皇帝大为满意。此外，道光皇帝还向林则徐垂询了有关京畿地区的水利问题，林则徐侃侃而谈，面奏了有关直隶水利事宜的十二条意见。这十二条就是现在所说的《畿辅水利议》十二篇。《畿辅水利议》是林则徐根据任京官时所积累的资料，经吴、楚等地兴修水利实践加以丰富而总结出来的。最后，道光皇帝问他：“能骑马否?”旋即赏赐他在紫禁城内骑马的恩遇。要知道，清朝有明确制度，百官入紫禁城后只能步行。在紫禁城骑马代步，那是皇帝对有功大臣的一种赏赐。林则徐深感恩宠，回寓后即作谢恩折子，并在这天的日记中写道：“外僚得此，尤异数也。”

30日早晨，林则徐骑马入宫，递折谢恩。朝罢，又召见。道光皇帝见林则徐骑马很紧张，便说：“卿不惯骑马，可坐椅子轿。”也有史书说，那天，林则徐身着绣有仙鹤的从一品大员的文官朝服，腰系镶有红玉的朝带，脖挂一串珊瑚朝珠，骑着饰满彩缨的高头大马，缓步入宫。在这次召见中，林则徐向道光皇帝建议，应加强海防建设，防止外国入侵。

31日早晨，林则徐坐八抬大轿入宫。朝罢召见，约三刻钟。道光皇帝与林则徐继续探讨了广东的禁烟及对外贸易、税收等问题。尔后，道光皇帝下达谕旨：“颁给钦差大臣关防，驱驿前往广东查办海口事件，该省水师兼归节制。”林则徐跪下接旨。

1839年1月1日，第六次召见。林则徐仍是早晨5点多钟乘椅子轿进宫。这天召见时间约有三刻钟。君臣双方继续就禁烟问题进行了商谈。结束后，林则徐奉旨赴军机处领出钦差大臣关防印。据史书记载，关防“满汉篆文各六字，系乾隆十六年五月所铸，编乾字六六一〇”号。这枚关防印是一方铜铸大印，其权威性可以说是一人之下，万人之上。

1月2日早晨，林则徐坐椅子轿入宫。朝政结束，再次召见约两刻钟。此次君臣进一步讨论了边防问题，林则徐对答如流，道光皇帝非常满意。

1月3日，第八次召见。林则徐清晨6时许依旧坐椅子轿入宫，道光皇帝召见时间三刻有余。林则徐跪拜向皇上请安辞别，并表示一定完成皇上交给的使命。道光皇帝特下诏书，命广东地方大吏邓廷桢、怡良等与林则徐和衷共济。

汉人林则徐破例受到如此宠遇，“弛禁”派岂能甘心。后来成为投降派首领的首席军机大臣穆彰阿，曾向道光皇帝上奏：“奴才为大清千秋万代，敢冒死直言……”

道光皇帝一听不觉大吃一惊，急忙问他有什么重要的事，并请穆彰阿大胆说。随后，道光皇帝又命太监送来毡垫，让穆彰阿坐下。穆彰阿连忙叩头谢恩，抬头后说：“启奏圣上，林则徐是汉人，遵照先皇祖训，汉人不可掌握大权，事关我皇室的万世基业，愿皇上三思。”“这个……朕何尝不知，只是目前朝中没有一个满人能担当此重任。”道光皇帝起身无奈地边走边说。

穆彰阿见皇上也有如此想法，忽然直起腰大声谈了他的想法：汉人的天性就是喜欢掌权和追名逐利，如果让林则徐这样城府极深而又非常狡诈的人掌权，作为皇帝的臣子，我们担心皇权会被人架空，到那时再来易人恐怕为时已晚。

踩着纯毛地毡，皇上在来回踱着步。忽然，道光皇帝转身问穆彰阿：“按照你的意思，鸦片暂时不禁?!”“正是，正是，目前国库银两无几，各地兵丁不足，林则徐是善于标新立异的人，他一旦行为过火，挑起事端，无论是洋人开炮，还是小民闹事，都会弄得国不太平民不安生，到那时再来收拾残局恐怕已来不及。”

道光皇帝听罢深深吸了口气。他心里在想，命令已下，暂不收回，先看看林则徐的行为再说，好在我大清江山博大，不怕几个小人闹事。他转身对穆彰阿说：“爱卿提醒很对，朕会慢慢思量，待考虑成熟再议。”

正如林则徐在宫中向皇上所言那样，如此大事，绝非一个钦差大臣就能扭转乾坤。没有朝廷的权威，没有皇上的命令，没有上下一心的鼎力相助，禁烟之阻力是可想而知的。穆彰阿在道光皇帝面前奏了林则徐一本，加之皇上并没有从骨子里信任林则徐，也为林则徐人生的曲折埋下了伏笔。

19. 降大任于斯人

1839 年 1 月 8 日，林则徐怀着对皇上知遇之恩的感激之情，怀着一颗忠君报国的拳拳之心，冒着漫天呼啸的风雪，踏上了前往广州的迢迢之路。

从赴京受召见到离京南下，林则徐在京城整整住了 13 天。

在这 13 天中，他除了受召见、自己在房间里思考问题外，还拜访朋友，广泛征求各界意见。他的挚友、时任礼部主客司主事的龚自珍对他支持最大。龚自珍在所写《送钦差大臣侯官林公序》中，提出了有关禁烟与反抗侵略的一些建议，鼓励林则徐要力排各种阻力，不要让某些谬论动摇了禁烟决心。他建议林则徐“宜以重兵自随”，“多带巧匠以便整修军器”，做好反侵略战争准备；他真切希望林则徐抓住这千载难逢的机会，在不长的时间内使全国出现“银价平，物力实，人心定”的面貌，同时也愿意随林则徐一道南下禁烟。龚自珍由于敢于揭露时弊，对朝廷中主张“弛禁”的人不屑一顾，最终受到反对派的排挤与打击，于1839年6月4日挂职而去，孑身出都。

跨出新仪门，林则徐回首眺望隐约可见的皇宫，然后径直朝太阳西垂的地方走去。当晚，他就住在良乡县东关外卓秀书院。

那天，京城天色阴沉，寒风呼啸，风沙弥漫，大轿行走非常缓慢。林则徐执意要下轿，最终还是被大家劝住了。

在离京之前，林则徐还是抓紧办了三件事：

一是密遣捷足，飞信赴粤，立刻查清英国大鸦片犯查顿的罪行，并派人监视其行踪和居所，以防脱逃；

二是起用原先的老部下、原湖南抚标游击马辰，派他为特使到广东口岸调查英国人走私鸦片情况，由林则徐自付马辰盘缠、食用；

三是命在广东出差的湖北汉阳县丞彭凤池暂缓回楚，留在广州就近暗查鸦片走私根源。

林则徐在这期间还给各地发过四封密信。第1封是给江、浙、闽、粤、赣等省提督、总兵以上官员，命他们八日后恭候圣旨，并认真执行和落实。第2封是给两广总督邓廷桢和广东巡抚怡良，要求对一些参与走私鸦片的行商登记造册，待见面后再议处理办法。第3封信是给沿海各州、府、县官员的，命他们迅速征集粮草以备不测之需，放权给他们自行扣押所有来自海上的鸦片走私者以及船只。第4封信是写给关天培的，请这位驻守虎门的水师提督一边整饬防务，一边查拿英夷走私鸦片者，不宜由自己处理的交邓总督、怡巡抚。

忙完这一连串需要紧急办理的事务之后，林则徐在离京前又拜访了座师沈维铄（字鼎甫）。此时的沈老因耳疾免去了工部侍郎一职，留在京城养病。他对林则徐南下赴命尤为关切。面对恩师的提醒和鼓励，林则徐表示："死生命也，成败天也，苟利社稷，不敢不竭股肱以为门墙辱！"决心为严禁鸦片和造福人民贡献自己的力量。

第二天中午，林则徐没有启程，而是在书院里将御赐关防供于堂中，焚香几拜，然后双手捧回关防大印置于办公桌上，发下第一道传牌：

> 照得本部堂奉旨驱驿前往广东查办海口事件，惟马夫一名，跟丁六名，厨丁小夫三名，并无随带官员，更无前站后站之人，如有借命影射，立即拿究。沿途只用家常便饭，不必备办筵席。沿途州官、驿站按此办理。

而后，他又疾书一份密令，派人飞送广东布政、按察两使。密令中强调禁绝鸦片必须先断夷人爪牙，也就是要除掉卖国贼大汉奸。他要求两使先行处置已查出的61名内奸，不准走漏风声，不准漏网一人，并严令各地官员不得庇护、徇私，更不能因此而触犯刑律。

使命在身，林则徐真有一种"风萧萧兮易水寒，壮士一去兮不复还"的悲壮感觉。

林则徐在南下途中不顾辛劳，稍有时机，就处处查访有关禁烟事宜，虚心听取不同阶层人士对禁烟的态度以及建议，并亲自作笔录，有时谈至深夜，真可谓"食不甘味，席不暇暖"。

行抵安徽舒城时，林则徐邀约曾任香山令的田溥（字小泉）晤谈禁烟事宜。这位田小泉，陕西临潼人，官至安州牧。他任香山令时，曾缉获鸦片数万斤。所以，林则徐要向他取经。

到了江西，林则徐又拜访了通晓时务的包世臣和其他力主禁烟的人士，如：吴其浚、徐广缙等，并接见了当年在江西任乡试副主考官时的门生张浦云等人，了解到许多鸦片泛滥的细节。因当时风雪交加，林则徐住了几日，并写了一首酬诗给吴其浚。林则徐一路行走一路察访，使他对鸦片给予中国人民的灾难有了进一步的了解，更加坚定了禁烟的决心。《寄酬吴棣华前辈》这首诗，就是林则徐在途中所写的。诗中表达了他对正日益勃兴的禁烟运动的运筹帷幄和力挽颓波的雄心。诗中写道：

揭来衔命驾锋车，要与愚氓洗鸩毒。
欲挽颓波力恐微，试想燎原害诚酷。
三吴此事近如何，问公能否回污俗。
周行可示幸毋遗，风便相期书举烛。

林则徐为什么会感到“力恐微”呢？

这是因为，林则徐通过明察暗访，已深知禁毒阻力之大，“弛禁”派势力之顽固，用他好友沈鼎甫、姚春木、王冬书的话说，“乃蹈汤火”、“身蹈危机”。

当然，林则徐此时所担心和忧虑的并非是鸦片贩子或烟瘾者的反抗，而是穆彰阿这样在皇帝身边的反对派，会处处影响和左右皇上，从而导致皇帝对禁烟主张出尔反尔。

林则徐没有忘记，在道光帝召见期间，身为朝中军机大臣的穆彰阿见到他态度不冷不热，有时甚至口出危言，表现得极为敌对。

如果说林则徐在南下途中前半程还有点“力恐微”的感觉，那么，当他途经赣南文天祥故乡时，这种感觉便一扫而光。

首先是，他每走一路，各地官员和乡民都对他此次南下禁烟寄予极大希望，有的从家中端来好酒好菜请他品尝，有的官员送来御寒物品祝他一路平安。其次是，两广总督邓廷桢派大员到江西迎接林钦差，并给他带来了广东人民自发掀起一场反对外国侵略者干涉中国禁烟斗争的好消息。原来倾向“弛禁”的邓廷桢向林则徐明确表示，要“各扫疮痍，共培元气”，发誓“协力同心，除中国大患之源!”

平时不善饮酒的林则徐，当天晚上与来迎接他的广州官员一同饮了几杯赣南老表自己酿制的米酒，顿感热血沸腾。

饭后，林则徐走出住所，站在一丘陵坡上，举目南眺，凝望着那沉沉夜色，心潮久久不能平静。他隐隐约约地感到，在大清国国土上，已形成一股巨大的、势不可挡的滚滚浪潮，要彻底冲刷“黑潮”带给中国人的耻辱。面对恶浪敢立潮头的，当属那些勇于为民除害、尽忠报国的热血男儿。

林则徐受命查禁鸦片的消息传到羊城后，广州地方上包庇走私和受贿赂的官吏都惊恐万状，而与鸦片贩子素有勾结的洋行商人等“也都惶惶不安”。

两广总督邓廷桢、广东巡抚怡良立刻行动，加强边防，搜捕烟贩。

邓廷桢等人的言行转变，引起了鸦片商的嫉恨，他们甚至制造谣言，有的还写成文字到处张贴，如：

禹城虽广地却贫，邓公仗钺东海滨。
终日终始勤网捕，不分良莠皆成擒。
名为圣主除秕政，实行聚敛肥私门。
行看莺粟禁绝日，天网恢恢早及君。

1839 年 3 月 10 日，林钦差大臣携关防大印到达广州。

20. 初战告捷

3月的广州，春意盎然，繁花似锦。

听说林则徐的官舟要在上午到达羊城，于是，广州各界群众以及邓廷桢、怡良、关天培、豫坤、德克金布、奕湘、英隆等聚集在如今是北京南路江边的天字码头，热烈欢迎林大人驾到。

大街上，市民们奔走相告，就连英国商人也搭乘小舟来窥探个究竟。

美国商人亨德在珠江帆船上看到林则徐的到来，对其神态作了如下描述："他具有庄严的风度，表情略为严肃而坚决，身材肥大，须黑而浓，并有长髯，年龄约六十岁。"

当林则徐看到这一热烈场面时，信心倍增。在码头接官亭，他便命水师提督关天培调遣兵船，把停泊在伶仃洋面上专门囤积鸦片的二十多艘英国趸船严密监视起来。同时，他还要求广州的绅士、商人、军人、船员和农民们同他合作，劝诫以前吸食鸦片的人立即改掉此等恶习。

他在准备上岸时，忽然被一张布告吸引：

> 初吸食者不过优录市侩之流，今则缙绅衣冠亦染其习。初亦仅闽粤滨海偏民嗜好其物，今则遍及全国，且深入盟旗。初仅游惰子弟，今则僧、尼、道士、妇人、少女无不吸食。其流毒所及，渐使天朝臣民，沦于禽兽狗熊。

林则徐读完频频点头，既而转身往前走去，不停地向欢迎的人群挥手致意。随后，他下榻在邓廷桢等人为他在越华书院准备的行辕。

林则徐抵达广州的消息对那些鸦片贩商来说，无疑是晴天霹雳，震得他们张口结舌，两眼发僵。而对于两广总督邓廷桢、广东巡抚怡良来说，又是雪中送炭，终于盼来救星。

之所以用这句话来形容邓、怡二人，原因是在林则徐到广州前，这里曾爆发过一次近万人的反英大示威。事情的起因，是由邓廷桢按大清律处罚中国鸦片烟贩时，遭到了英国烟贩们无理干涉而引起的。

邓廷桢，自从19世纪20年代任安徽巡抚，到30年代升任两广总督，他对禁烟的认识经历了一个从“不主张禁烟”到“弛禁”再到“严禁”的曲折过程。当初许乃济提出“弛禁”主张时，他深表赞同，认为“弛禁通行，实于国计民生，均有裨益”。后来，他又否定了自己的观点。这主要是他亲眼目睹了鸦片祸害的严重，加之受到朱樽、许求力主禁烟的影响。

1836年9月19日，道光皇帝下令邓廷桢对广东禁烟不力做彻底调查并制订出长期补救计划。

10月28日，邓廷桢看到这份谕旨后，立刻会同广东巡抚与粤海监督紧急行动起来。

11月23日，经过缜密调查，邓廷桢将以查顿为首的九名最为声名狼藉的外国大鸦片贩子开的商行全部封闭，并勒令他们在45天后离境。

到了1837年初，道光皇帝又给邓廷桢发来谕旨，重申了“严禁”立场和要求。

邓廷桢立即会同水师提督关天培，不分昼夜，不分晴雨，“奋勇兜捕，尽法惩办”。邓廷桢上奏皇帝，坚决拥护朝廷大政方针，“共矢血诚，俾祛大患”。

在这一年中，邓廷桢领导两广官员在广州地区共破获私开窑口案件141起，查获鸦片大案30起，逮捕烟贩345名，缴获烟枪10158支，没收纹银8661两、洋元3027两、鸦片3842斤，使吸食鸦片和走私鸦片的人如过街老鼠人人喊打。

邓廷桢在广东的禁烟斗争中还有一位得力助手，这就是令广东吸毒者和走私鸦片者闻风丧胆的按察司王青莲。

王青莲常常只带一个差役暗中上街查访。只要发现一例，就严厉查处一例。有一天晚上，王青莲发现一家烟馆里有一个很熟的面孔，一问才知道是南海知县衙署一名差役正躺在烟榻上抽鸦片，他当即命令用竹鞭打了15下。由于他严密查拿，致使广州城内的烟馆都不敢公开营业。

邓廷桢在广州的严禁查拿鸦片活动深得当地人民的热烈拥护和支持，同时，也遭到了英国鸦片贩子和中国走私犯的恶毒攻击，有的甚至相互勾结要暗害邓总督，有的造谣说在邓总督三儿子身上发现过鸦片。

邓廷桢在不断教育家人、亲戚遵纪守法的同时，又要求他们做好榜样，支持禁烟斗争。

时在广州任越华书院监院、后来写出著名的《海周四说》、《夷氛闻记》的梁廷枏挺身而出，为邓廷桢辟谣。

邓廷桢在任内的功绩不用他自己说，义律给英国国内的公函中也称这位总督是"忠实执行皇帝命令"的。信中还说："一些中国人是最不希望邓当总督，只要他不在，鸦片生意会好起来。"

道光皇帝非常相信邓廷桢的人品，认为"林则徐、邓廷桢皆朕亲信大臣，现在正处于查办吃紧之际，断不可因群言淆惑"，并授权逮捕造谣者。而现在，钦差大臣林则徐的到任，无疑是对邓廷桢最大的支持。他坚信广东禁烟的灿烂明天即将到来。

到广州当天，林则徐来不及休息，立刻会同两广总督、广东巡抚、粤海关监督等商议禁烟大计，制订了禁烟章程十条，对鸦片贩子和走私者以及吸食者布下了天罗地网。这是林则徐为了推行戒烟运动和准备应付可能发生变化的形势所采取的措施。为了使这禁烟章程早日颁布，林则徐还上奏皇上“圣明乾断，严例早颁”。

在到广州后的一个星期中，林则徐忙于调查情况、会晤官员。两广总督邓廷桢、广东巡抚怡良、海关总督豫坤、水师提督关天培等都经常被林则徐叫在一起商议禁烟大事。同时，林则徐还通过梁廷枏的帮助，很快弄清了中外关系、鸦片贸易的细微情节。

为更多地了解英国人，林则徐还组织了翻译工作。被翻译的报刊有：《澳门杂录》、《澳门新闻录》、《澳门月报》、《中国丛报》、《各国律例》、《对华鸦片贸易录》、《广州纪事》等。封建时代最尊贵的钦差大臣公然翻译“外夷”的西书、西报，探求海外“奇技淫巧”的新知，这在自我封闭的清朝中叶，确是惊人之举。

可以说，郭桂船和梁廷枏是林则徐接触最多的人。因为郭桂船当时是海关监督关部的书办。在林则徐担任江苏巡抚时，他就非常敬仰这位深受人民称赞的大人。梁廷枏则是越华书院的监院，曾在海防书局任职，许多国外请愿书、朝廷和地方的各种禁令、海岸战略要冲地形图、军事要塞的布防以及规划、各式枪炮图等，均由他保管。他们二人成了林则徐的智囊。

刚开始，英国鸦片贩子和商人见到中国这位钦差大臣时，认为中国政府掀起的禁烟高潮不会超过一周，这位大臣只不过是搞点动作给朝廷看看而已。令他们没有料到的是，林则徐到广州后的第九天，便把当地一些商行、买办、翻译等召到自己的住处，一直询问到天黑。

询问中，林则徐严厉批评了商行等在禁烟斗争中所表现出的与国家对立、与人民对立的卑鄙行径，并严肃指出："不要以为当汉奸有了钱就什么都不怕，我林则徐最痛恨的不是洋人，而是为洋人烟贩子当走狗的卖国贼。"

林则徐还通报说："不久，本大臣将会同两广总督和广东巡抚以及粤海关监督，在广州惩办国贼，处死一两名罪大恶极者。"

当时，在座的有商行、买办、翻译等，他们闻之个个面如土色，神情紧张，有的额头还渗出了冷汗。

林则徐多么盼望皇上早一点批准他的禁烟条例。令林钦差感到兴奋的是，三个月后，《钦定严禁鸦片烟条例》共三十九条颁布，轰轰烈烈的禁烟运动终于在全国展开。不久，各地捷报频传：天津拿获鸦片 13150 两；盛京缴获烟土 2400 余两；云南缉获烟土 22000 两；浙江铲去罂粟 1360 亩；……

望着行辕内"海纳百川，有容乃大；壁立千仞，无欲则刚"的条幅，林则徐仿佛悟出了什么，深深地叹了口气。

21. 刑场设在洋房前

林则徐对商行、买办、翻译们的一番训话和警告是他们所没有料到的。早在他未来之前，邓廷桢在广州曾开过一次杀戒，弄得外国商人到处抗议，那情景至今仍历历在目。

那是 1838 年 12 月 22 日，邓廷桢决定将查获的一个公然开设鸦片烟馆的犯人，名叫何老金，押往广州商馆的美国国旗下处以绞刑，以达到威慑作用。邓廷桢认为，只有这样做，才能“唤起洋人社团中那一部分败类的反省，使其不敢怙恶不悛；因为这些洋人虽然出身并成长于化外，应当不至于泯尽天良”。

所谓的广州商馆，就是外国人的商行。每一个国家的人到中国做生意都必须在此买卖和住宿。商行坐落在距珠江边 300 米处，距虎门炮台 40 公里，距黄埔港 10 公里不到。商馆房屋一律三层，一楼为账房、仓库和工作人员住房，二楼为客厅和餐厅，三楼为高级职员住所。商行从西边起，第一家是黄旗行，第二家是大吕宋行，接着是高公行、广源行、宝顺行、瑞行、隆顺行、丰太行、集顺行；其东是一条小巷，叫做猪巷，再东是保和行和集义行。

这些商馆是中国行商的私产，是专门用来租给外国人的。

商馆前有条用石板砌成的街道，街道和珠江之间有一个约五百米宽的小广场。广场东边是印度公司的卸货处。在面对宝顺行和保和行的河边上，有海关监督的办事处。

那天中午，按照邓廷桢事先的安排，几个穿号衣戴红缨帽的兵丁，在广场上竖起行刑的绞架，另外几名士兵在搭官棚，还有许多兵丁搬来案桌和座椅。当时在场的有两个英商，他们以为马戏团要来演出，便走过去看热闹，一瞧“布告”，才知道这里已成为刑场，而且很快要在这里绞死人。

他们离开后立刻降下美国国旗，然后和中国士兵发生了冲突。

至于这场冲突的情形，外国人杰克·比钦在他所著的《中国的两次鸦片战争》中是这样写的：

绞架木桩碰巧竖立在高达 100 英尺的星条旗旗杆附近。

领事把他的国旗降下，约80个火冒三丈的洋人很快纠集在一起。

何老金脖子口套着个铁链来到了。在一旁观看的一些人，注意到官员的差役给死犯装了最后一筒鸦片烟，想让他在告别这个世界前痛痛快快享受一下；何老金伸开双臂，正准备往绞架上套捆手的当儿，一群东印度公司‘奥威尔’号船的水手出现了……

当时这些人正在岸上休假，什么恶作剧都弄得出来。

蓦地，这些水手以迅雷不及掩耳之势立刻把绞架砸烂，拿着一块块木板向最靠近的中国人头上乱打一顿，其中一个水手叫嚷说：‘唷，毕尔，我们不是哪一天都能像今天这样玩得如此痛快！’

在几个外国商人的帮助下，有位官员挤出人群，把犯人拉走。当然，也有一群中国人聚集起来和善地在观看这场厮打，直到一些更年轻的洋人挥舞他们的手杖，试图着手清理这个广场。乱子紧接着发生，中国暴民开始向洋人扔石头。水手们使用破玻璃瓶进行还击，对那些喜欢赤脚的广东人，这些飞来物总不是那么受欢迎的。外国商人们仓皇地避匿到商馆楼掩蔽处，但很快被围困在里面。

此时聚集的中国人群约有800人之多。有一些性急鲁莽的洋人在房子里到处寻找武器，还议论着来一个武装突围。此时，两个美国青年人威廉·亨德和小吉迪恩·奈决定闹个够。

他们爬上商馆屋顶走到猪弄，再从那里奔向行商商总浩官的货栈。

浩官是一个和蔼而有影响的老头子，他因在对外贸易中积攒了500万英镑而出名。他喜欢同美国人做生意，乐意照搬他们爱怎样干就怎样干的做法。他知道得很清楚，他本人可能要对这场暴动负责。因此，他设法派人去通知广州知府。

当晚6点钟，一阵急促的敲锣声在向暴徒们警告：中国官员立刻就到。顿时，中国巡捕出场，手里拿着鞭子，一些暴民跨过码头掉在江中，其余的人乘夜幕散开。

据笔者查证，比钦文中所说的“立刻就到”的官员，就是南海知县王福寿。

王福寿当时带了许多人赶来。当他走下轿子目睹此场面后很不高兴，大怒道：“大胆妄为，成何体统！”说完，便对士兵一挥手：“还愣着干什么！”士兵们挥动鞭子并用刀枪驱赶群众，还逮捕了几个人。

骚乱就这样平息了。

随后，王福寿将犯人由广场带到公共刑场去执行绞刑了。

绞刑架上，何老金的尸体挂在那儿，孤零零的，只有阵阵寒风苦雨从尸首旁打过，连同凄楚的乌鸦声，方将那份凝固打破。

当天晚上，英国总监督义律上校闻讯率领120名水手赶到，但此时事件已经平息。

事后，外侨公所写了一份抗议书递给邓廷桢。邓回复说：“夷人虽生长于蛮夷之地，亦有人心，岂可不知恐惧而深自反省者？焉得如此疯狂作此叫嚣？”又说，“商馆本属天朝，经大皇帝开恩，准允侨商使用。至于在此行刑，与外侨有何关系？侨商岂可谓此地只准外侨活动，竟不准本地人民使用？世上哪有胆大妄为、无理取闹的得不到惩罚?！荒谬如此，殊堪痛恨！”

对于这次破坏与反破坏风波，马士的《中华帝国对外关系史》一书也有记录。

总之，邓廷桢领导广州人民开展的禁烟斗争，初步显示出中国人民捍卫国家主权和反抗外国侵略者的坚强决心和勇气。同时，它也是邓廷桢等广东大员和人民真诚欢迎林则徐赴粤的最好的见面礼。

对于这次风波，林则徐未到广州就在途中听广州接驾大员说过，他觉得“就是要有这样的骨气！怕死就不要禁烟！”

到广州的第二天，林则徐便令所有随员从严要求自己，严格遵守各项纪律，不得擅自上街，更不准把内部消息走漏出去。

22. 睁眼看世界

许多人早就听说过林钦差忠心报国，对百姓疾苦非常关心。刚到几天，林行辕每天人声鼎沸，有哭泣诉苦的，有顿足捶胸控诉的，还有向钦差反映当地官员贪赃枉法、欺压百姓的。

为了使林钦差集中精力处理禁烟事宜，履行皇帝所赋予的职责，邓廷桢建议在林则徐住处贴出一张告示，说明“只处理有关鸦片问题，与此无关的呈禀暂不受理”。此建议被林则徐采纳。

这一招还真灵。也许是广州群众对此“告示”非常理解、非常赞同的缘故，越华书院里每天进进出出的几乎都是邓廷桢、怡良、关天培等大人物。在这里，他们研究了禁烟办法和研读了有关广东地理、海关、海防等方面的书籍。

为了使广州的禁烟工作得到广大民众的支持，使制订的一系列禁烟措施更加符合中国国情和当地实情，林则徐分别接触了广州的文武官员、友人、同乡、旧属和其他阶层人士，广泛听取大家的意见和建议。他还把那些精通外国语言文字的人才集中起来，翻译国外资料，深入研究英国国情。他们当中有澳门马礼逊学校毕业的年轻人、南洋归侨袁德辉，有广东传教士梁发之子梁进德。林则徐还把在广州外国商馆里工作的厨师、美国牧师伯驾开设的眼科医院里工作的中国人招进行辕，以备咨询。

通过阅读大量的翻译资料，林则徐对周边国家，如阿富汗、沙俄、缅甸、朝鲜、越南、日本等情况非常熟悉。比如，外刊报道和揭露了沙俄进攻南亚和向外扩张的野心，林则徐根据这些报道译文，亲自在译稿上加按语。对于所翻译文章，林则徐不仅认真阅读，而且还进行深入思考，提出了著名的“防塞论”。林则徐和清代中期致力研究西部边史的专门学者一样，具有敏锐而远大的眼光。后来沙俄对我国的种种侵略扩张活动，就证明了这位爱国者的可贵预见。

与此同时，林则徐还把退休官员、诗人张维屏和俞正燮等人，以及广州城内粤秀三书院六百四十多名士人作为自己的顾问。有了这些人，林则徐不仅多了耳目，而且也把自己的一个脑袋变成了几百个脑袋。正如林则徐自己所言：“在广东的外国人谁在经营鸦片，用了谁家的船，各载多少箱，停泊在何处，他们的意图是什么，想达到什么样的目的，对这些问题了解的精细度，就连洋人自己也想像不到。”

据1991年内部发行的《鸦片战争博物馆馆刊》介绍，湖南抚标游击马辰曾因失查家丁私受替班兵丁规钱，被革职回安徽老家。当时，林则徐也因预保马辰而受降四级留任处分。林则徐到广州后，深感了解洋务夷情的重要性，自然也想到马辰“素谙武备”，“精力甚强”，不应置之不用，于是便自付马辰盘缠，指派他“兼程先赴海口代访夷情”。

又如林则徐在湖北查禁鸦片时，曾派遣汉阳县丞彭凤池去广东缉拿烟贩，未还湖北。他认为广东籍的彭凤池“廉明勤干”，并且“谙晓”广东“土俗方言”，即令彭凤池留在广州“就近代查鸦片根株”。

林则徐重用的这些人才，对他充分了解国外特别是英国人情况，扎扎实实开展禁烟斗争起到了不可估量的作用。同时，依靠坚定的禁烟派骨干，调动犯过某种错误但确有能力的人的积极性，为他们提供立功赎过机会，重用学有专长的人，这是林则徐在禁烟斗争中取得巨大成效的重要经验之一。

“有才而不用与无才同，用之而不使之尽其才与不用同。”林则徐的这句话，可以说是他用人指导思想的概括和总结。

翻译外国新闻书报，是开眼看世界的起步；与外国人直接接触，虚心向他们请教知识，是林则徐充实、提高自己的高招。

据有关史料称，仅 1839 年一年内，林则徐就破天荒两次公开接见外国人。

一次是接见美国商人经氏及其夫人和美国基督教公理会传教士裨治文、“马礼逊号”船长弁孙。林则徐“既和蔼又耐心，一点也不粗暴野蛮”。他询问商行中谁是正直的人，合法贸易的前景如何，以及英国海军的战斗力情况。经氏回答说，英国人正在把他们所造的轮船改成炮艇。林则徐听了略有所思，接着便向裨治文索要地理书和地图以及其他外国书籍，并特别交代裨治文帮他设法弄一本完整的《汉英字典》。裨治文把这次中国钦差大臣接见自己的情形记录下来，并发表在澳门出版的《中国丛报》1839 年 6 月号上。

另一次是 1839 年 12 月 16 日，林则徐会同广东高级官员，在靖海门内的天后宫，一同接见在海南文昌县海上遭风遇难的英国三桅船“彬达号”上获救的 15 名英国人。林则徐很关切地慰问遇难者，并给他们一些衣物和食品。然后又小声地询问英国国内是否有人知道去年发生在广州广场的那场风波，是否知道这场风波是英国人自己因倾销鸦片而引发的。他还耐心地向这些英国人宣传了中国政府的禁烟立场、政策、措施，以及他自己的决心。说着，林则徐突然哈哈大笑起来："有人说我林则徐禁烟不得人心，已命归黄泉。看来，今天我是不畏艰难，从九泉之下来看你们了！"没等翻译译完，这些洋人便忘了身体不适，开怀大笑起来。他们觉得这位中国大臣太幽默太有趣了，令人可敬可亲。

这15名英国人中有一位是医生，他把这次与林大臣的会见写成《与钦差大臣会晤记》一文，发表在当时的《广州周报》上。英国军官宾汉把该文作为附录收在自己所著的《英军在华作战记》一书里。

林则徐就是通过这种唯才是举、为我所用的方法，掌握了禁烟斗争敌我双方的态势，找到了打击敌人、取得禁烟斗争胜利的方略。

23. 本大臣不要钱，要你的脑袋

在广州期间，林则徐紧锣密鼓地进行禁烟工作。他在上奏皇上《禁烟条例》的同时，又发布了《禁烟章程十条》、《札各学教官严查生员有无吸烟造册互保》、《晓谕粤省士商民人等速戒鸦片告示录》、《颁发查禁营兵吸食鸦片条稿》、《札发编查保甲告示条款转发衿耆查照办理》等告示。而在这些告示中，《禁烟章程十条》是最具影响，也是措施最具体最周密的一份。

这里我们不妨将此章程抄录于此：一、吸食者立限断瘾。省城广州从 3 月 15 日起，外府州县自奉文之日起，勒限两个月，让吸食者断瘾。其所有烟土、烟膏、烟枪、烟斗及一切零星器具，一概缴官，不追究缴者的姓名。窑口、烟馆贩售者，应即自首并缴出烟土烟膏。如抗拒缴出，被人告发，或线人引拿，搜出真赃实据，则尽法惩治，本犯财产籍没，赏给首告及引拿之人，诬者反坐。二、入室搜查，文武各官须亲带兵差，进门前先将兵差逐一搜检，出门时亦当众搜检，杜绝栽赃、攫窃二弊。三、广开指揭之门，允许下属指控或禀揭上官，经查切实，熬审不虚，分别记功，奖励拔补。各级官员徇庇属下吸食或包私者，一并严参。四、各州县奉文后，应分都分图，由城及乡，编查保甲，由绅士综理，再由绅士推举各乡公正衿耆，分段编查，按门牌底册，详细填注“保”或“不敢保”字样。地方官应将各乡不敢具保之人另立一册，限日搜查，无实据者，责成该管族党正副立限确查保结，倘仍不敢担保，立即严拘迅究。五、文武生员由教官查核学册，随意拨派五人互保，缴官备案。吸食者由教官转报地方官审明实据，立即详革治罪。捐职及贡生、监生，由生员各保所知。无人肯保者，责成已经保过之捐职或贡、监生保之。仍无保之人，查讯熬验。六、兵丁以五人为一伍，互相连环保结，其不敢保者，另立一册，听候委员熬试。七、幕友、官亲、长随，将署中有无吸食之人出具切结，属员则送上司，同官则互相咨送，以凭查考。经承小书，各班书役，由本官随便指拨五人，互相派保。八、出洋船只，由该口岸澳用编号造册，饬令五船互保。无人保结之船，另立一册，搜查究办；查无实据，亦编入岸地，交保约束，不准再令驾驶出洋。内河大小船只，责成地方官一体查办。客商夹带或吸食鸦片，许船户向沿途地方官密行告发。九、客寓、寺观、馆店，设立循环号簿，详细登记暂时寄寓之人的里居姓名，每五日送该管衙门考核，许庙祝店主随时密告。十、客商过关投税，应先由行户经纪人检查，将货单保结，到关时交关口委员核对图记相符后，抽查货物。

章程公布后，不仅使参与禁烟的官员有法可依，而且各地禁烟也有了具体落实的办法。更重要的是，与鸦片有关的贩卖者与吸食者何去何从，可以按照章程自己对号入座。

随着禁烟条例、禁烟章程的颁布，广州地区的禁烟斗争进入了关键时期。特别是在鸦片走私的重要航道虎门，群众自发组织起来，一旦发现走私鸦片商船，立刻吹响螺号，集合渔船，前后拦截，顺风纵火，将其烧毁。

通过一系列的举措，林则徐逐渐明白了鸦片流毒的真正症结，调整了过去的禁烟措施，变先重治吸食，为先断绝鸦片来源。而作为落实这一措施的第一步，须将虎门海口趸船鸦片消除干净。

等到真正实施时，具体问题又出现了。如：派水师船追捕，在狂风恶浪中风险太大，加之水师船没有在复杂海情下执行过任务，弄不好会鸡飞蛋打一场空。于是，林则徐、邓廷桢、怡良三人紧急商议，认为鸦片贩子大部分尚在广州，采用晓之以理而慑之以威的方法，逼迫他们缴出趸船上的鸦片。

1839 年 3 月 18 日清晨，经与邓廷桢、怡良研究，林则徐针对外商发布了一个通告，再次表明了自己的禁烟立场："若鸦片一日不绝，本大臣一日不回。"他还警告说，"况察看内地民情，皆动公愤，倘该夷不知改悔，惟利是图，非但水陆官兵，军威壮盛，即号召民间丁壮，已足制其命而有余。"同时他还宣布，"夷馆中惯贩鸦片之奸夷，本大臣早已备记其名，而不卖鸦片之良夷，亦不可为剖白。有能指出奸夷，责令呈缴鸦片并首先具结者，即是良夷，本大臣必先优加奖赏。祸福荣辱，惟其自取。"

后来，道光皇帝读了这份谕帖后，嘉奖林则徐，称"批览至此，朕心深为感动。卿之忠君爱国皎然于域中化外矣"。

同一天午饭后，林则徐在钦差行辕同邓廷桢、怡良一道会见十三行老板，他们是：怡和行的伍绍荣、广利行的卢继光、同孚行的潘绍光、东兴行的谢有仁、天宝行的梁承禧、中和行的潘文涛、顺泰行的马佐良、仁和行的潘文海、同顺行的吴天垣、孚泰行的易元昌、东昌行的罗福泰、安昌行的容有光、兴泰行的严启昌。而东昌、兴泰两个商行都属试办阶段。这是因为他们在一年前“滥保夷船，拖欠饷项”，被邓廷桢以两广总督身份勒令关闭。

所谓的广州十三行，在林则徐赴粤时已剩下十一行，怡和行行首伍绍荣、广利行行首卢继光是这里的“总商务官”。他们助纣为虐，私泄情报，漏走白银，帮助英夷贩卖鸦片。如今他们坐在钦差行辕，个个胆战心惊，预感大祸临头。

擂鼓三遍，钦差大臣林则徐健步走过来，神情严肃，大堂中空气如凝固一般。林则徐先将早先拟好的《谕洋商责令夷人呈缴烟土稿》和一份传谕外国鸦片贩子缴烟具结的谕帖分发给他们，并命他们“立即逐一据实供明，以凭按律核办”。

此时的林则徐目光紧紧盯住伍绍荣和卢继光。望着钦差大臣那锐利的目光，伍绍荣和卢继光震惊、胆怯。当他们刚刚垂下脑袋时，忽听“啪”的一声，林则徐将醒木重重击在案桌上，吓得伍、卢等人猛地一震：“你们身为商官，不效忠皇上，非但不检举英国鸦片贩子，反而假保他们进口船只并未夹带鸦片；伶仃洋上的鸦片趸船明知不报，还串通海关书吏帮助他们偷漏白银，私自将鸦片运往内地坑害民众、牟取暴利。你们知罪吗?”

伍绍荣、卢继光几乎不约而同地边跪边往林则徐面前爬去，然后异口同声地说：“小人知罪，请大臣免小人一死!”

“你们也知罪，你们也怕死?!想当初你们为什么不听禁令，私自与洋商勾结?特别是你伍绍荣，竟与英国贩毒头子查顿沆瀣一气，汲取自己同胞身上的血，你良心何在!”

“小人不敢！”

“你还想抵赖，这几年究竟贩了多少鸦片，从实招来！”

“大人，我真的没有参与贩烟，怡和行经营的都是茶叶、呢绒等物品，不过大人如需钱买枪炮、兵船，小人愿意出钱，而且多出。”

“哈哈哈！”蓦地，林则徐忽然大笑起来，然后又重重拍了一下醒木，大声对伍绍荣说：“本大臣不要钱，要你的脑袋！”

“啊！”伍绍荣顿时吓得昏厥过去，被几个兵丁拖出了行辕。

3 月 19 日，也就是伍绍荣、卢继光等行商吓得屁滚尿流的第二天，外商代表在公所大厅会见了伍绍荣等行商。林则徐谕令由翻译用英语宣读。谕令指责英国鸦片贩子以毒品来欺骗、蛊惑大清民众，人心共愤，天理难容。然后，命令他们将趸船上的鸦片全部缴出来并具结（即填写英、汉两种文字保证书），保证以后船来中国，永不夹带鸦片，如一旦被发现，货尽没官，人即正法，情甘服罪。

当时，外商代表并没有立刻做出答复。

不久，粤海关监督贴出告示，通知外国所有船只在鸦片问题没有完全解决之前，不准离开广州。次日，洋商又到公所大厅，同鸦片贩子们商讨林则徐前天发出的谕帖。

“外侨商会”主席滑摩和副主席福克思共同起草一封信给林则徐，声称：停在外海商船上的鸦片是他们在孟加拉和孟买委托人的私有财产，他们既无权上缴中方，中方也无权没收。只要他们保证不把鸦片运往广州，中国尽可放行这些泊船。

过了两天，鸦片贩子们又开会研究，提出对谕帖需要详加考虑，不能马上做出答复，但可以不再和鸦片发生关系，并以此禀告林则徐。林则徐坚持必须缴出所有鸦片，不然即将审讯行商。

于是，鸦片贩子当晚又和行商密议，决定先缴出 1037 箱来敷衍搪塞。当邓廷桢发现十三行洋商在玩小聪明、搞欺骗后，便驳回外国鸦片贩子的申报数。

面对广东大员的坚决态度，鸦片贩子和十三行一时没了主意，急忙找到大烟贩颠地。颠地摆出一副老奸巨猾的姿态说："林则徐为禁烟而要开杀戒，只不过是虚张声势，吓吓你们这些外国胆小鬼。要问我的意见，那就是一不答复，二不缴鸦片，看他林则徐有什么办法。"

颠地的建议立刻得到了洋商们的赞同。

第二天，得到此信息的林则徐大怒："这是外国鸦片贩子们的缓兵之计，更是颠地捣的鬼。十三行立刻转告颠地和洋商，明日上午不交出鸦片，本大臣就亲自赴十三行公所开堂审判，定将正法一二人！"

24. 颠地想逃

林则徐的话传到洋商耳朵里后，着实让他们吃惊不小。

当天晚上 10 点多钟，在颠地的建议下，洋商和中国鸦片贩子召开紧急会议。会上有人提醒说，伍绍荣现在急得像热锅上的蚂蚁，恐惧到了极点。

一位美国商人也显得有些激动："要记住，由于目前的问题而丧失的财产，可以不费力气很快赚回来，但是血一旦流了就像泼洒在地上的水，那是收不回来的。行商们正在为他们的性命和财产担忧。我并不是为暴虐手段辩护，但是，一旦要采用这种手段，我们既无法弥补后果，也无力偿还失去的生命。目前这种局势已直接威胁到我和我的同事们的生命安全。我们有时虽然诅咒他们，但是我们决不能忍心把我们委托人的钱袋看得比他们的脑袋还重。”

然而，这位美国商人的发言并没有引起大家的重视，他们仍然坚持把最后期限单方面推到27日。在颠地的建议下，他们成立了一个特别委员会，而且还起草了一份给行商们的信，指出：“当前事关大局，牵涉许多国与国之间利害关系，只有经委员会讨论，才能对中方做出答复；也就是说，推迟时间是特别委员会做出的，答复林则徐的时间只能是27日前。”

第二天上午，林则徐得知了颠地等洋商的鬼把戏，他佯装不知，静候洋商来交鸦片。

到了中午，洋商将原先定好的1037箱鸦片送到了指定地点。

林则徐见此很不高兴，问：“这只不过是个零头，还有好几万箱鸦片呢?”

正在这当儿，广州知府和南海、番禺知县又来报告：“闻得美利坚国人多愿缴烟，被港脚夷人颠地阻挠，因为颠地所带烟土最多，意图免缴。”

林则徐听罢猛地一拍桌子，起身说道：“真是敬酒不吃吃罚酒，这个大鸦片贩子也太不识抬举了。传我令，立即缉拿颠地!”

颠地听说林则徐要缉拿他，顿时后怕起来，怕的是远离苏格兰本土，人在中国地盘上，一旦真的落到中国钦差大臣手里，那就等于是死路一条。他“自知久惯贩卖，不敢遽出见官”。

对于中国朝廷来说，颠地可谓臭名昭著。在鸦片战争前夕，清朝许多奏折中，都提到颠地：

> 闻有英吉利国夷民颠地及铁头老鼠两名终年逗留省城，凡纹银出洋、烟土入口，多半经其过付。该夷民常与汉人往

来，传习夷字，学写讼词，购阅邸钞，探听官事，不惜重资。又复从汉人学习中国文字，种种诡秘，不可枚举。此等匪徒，心多机械，窃恐愚民听其教诱，奸民结为党援，大为风俗人心之害。使之久居境内，不但烟土不能查缉净尽，且恐别生事端。[道光十八年（1838）十月太仆寺少卿杨殿邦所奏。]

近来查顿及颠地等夷，已历二十余年，在省城夷馆居住，包揽各夷鸦片在省售卖，且延请土人教习汉书汉语。凡内地衙署举动，豫行探听，把持洋务。所有售私偷漏之弊，皆其主谋，实为奸夷渠魁。[道光十九年（1839）六月江南道监察御史骆秉章所奏。]

就在这时，来自苏格兰皇家海军的上校义律由澳门来广州，开始露面了。他乘着由四名水兵划桨的“拉恩号”轻便快艇，从澳门耀武扬威地驶向广州，准备把颠地接走。当小艇快驶到广州码头时，他站在艇首，高昂着头，两只发蓝的圆眼不停地朝珠江两岸张望，俨然一名海军指挥官。他“坚信坚决的语调和态度将会抑制广州当局轻举妄动的气焰”。正如外国史学家所写的那样，像义律这样的人，以前在海军服役有过海上冒险经历，对一切都非常敏感。但他又分不清什么是道义，什么是责任和使命。他喜欢冲动，喜欢出击，而且不顾结局如何，往往成了无谓的牺牲品。

但是，在这场正义与邪恶的较量中，这位海军上校万万没想到，他使出了浑身解数，终因代表的是邪恶一方，而在林则徐正义之剑的出击之下灰溜溜地败下阵来。

对于义律的打算和态度，林则徐极为鄙视。他在3月26日的《咨覆广督批示义律夷禀一案稿》中这样写道：自从3月2日义律来到广州，就图谋帮助颠地逃出中国，以阻挠中国正在进行的打击鸦片走私活动。如果不是我们监督严密，防范措施得力，恐怕颠地早就如同兔子一般脱逃。义律的如此行为，和他领事的身份不符。他这样下去，又如何能同我们打交道。有时在一天之中，义律不按规矩直接递来两个禀帖，而且缴烟之事一字不提，故意刁难我们。我认为真正阻挠我们禁烟的不是颠地，而是义律。

林则徐于24日晚下令封锁商馆，把义律和320名鸦片贩子统统禁闭起来，并撤走一切仆役和买办，限期如实上缴鸦片。他们除了被限制出入、通信及被断绝食品、用水外，还须自己烧饭、洗衣、扫地和铺床、擦灯、担水、挤牛奶以及做一切其他生活琐事。这样一来，义律打算帮颠地逃走的计划便成了竹篮打水一场空。

对于这次封馆事件，一位身临其境的外国人在西方报纸上发表文章。文章是这样描述的：

> 义律一到广州码头上岸，就直往颠地住所走去。许多外国人都目睹了义律的行踪，有些人便去找义律。怕被中国官员发现，便谎称到商馆开会。
>
> 在洋行打工的许多中国人发现义律来了，估计不会干出什么好事，便将颠地的住所团团围住，以防颠地逃跑。
>
> 当这些中国人发现来了许多英国人后，以手拉手的方式退出馆外。当时义律头戴扁帽，手执佩剑。中国人怕英国人动武，便又退至路旁。后来才知道英国人是想进商馆。
>
> 当时虽未发生冲突，但中国人“别让颠地跑啦”，“看住洋烟贩子”的喊声震得商馆的楼房好像都在晃动。
>
> 英国人进了商馆，中国的兵丁就来赶院子里的人，切断了洋人的一切去路。
>
> ……凡是通往洋人商馆的各个街道，都有许多人把守，商馆的后门均用砖砌封。就连濠沟内到桥上到街口，周围屋

顶上，皆安置有人，看守各商馆。

……这些洋商们什么时候自己做过饭，扫过地？更不要说让他们去擦桌子、玻璃。

然而，林则徐毕竟是一位集政治家、军事家、思想家和诗人于一身的人，他既知道商馆不封不足以制裁这帮知法犯法、汲取中国人民血汗的鸦片贩子；同时，他也很清楚如何进行有理有节斗争的方略。

在这期间，洋人忍受着屈辱、不安和单调的生活，但没有遭到任何肉体痛苦。一个外国人称被围困的十三行是“舒适的监牢”；另一个人则宣称他“夜夜睡得很香”。

广州的外国居民被围困在十三行时，黄埔港的航运也停了，那里的船员和外国人一样，并不缺乏日常用品。中国人每天整批供应大量食品……

尽管如此，被囚禁的滋味总不是那么好受。

到了27日，义律觉得再这样下去，被困在商馆里的三百多人非渴死饿死不可，决不能再硬挺。早上起床之后，义律便下发通知宣布：“以不列颠女王陛下政府的名义并代表政府，责令在广州的所有女王陛下臣民，为了效忠女王政府，将他们各自掌管的鸦片立即如数缴出，以便转交中国政府，并将从事鸦片贸易的英国船只置于本人指挥之下，再速将各自手中英国人所有的鸦片开具清单，签章呈阅。英商财产的证明以及按照本通知缴出的鸦片价值，将由女王陛下政府随后制定补偿的原则及办法。”

通知下发后，聪明的英国商人立刻心领神会。不久，英国鸦片贩子的20283箱鸦片就上缴到了林大臣脚下。需要指出的是，义律的缴烟禀帖并不是“恭顺”服罪的表示，而是在对抗失败后采取的一种阴谋诡计。

义律一方面对林则徐表示“坚决而又忠诚地上缴在华英商

所有鸦片”；另一方面，又集资两万元，以所缴每箱一元摊派，寄回英国，作为查顿争取政府答应赔偿烟价的活动经费。

查顿，在中国近二十年，用贩鸦片赚的钱买下了路易斯岛。作为大毒贩，他在赚够了钱后没有忘记再为他的同伙做一件“好事”。然而，让政府出资补贴缴烟损失，这就等于把林则徐陷入到了“直接对英王负责的圈套中”。也就是说，义律等人把林则徐为民族尊严而展开的禁烟运动以及与鸦片贩子展开的针锋相对斗争所造成的直接矛盾，扩大为中英两国政府间的矛盾。

义律的这一阴险手段博得了大鸦片贩子马地臣的喝彩，正如他致查顿信中所言：“（义律的命令是）一个宽大的有政治家风度的措施，特别当中国人已经陷入他们直接对英王负责的圈套中的时候。”

当林则徐接到义律禀呈的缴烟帖子后，作为回报，他令属下给洋商送去 250 头猪及家畜，其中，美国商人从中分得了 2 头羊、4 头猪、16 根火腿、10 只家禽、16 只鹅，还有 6 包大米。

面对林则徐的奖赏，义律并没有当回事，他以为林则徐真的相信了他，真的中了英国人的圈套。殊不知，林则徐从骨子里就鄙视义律，从这位洋人一到广州，就料到他很狡诈。林则徐只不过是采取刚柔相济的斗争方略。

通过不断的交涉，义律逐步感到这位中国钦差大臣不是那么好糊弄的。他在给巴麦尊的信中写道：中国所采取的禁烟运动是“不可饶恕的暴行”，严令缴烟是“强迫缴出英国人的财产，是一种侵略行为”；他叫嚣“这在原则上是如此危险，在实行上又如此不能容忍”；他凶相毕露地主张对中国“应该出之以迅速而沉重的打击，事先连一个字的照会都不用给”，并提出了充满疯狂侵略野心的四条主张，特别是他所提议的“应该使用足够的武力，并以西方国家对这个帝国所从没有过的最强有力的方式进行武力行动的第一回合”。

1839 年，林则徐面临的是一个特殊形势。在以往的英中关系史中，从来没有一个中国官员被要求做这种不可能的工作。协调广州贸易的老方法再也不够用了，必须在策略上有所创新。他到广州后仅仅两周就采取大胆的监禁政策，显示出果敢之处。只有拘押外国人作为人质，才能收缴到鸦片。

曾经有人提出，不管鸦片是否没收得对，林钦差本来应当去截获鸦片，而不应扣押代理人并断绝他们的食物与饮水。但是，归根到底，情况正如《都柏林杂志》所指出的：“是中国的习惯做法问题；不能根据那些适用于其他国家的走私贸易的诉讼法规来定罪或为之辩护的。”根据中国传统，皇帝的旨意及实施其专制权利是天经地义的，无论如何，没有这样严厉的手段，或用一般的政府措施，林则徐是毫无疑问不能成功地禁止鸦片贸易的。不管他的开明程度如何，林则徐至少在道义上和政治上前后是一致的。他相信自己所做的符合中外人民的利益。可以说，他惩罚违法的中国商人比惩罚外国走私者要严厉得多。

然而，与林则徐相比较，义律在行动上却不那么一致。当外国鸦片商人根据国际法和习惯法要求保护与自由行动时，他们自己却一点也没有遵守这种法律。他们蔑视中华帝国的命令，无视中国官员的警告，坚持向中国输入众所周知的，对身心有害的鸦片毒品。他们的舰船无视政令，固执地在中国海岸游弋，从事非法走私贸易，并经常向巡查的中国政府水师船开火。

100 多年过去了，当我们这些后人再回过头来翻翻这些沉甸甸的史书时，就不难发现：英国资产阶级早已想动用武力来敲开中华帝国的“铜关金锁”，并进而侵占中国的某一块领土。他们既定下这个战略目标，那么，任何问题都是可以被作为借口的。

英国政府在后来的所作所为，就充分证明了这一点。

烟笼虎门

从3月10日到4月10日，林则徐在广州工作了30天。在这30天中，他一刻也没有忘记离广州城40里外的虎门要塞。

几百年来，洋人就是从那儿撞开了封闭几千年的中国之门，外国鸦片贩子就是从那儿闯入了大清帝国的江山。正是由于虎门没有虎劲、虎威，才导致了世界毒枭纷纷闯进死了一般的“虎口”，在中国城市、乡村肆无忌惮地销售鸦片，掠夺银两，摧残生命。

禁烟必须先“断鸦片之源”。这一直是林则徐的禁烟方略。

而虎门，又是外洋沿海进入广州的水路咽喉，历来为兵家必控之地。控制了虎门海口，就等于控制了鸦片进入广州的主要通道。

虎门寨从清初起筑台置炮，防务日臻完善，其军事编制初设参将，继而游击。到了康熙朝配置副将，直属广东镇协，统管虎门内外两翼水道，辖下四十多个营盘。

到乾隆朝代，改为外海水师，防务升格，将左翼镇驻署由广州移至虎门，驻总兵官，领中右二营，下设游击、都司、千总等战将。

到了嘉庆年间，中国贸易日益受到国外注意，英国人常以护货为名，派遣兵船驶泊虎门内外。由于虎门要塞的军事、战略地位之重要不断凸现，于是，防务再次升格，设提督，添兵丁，虎门水师提督统辖全省水师，成为广东海防指挥中心。

正是考虑到这一因素，1839 年 4 月 2 日，林则徐宣布虎门外海的龙穴洋面为缴烟地点，并酌定限制：鸦片缴出自存总数的四分之一，允许雇用买办、工役；缴到自存的半数，量许舢板申请入港，并获得查验往来的资格；待缴到自存总数的四分之三时，准予开舱贸易；缴完，则一切回复往常。

林则徐宣布完缴烟地点后，又最后一遍修改酌定了部属反复研究后草拟的《收缴趸船烟箱章程》。此章程共分七条，与二十多天前刚到广州时发布的《禁烟章程十条》风格一样，详细交代了收缴烟土的各个环节及方法：

一、收缴烟箱时，应在每箱箱面戳上船主姓名和棕印。经过仔细检查，如系外国原箱，并无开动的迹象，则加戳“原籍”二字棕印，并标写号码及验收人名字，点交到驳船上运回。如并非原籍，即行剔出，等全船起完再行查点；如烟土数量不够，趸船给予补足，等候查验加封。

二、派一般文武官员各 20 名，分管起箱。每一组人员构成为一文一武，派管 100 箱。编定分管次序，每次收缴两只趸船为一起。零数在 1000 箱以外者，数少由结尾之员代管，数多则再行轮派，不得参差。

三、起箱时，该管员应逐一标写号码，画押验收完，押送水师提台署中，监视挑夫堆贮，并逐箱粘贴填注委员姓名的小封皮，点交看管之人。日后一旦发现问题，如系封皮破损，则属于看管人的责任；若封皮完好，则属于当时验收人的责任。

四、自虎门外海龙穴至提督署，应派得力将弁及正印以上文职数员，或沿途催趱稽查，或在署监督收贮。对那些企图偷去烟土者，立即锁掌严审，从重惩办。

五、为防风雨，应由东莞县多备葵叶、棕片及一切苫盖之物，运赴虎门听用。

六、贮烟地点在虎门镇口村广东水师提署。署内房间不够堆贮，应由东莞县负责，在署内空院搭盖高宽蓬厂，厂顶铺瓦或数重厚席，地下全铺木板，四周皆有关栏，下挖水沟。贮烟地点周围，只留一处总路，安设木栅，以便看守。

七、应预先酌派比较放心的文武官员率兵前来，赴虎门看守烟箱。缴烟的洋商也可派拨自己认为比较可靠的亲友，随同中国军人一同守护。

4 月 9 日晚，林则徐刚刚吃完晚餐正在行辕院内散步，差役突然送来关天培的急件，信中报告了首批趸船已由九龙洋开到指定的龙穴洋面等候上缴。

第二天一早，林则徐便和两广总督邓廷桢、粤海关监督豫坤出靖海门，登舟前往虎门。

25. 林则徐初至虎门的 75 天

经过一天一夜的航行，三位大人于 11 日泊舟于虎门镇口。水师提督关天培前往码头迎接，并报告本日已收缴烟土 50 箱。

这天，虎门附近的海面上影影绰绰停泊着一些英国军舰，而林则徐的官船则高悬彩旗，昂首停泊在大海边。

这次林则徐赴虎门的主要任务是收缴烟土。

当天，大约有 22 只趸船陆续驶到虎门外，关天培分带提标各营兵船督阵。先期赶到虎门的碣石镇总兵黄贵、署阳江镇总兵杨登俊，各带该标兵船把守，收缴烟土 50 箱。当时的场面，可谓声势浩大。

第三天，共收烟土 1150 箱。

第四天，林则徐集中力量缴烟，并将缴烟地点由龙穴洋面移至沙角炮台前，按日清收。据林则徐在日记中称，从这一天起，鸦片贩子暗中不断扰乱，企图延缓缴烟进程，有的甚至趁机私卖鸦片，有的使出种种办法，想方设法蒙混缴烟。

到了第六天，清廷谕令，以后抓到吸食鸦片者不准他们只上缴烟膏、烟具就了事，而且要重治。

这一天，美国、荷兰等船只递禀表示以后永远不贩鸦片。而义律则以“英国人船无奈，只得回国”相威胁，并透露将用武力解决之意图。

第八天，所收烟接近所报数一半，林则徐正准备对鸦片商人实施部分放行，就在这时，他发现弁逊等人玩弄阻挡前来缴烟船只的手段。于是，他便决定要求弁逊等人一次性缴足。

第十天，已收烟共 11700 余箱。

第十一天，林则徐奉清廷谕令亲自到虎门、澳门一线海面视察，以防内地船到外海走私，搞私下勾结。

第十六天，林则徐致函广东巡抚怡良，认为虎门缴烟工作开展得基本顺利，大批烟土堆积公所，责任重大，需要严加保管，暂不回广州。

第十八天，鸦片已缴过半数。根据朝廷指示，颠地等 16 名鸦片贩子被扣留，撤销了对英国人住所的包围，重新开舱贸易，并允许义律自由往返广州。当天，林则徐接到道光帝嘉奖令，认为他“所办可嘉之至”，并同意他提出的缴一箱鸦片赏茶五斤，并将所有烟土送京核验。

第十九天，已收鸦片 80%。

第二十五天，大抵收完。但英国鸦片贩子颠地仍提出再宽限五日，并保证“永远不再来中国”。

自从林则徐亲赴虎门后，缴烟工作进展顺利。到 1839 年 6 月 3 日，所有 22 艘趸船的 19187 箱 2119 袋鸦片全部缴来，实收鸦片 21306 箱，比原报数多 1023 箱，计 230 万余斤。据英国外交部所存《凭据》证实，收缴完的日期应为 1839 年 5 月 21 日，共收 20283 箱零 28 余斤。

据分析，有关缴烟结束之日说法上的时间差，有可能是中方以销烟这一天为缴烟的结束之日，英方则以缴烟后开具《凭据》那一天为结束之日。

在虎门禁烟斗争的推动下，广东各地禁烟斗争也顺利开展。据史料记载，到 1839 年 6 月 22 日，仅广州就捕获吸食、兴贩罪犯 1600 名，收缴烟土烟膏 461526 两、烟枪 42741 件以及烟锅 212 口。

尽管如此，林则徐在虎门还是向广东的军、民、士、商发布了“速戒鸦片”的告示，勒令全省各地的鸦片吸食者清缴烟土、烟具；对缴烟者一律“不查究来历，不问姓名，能改即止”；对执迷不悟、匿具不报的，坚决严拿重治。

可以说，林则徐在虎门所开展的一系列工作，已预示着大清帝国禁烟斗争高潮的到来。

在视察虎门禁烟情形、指导广东全省禁烟斗争的同时，林则徐还与邓廷桢、怡良一道，巡视了虎门的防务。他视察的第一站便是虎门最重要的门户——沙角、大角。

自伶仃洋过龙穴往北，两江对峙，江面狭窄，东面山上就是沙角炮台。与沙角炮台相距 3600 多米的大角炮台，位居珠江口，呈钳形阵地，是虎门的第一道防线。林则徐看到炮台墙加厚，炮眼改成内外八字式，还新添了新式大炮，并修了一个弹药库，挖了一条直通炮位的地道。对此，他非常满意。官兵们见到林钦差和邓总督、关提督、怡巡抚一起来到他们中间，个个兴高采烈，精神抖擞。林则徐不停地看这看那，问长问短。

当他们来到虎门第二个重要门户——横档、南山巡视时，已筋疲力尽，于是，便利用过江的短暂时间作了小憩。

在水师船上，林则徐对关天培说：“沙角炮台是我们海防建设的重中之重，必须从实战出发，认真加以建设，需改造的改造，需添置的添置，只要把银两花在刀刃上，缺多少我来想办法。”

关天培点头笑道：“只要你林大人来了，我们开展一切工作就有了主心骨，我虽然对虎门海防做了局部调整，但距皇上的要求还有距离。这次想请林大人视察完炮台后，再给我们吩咐。”

关提督还想再说什么，可船已靠到了横档码头。

横档炮台位于上横档山上，在虎门海口主航道西侧。该炮台与东岸威远岛诸炮台对峙，扼珠江水路咽喉。

事实上，古人所指的横档山炮台，是指现在的上横档山炮台，距此不到千米的是下横档山，当时没有设防。

鸦片战争爆发后，英军在攻击东岸威远炮台时，将此山作为跳板，起到了缓冲作用。就连林则徐上下横档山巡视时，也没有考虑到要在此山设防。这就等于说，水师提督关天培精心构筑的“金锁铜关”也留下了不少疏忽。直到1843年中英虎门之战结束后才设防。而此时的林则徐已被撤职近两年，他想管也没权了。当时的英国侵略者对清军为何不在下横档设防，是出于战略上的考虑，还是有其他原因，一直感到很费解。

当时横档、南山、镇远炮台同时在改建，新添从葡萄牙购入的新式火炮200多门正在造炮基。许多民工正在烈日下抬石头的抬石头，挖沟的挖沟。

林则徐看到一位头发花白的老民工同小伙子在抬大石头，便过去问道："老大爷，你这般大年纪，抬得动吗？"那个老民工抹了抹脸上的汗珠说："看上去关大人同我岁数差不多，他不是也和我们一样干活吗！"工地上的水勇和民工见林则徐在问话，大家不由围拢过来。林则徐见他们个个衣衫褴褛，蓬头垢面，满身是汗，心里很感动。他站到一块大石头上，招了招手大声说："乡亲们为国为民很辛苦，请大家休息一会儿吧！"大家异口同声地说："不累！英国鬼子要强卖鸦片，强占土地，一万个办不到！"

林则徐听了这样有骨气的话，高兴极了，连声说道："好，好，我们中国人不是懦夫，英国人胆敢来犯，就把他们就地消灭掉！"

这期间，林则徐还视察了正在施工的两道排链。

所谓两道排链，就是在武山与横档岛之间海面设置的两道可以开合的木排和大铁链。两道排链相距 90 丈，各长约 372 丈，链上系大木排 44 排，铁链比碗口还粗。至于铁链的作用，用林则徐的话说："若有不应进口之夷船妄图闯入，一到排链之前势难绕越。即令都能闯断，亦已羁绊多时，各炮台连轰，岂有不成灰烬之理?!"

接着，林则徐又检查了横档木排铁链及新建的靖远炮台。他认为"木排箍扎坚固，铁链锻淬精融，开合亦俱得法。其新建炮台，俯监两道排链，正成扼吭之势"。

后来，林则徐又来到威远炮台，和关天培一起试演 3 门 5000 斤大炮。又到靖远炮台，观西洋铜炮。

在虎门期间，林则徐视察的最后一站是大、小虎山炮台。

大虎山小虎山，昂峙如虎，是外洋通广州的必入之口。1818

年建成炮台。在林则徐到来前的五年，水师提督关天培认为此地险要，能控制广州水道，便对原炮台又进行了加固。

缴烟工作的圆满结束，巡视炮台的一路顺利，使林则徐对此次虎门之行感到非常欣慰，不由诗兴大发。

第二天一早，他又独自来到停泊在虎门海边的官船上。

4 月的南国，晨雾缭绕，涛声依旧。

林则徐伫立船头，只见大虎山遥峙莲花峰，东西对望，祥云锦浪融会贯通。当他转身遥望那旭日东升时，万束霞光射向波光粼粼的海面，似乎有一种“遥瞻虎港映熹微，散绮余红媚远晖”的意境。顿时，他领略到了这里旖旎的自然风光的神奇。

在虎门期间，林则徐被这古寨的悠久历史和独特的风土人情所吸引，只要一有空暇，就不废吟咏。

有一次，林则徐与关天培到邓廷桢船中议事，不巧天上下起了雨，一时无法上岸。邓廷桢便拿出《虎门雨舶呈少穆尚书》一诗，林则徐随即依韵和诗二首：

五岭峰回东复东，烟深海国百蛮通。
灵旗一洗招摇焰，画舰双恬舶趠风。
弭节总凭心似水，联樯都负气如虹。
牙璋不动琛航肃，始信神谟协化工。

拜衮人来斗指东，女牛招共客槎通。
销残海气空尘瘴，听彻潮声自雨风。
下濑楼船迟贯月，中流木秭亘长虹。
看公铭勒燕然后，磨盾还推觅句工。

从诗中我们不难看出，当时的林则徐对禁烟运动的顺利进行和发展前途相当乐观。

还有一次，林则徐察看木排铁链，邓廷桢忽给林送来荔枝。林则徐一看荔枝还很青，便口占一绝以谢：

蛮洋烟雨暗伶仃，忽捧雕盘颗颗星。
十八娘来齐一笑，承恩真及荔枝青。

诗的首句揭示出伶仃洋走私由来已久，始终未能根绝。现在自己正受到朝廷的信任，根绝烟害，指日可待。

26. 震惊中外的壮举

缴出的鸦片都存放在虎门镇口。

林则徐等人本打算把这些毒品运往北京，在远郊寻找一个安全的地方，由皇上亲自监督销毁。这样一来，既可表明大清朝廷的禁烟决心，又可以把它当作是全国禁烟运动的总动员。

后来，林则徐考虑到广州距北京太遥远，押运这些毒品需要消耗大量的人力物力，而且还很难保证路途中的货物安全，一旦遇到亡命之徒的抢劫，后果不堪设想。加上数月之后才能抵达北京进行销烟，这样对全国禁烟运动起不到推动和鼓舞作用。经奏请皇上，道光皇帝于5月30日命令林则徐就地“督率文武员弁，共同查核，目击烧毁，俾沿海居民及在粤夷人共见共闻，咸知震詟”。

如此多的鸦片怎样才能确保安全、顺利地销毁？

林则徐在等候道光皇帝处理意见之前，就广泛征求各方面意见、建议，得到了许多比较好的办法。他了解到鸦片最忌二物，一是盐卤，二是石灰。经过各方面采访查考，林则徐最后从印度开池制造鸦片的工艺流程中得到启示，决定采用“开池化烟”的方法，也就是说用盐及石灰浸化鸦片，这样可以不留一滴残余。

接着，虎门镇口海滩边高处修造了两个各长 50 米、宽 26 米、深 2 米的化烟池，池底均用石板铺平，四周围以栅栏，池前设有涵洞，浸化后的鸦片渣可以通过涵洞排入大海；池后设有水沟，可引水冲刷池子。

举世瞩目的虎门销烟壮举的准备工作，就这样有条不紊地进行着……

1839 年 5 月 30 日，林则徐在虎门发布告示，宣布：“本大臣、部堂、部院遵旨即于本月二十二日（即 6 月 3 日）委派省城文武各官，会同虎门将弁，就地开挖石池，混以盐卤，烂以石灰，统俟化成渣，送出大海，涓滴不留。……晓谕尔等沿海居民，在粤夷人，目睹此事，并引以为戒。”

当天，林则徐又函告广东巡抚怡良前来虎门参加销烟工作。

6 月 3 日，林则徐祭海神。他在祭海神时说：“为了使普天下百姓更好地活着，从今天开始进行鸦片销毁工作，许多毒物将流入我们赖以生存的大洋。考虑到泱泱大洋可以溶解一切，我们也就只能如此。请洋内水族抓紧迁移，以避免遭受毒害，更不能殃及后代！”

这一天，是中华民族值得自豪和永远纪念的日子。海神是没有的。林则徐祭海神的目的是想通过这种形式向世人表明鸦片的毒害之深以及中华民族纯洁的道德心和反侵略的坚定立场。

那天，虎门港内数十艘战舰列队森严，舰上各式旗帜迎风飘扬；海滩上布满岗哨，山头山后实施戒严；化烟池周围更是高度戒备。虎门寨下，搭起一座观礼台，台上铺着红毡毯，挂着一面黄绫长幡，上绣“钦差大臣奉旨查办广东海口事务大臣节制水陆各营总督部堂林”27个大字，更增添了肃穆庄严气氛。据说，那天雨后天晴，骄阳高挂，碧空万里。虎门附近的乡民及一些近海渔民、水手纷纷赶来观看，热闹非凡。

下午2点多钟，留有长须、神情严肃的钦差大臣林则徐在怡良及粤海关监督豫坤、广东布政使熊常淳等人陪同下登上礼台。林则徐燃起三支香，向南拜三次，然后遥望南天，心潮澎湃，宣令销烟开始。顿时，隆隆的礼炮声威震海疆，浑重撼天的鼓声在山谷中回荡。

听到销烟令，站在销烟池两旁的兵丁立刻忙碌起来。只见一群群光着上身、卷着裤腿打赤脚的工人，将一箱箱、一袋袋烟土背到池边，打开验货，然后将其捣碎，倒入池内。待鸦片浸泡开后，他们又倾倒下石灰。顷刻间，盐卤沸腾起来，浓烟滚滚，直冲云端。兵丁们冒着浓烟，或站在池子上方架起的木板上，或站在池子两边，用长柄锄、木耙和铁钩等反复将其翻捣，不留残余，使其完全销溶。

海水退潮时，兵丁们立刻打开销烟池的涵洞，利用海滩销烟池与大海的落差，将鸦片渣完全冲入海中。为防止未销化鸦片流入海中，兵丁们还在涵洞口装上大眼渔网，真可谓点滴不留。

看到这场面，看到这情景，目睹这毒害国人数百年的鸦片被化为废水和云烟，人们内心深处有说不出的激动，大家使劲拍手，使劲叫喊，仿佛只有这样，才能表达自己此时此刻的心情。特别是到了端午节前后，前来观看的人更是络绎不绝。

为了让外国人“共见共闻”，6月13日，林则徐发出公告，准许外国人前来参观。美国奥立芬洋行股东C·W·金及其家眷、美国传教士裨治文、美国商馆“马礼逊号”船长弁逊等，从澳门赶来，于17日上午到达虎门现场。林则徐让他们进入参观棚，还领他们到销烟池旁观察销烟全过程。

美国传教士裨治文在后来所写的《镇口销烟记》一文中记叙道：

> 我们曾反复考察过销烟的每一个过程，他们在整个工作进行时细心和忠实的程度，远出于我们的臆想，我不能想象再有任何事情会比执行这一工作更忠实的了。在各个方面，看守显然是比广州扣留外国人的时候严密得多。镇口有个穷人，因为想偷走身旁的一点鸦片，被人发现后，被立即依法惩办。即便偷去一点鸦片，那也是要冒着极大的生命危险的。目击后，我不得不相信这是一个事实。

一位名叫卫三畏的美国传教士当时也在场，事后他这样写道：

> 鸦片是在最彻底的手段下被销毁的……在世界史中，一个非基督教的君主宁愿销毁损害他的臣民的东西，而不愿出售它来装满自己的腰包，这是唯一的一个实例。全部事务的处理，在人类历史上也必将永远是一个最为卓越的事件。目击后，我不得不相信这一事实。

从6月17日起，两广总督邓廷桢也来虎门与林则徐一起监督销烟工作。

整个销烟工作一直持续了22天，到6月25日才结束。广东巡抚怡良参加完销烟活动后返回广州处理公务。24日，林则徐、邓廷桢、关天培在水师提督署起草完奏稿《会奏销化烟土一律完竣折》后，共饮胜利之酒。次日登船返回广州。

此次销毁鸦片除留存4种烟土8箱作为样土外，计已化烟土19179箱及2119袋。其斤两除去箱袋，实共2376254斤。为此，林则徐曾给朝廷上奏《销化烟土已将及半情形片》。清廷于6月28日对此奏加以朱批："所办甚好，仍当留心稽查，切勿去弊又滋弊端也。时时慎勉，不可稍忽。"在后来的林则徐奏折中，清廷又朱批："可称大快人心一事。"当道光皇帝得知销烟壮举和成果后，又下谕旨嘉奖林则徐以及邓廷桢、怡良、豫坤、关天培等。

禁烟运动对英国侵略者的打击是非常沉重的。当时的《澳门新闻纸》报道：早上，当命令缴烟到虎门销化的消息传到伦敦时，"天色昏暗愁惨"，米价、银价增涨。销烟不仅使63266英镑的鸦片化为灰烬，而且还断绝了准备启运中国销售鸦片的图利良机。英国本来利用棉织品、鸦片掠夺中国和印度财富的那条"锁链"，也由于禁烟运动而遭到粉碎。禁烟运动既影响茶丝的输入量，又迫使英国人要用白银订货，这就必然造成英国市场上银根吃紧。禁烟运动应该被认作是以反对英国侵略者利用鸦片毒害中国、侵略中国为主旨的一次伟大的爱国运动，它揭开了中国近代反侵略斗争的帷幕。

虎门销烟的壮举，标志着反鸦片斗争的禁烟运动已发展到顶点，并取得了历史性的胜利。它震惊中外，使鸦片贩子和包庇走私者为之失色。伟大的革命导师马克思热情地给予了高度评价，他说："中国政府在1837年、1838年和1839年采取了非常措施。这些措施的顶点，是钦差大臣林则徐到达广州和按照他的命令没收、焚毁走私鸦片。"这段著名的评价，被后人收录在《马克思恩格斯选集》第二卷。

忙过销烟工作，林则徐在钦差大臣任上度过了55岁的生日。

据史书记载，当时道光皇帝念林则徐禁烟之功劳，特意亲笔御书“福”、“寿”两幅大楷字，并用镀金镶匾，派差役送至广州林钦差行辕。横匾的上端正中书有“玉音”两个小字，下方写有“愿卿福寿日增，永为国家宣力”十二字小楷。

林则徐受到如此皇恩，感到莫大幸福。

27. 野心不死的义律

虎门销烟壮举，使龟缩在广州的鸦片贩子垂头丧气。

林则徐返回广州之后，为彻底杜绝鸦片来源，又发布了《严禁中外商民贩卖鸦片烟告示》，对鸦片的流毒、严禁情况、走私弊端均详加论述，并要求“中外商民暨澳门西洋人”认真遵守禁烟命令。

然而，从邓廷桢发动围困洋行事件，到林则徐在广州采取的一系列禁烟措施，义律却处处进行捣乱。下面几件事就可窥见一斑。

1839 年 4 月 4 日，林则徐发出响应中国政府禁烟号召保证书式样，要求外商遵守诺言，按照样式写出保证书，并申明如不能履行诺言，甘愿受到中国政府的处罚。保证书的内容经英国驻华商务监督的中文秘书兼翻译官、传教士马礼逊译成英文，内容为：“从今年秋季开始，凡来广东的商船，如查出夹带鸦片，立即将船货全部没官，停止贸易；当事人将由天朝法庭处以死刑；他们情愿受到这样的处罚。至于正在途中，可能在今年春夏两季到达的商船，他们已离开本国，而且不知现时鸦片的搜查和严厉的禁止。鉴于这种情况，凡夹带鸦片者，到达中国口岸时必须缴出鸦片，不许有任何收藏和隐瞒。”

4月8日，在广州的外商来到公所开会，十三行总商务官伍绍荣将保证书样本交给外商委员会主席，翻译马礼逊当场进行翻译：“保证人英商务总监督义律、副商务总监督参逊，率领英国商人×××，为永远断绝鸦片，甘愿保证如下。……自今秋以后，如有外国来广州商船，查获鸦片，不仅货物没收，而且有关人员将不准再来贸易。所有与之有关人员，将依照天朝法律，人即正法，统统处以死刑。”

当马礼逊刚刚翻译完，参加会议的外商不仅没有讨论中方提出的需要保证的问题，反而形成他们自己的决议：解散公所。他们认为，中方提出的“人即正法”，包括了那些无辜的人，坚决反对这份保证书的内容。决议说：“公所纯为商业目的而设，现今我们已被监禁成囚犯，所有交易皆已停顿，公所的职权也应停止，直到贸易恢复时再恢复。”

当伍绍荣听到这一决议后，急得满头大汗，声嘶力竭地喊道：“你们这样不讲理，这样不给我面子，叫我如何回去禀报钦差大臣？”

其实，林则徐拟定的外商向中方做出保证内容之所以受到外国人的反对，问题的核心是一个承认不承认所谓治外法权或领事裁判权的问题，是一个要不要尊重和维护中国主权和中国司法权力的问题。尽管义律认为“保证书”一事未向本国政府磋商，不能立即做出答复，但他对林则徐的这一做法恨之入骨。义律心里明白：林则徐是怀揣朝廷关防大印的钦差，他的决定就是中国政府的决定，他的态度就是中国皇帝的态度，外国人奈何不得。

当“保证书”样本发到义律手里后，他咬着牙，怒目圆睁，一气之下将“保证书”样本撕得粉碎，并狂言：“要命有一条，再拿所谓的‘保证书’来纠缠我就是侵犯人权，那是徒劳的！”

接着，义律又给英国外交大臣巴麦尊写信，声称“对这些践踏真理和正义的必要回击，就是狠狠揍他一顿再说”。

他在给国内的一份报告中写道：“在我们与这个帝国的交往中，这是他的政府第一次对英国人的生命、自由和财产，对不列颠国王的尊严采取无端的侵犯。”

从当时情况来看，义律非常希望中国的“弛禁”派势力能够重新抬头。他在4月13日对帕麦斯顿说，中国主张鸦片合法化政策的真正制定者是“大学士阮元。他是一位温和、明智超群的人物，也许比这个帝国里的任何大臣都要精通对外贸易与外交事务”。“只要女王陛下政府这一方立即采取有力措施，就能使明智的、自由的那一派，重新在清王朝中占上风。”

义律狂呼：现在是英国政府做出决策的时候了，要么同意中国政府最近采取的“闭关禁海”政策，要么从英国利益出发给予最有力的军事反击。

这位出身于英国贵族的义律，祖父是世袭男爵，贵族院议员。伯父袭爵位，以功升子爵，曾任印度总督。父亲是外交官。1815年义律进入英国皇家海军，在印度及牙买加多年。1828年提升为海军上校，同年以半薪退伍。后从事外交工作，是英属圭亚那的高级官员。1830年至1834年又赴南美基阿纳管理奴隶，后随律劳卑来中国，任秘书兼管使节船，后升任船务总管、第三监督、第二监督等职。后来，东印度公司在广州的职员，后升为总监的德庇提出了辞呈，加之次监等人纷纷辞职，义律实际上成了英国在华的最高官吏。

对于义律的言行，林则徐采取了针锋相对、寸步不让的斗争。他指出，外国人来中国做生意，就是要遵守中国的法令；正如中国任何一个省份的人到广东来做生意一样，必须遵守广东的规定。

林则徐在批驳义律关于“保证书”样本内容侵犯人权、违反英国法律的观点时说：“既然你外国商人已保证不再从事鸦片贸易，那么‘保证书’对你们就毫无损害。如果你们拒绝，则证明你们对承诺没有诚意；没有诚意，就很难保证你们下次来华不夹带鸦片。如果真是这种情形，在保证书上签字就更显得很有必要。”

对于中国的禁烟措施，义律继续采取抵制的态度。

他先是承认“货尽没官”的内容，表示愿意在“保证书”上签字，但反对“人即正法”的条件。

为了恢复中英贸易的正常进行，林则徐派佛山同知携带因销烟而“赏给”英商的茶叶到澳门，催令他们在“保证书”上签字。然而，义律拒收茶叶，也不签字，反提出以澳门为立足点装卸货物，企图逃避中国的法律约束。

林则徐为维护国家的主权，不准英商停泊澳门，但允许一部分人仍居住澳门，料理事务。

当时到达广州海面的商船已达32艘。为粉碎义律破坏禁烟、阻挠签字的阴谋，林则徐宣布：船内无鸦片者可以报关验收，有鸦片而主动全部上缴者，准许以无罪处理，并允许报关验收；若藏着鸦片又不愿上缴者，可以不勉强验收，但必须立即扬帆回国，我们也不会追缉。这一决定得到大部分英商的赞同，许多英国商船准备报验。而义律却令英船聚泊珠江口尖沙咀一带，不准进口贸易。

正当林则徐同义律的保证与反保证斗争处于白热化时，7月7日，在九龙尖沙咀村发生了英国水手打死中国村民林维喜暴力事件。

包括《林则徐集》在内的许多史书对这一事件都有记载。普普通通的乡民林维喜成了中国近代史上一个不可缺少的人物，就连英国皇家历史档案馆内也保存着英军的原始记录。

那天，停泊在尖沙咀海面的“卡纳蒂克号”和“曼加罗尔号”上的大约30名英国水手窜到尖沙嘴村，向当地乡民索酒未成，发生争斗。先是拆毁一座寺庙，继而将许多群众打伤。一位名叫林维喜的乡民被打成重伤，头部和胸部留有木棍致伤痕迹，于次日身亡。

12日，林则徐得知这一消息后，立即派员进行调查取证。随后，林则徐又派有关官员去澳门，当面责令义律交出杀人凶手，由中国政府按照本国法律进行审判，并强调指出：“无论是本国还是外国公民，只要是行凶杀人，必须立即处以死刑。”

林则徐历来强调外国人在中国属中国管辖，必须无条件遵守中国的法令和乡规民约。他在1839年3月18日发布的《谕各国夷人呈缴烟土稿》里，便向当时在广州的外国人申明：“你们来到天朝之国，就应该与这里的人一样遵守法律。”他说，当一个人从一个省到另一个省，就要受所到之省的管辖。这一原则也适用于英国人。反之，中国人到英国，也要遵守英国法律。

过了两天，义律送1500元墨币给林维喜的亲属，送100元给其他老百姓。而后，又叫他们写一个字据，说林维喜是死于意外。他想私了这件命案，好使中国政府“承认命案纯由误会发生”。同时，他又悬赏200元，征求谁是凶手的密告。

据说，这笔钱由查顿、马地臣和颠地公司代为支付，因为肇事凶手所在的船是由他们代理。之后，五名凶手虽然被抓到，但义律坚决不同意把案犯交给中国政府。他无视中国主权，提出要自己亲自审理案犯。

8月12日，义律在一艘名叫“威廉姆堡号”的商船上，对犯罪嫌疑人进行所谓的“审判”，并禀报林则徐，邀请他到场旁听。

接到禀帖，林则徐深知这并非是由谁来审判的一般程序问题，而是一个要不要维护中国主权和中国司法尊严的原则性问题。林则徐严正地拒绝了义律的所谓邀请。

在没有得到中国政府同意的情况下，义律私自进行了所谓的“审判”，对其中3名性质较为严重的凶手，他只给予各罚20镑、监禁6个月的处罚；其余2人，只各罚15英镑，监禁2个月。义律还声称对凶犯的判决是按英国刑律，“彻底细查情由，秉公审办”。

荒唐的是，这几位水手被送回英国后，很快就被政府无罪释放了。理由是，义律上校无权控制这些人和英国臣民的自由。

义律此举，完完全全是他梦想寻求“治外法权”而放的一只探测气球，用以考察中国政府的反应和对策。他的行为已超出商务性质的范畴，正如《剑桥中国晚清史》所言：“义律本人一开始就认为，对英商来说，仅仅治外法权原则似乎并不比他们的利润重要。”义律把贸易与法权联系在一起，实际上已把商业贸易掺进了政治内容，“成为1839年中英形势紧张的刺激因素”。

林则徐对义律这一不法行为极为愤慨，采取了坚决的斗争。他指出：“以前所办英国人杀人案件，均都依据事实，所有外国人都对案件审结结果认同，为什么你义律就可以违抗惯例？若杀人可以不抵命，还用什么去威慑犯罪分子？倘若你们英国人杀死英国人，或外国人杀死英国人，甚至是中国人杀死英国人，请问你义律，要不要缉拿凶手抵命？”他严肃指出，现已查明英国杀人凶手被私自扣押在英国商船上，若再违反不交凶犯，就等于义律包庇、藏匿罪犯，“也就是说与罪人同罪，本大臣、本部堂不能不按中国法律执行。”

林则徐遂于8月15日，命令封锁澳门海域，禁止任何食物运往澳门，撤出买办、工人，“以澳门寄居的英国人，既不进口贸易，又不应以逗留澳门为理由，驱逐义律出澳门。”

林则徐还与邓廷桢亲驻香山县城，并派出兵丁分布各要道口，实行戒严。

澳门政府接到林则徐的谕令后，感到势态发展已严重影响澳门的经济和人民生活，便立即命令义律以及在澳门居住的英国人于当月 19 日前离开澳门回国或到外海泊居。

8 月 23 日，义律发出《不与官宪来往公文说帖》，认为“林则徐等人所采取的一系列办法属于强行凌辱英国商人，实际上是对英国女王尊严的亵渎。所有这些酿成的一切后果，中国的皇帝必须责成林钦差负完全的责任”。这实质上是义律在挑拨道光皇帝与林则徐的关系。

8 月 24 日，林则徐根据 5 月间颁布的《钦定严禁鸦片烟条例》，在香山宣布了贸易新规定，共四款，其中第四款为“杀害林维喜之凶手应立刻交出，庶几众夷不致因隐藏人犯而受牵连”。

义律观望了几日，鉴于形势对他越来越不利，遂于 8 月 26 日率 57 户英国居民撤离澳门，寄居尖沙咀货船上及潭仔洋空趸船上。

面对此等下场和撤出澳门英国居民的不断责难，义律非常恼怒。他急忙给英属印度总督奥克兰勋爵写信，寻求派兵前来保护英国在华公民的利益和生命安全。

就在义律和英国人撤出澳门后的第三天，在南海九洲洋面的海平线上，远远地冒出了一艘挂着“米”字旗的英国军舰的身影。这便是英属印度总督奥克兰应义律求援而派来的“窝拉疑号”。该舰装炮 28 门，舰长是斯密士，也是英国海军新任中国方面的最高司令。

斯密士还带来了印度总督完全支持义律行动的信件。在信中，奥克兰总督还要求在尖沙咀漂泊的义律和英国公民克服暂时困难，他会想方设法提供一切生活必需品。

在很短的时间内，义律便拥有了包括“海阿新”号、“冈不里奇号”在内的十来艘大小武装船只和几千名士兵。

此时的义律似乎腰杆更直，气更粗，加紧盘算着如何使林则徐、邓廷桢等中国政府要员屈服于他的炮口之下。

写到这里，笔者突然回想起曾经看过的电影《鸦片战争》中有这样一个镜头：

在珠江入海口，英舰舷边，众水手将一具白布包裹的尸体推进大海。义律和舰长怀特脱帽垂首。

教士劝义律：“起锚回国吧，否则，死者会越来越多。”

义律：“我早说过，你可以回澳门教堂去。”

教士：“伤病员离不开我。而你正把他们领向死路。”

义律：“他们不会白死，英国政府不会让他们白死。”

教士：“我知道了，你不是等待救援，而是在等待开战！从一开始，你就在有意地制造战争。你这个撒旦！”

海流中，尸体越漂越远……尸体的远方，海平面上出现舰队的桅影。

义律痴痴地望定天边，眼中含泪。他的嘴唇嗫嚅着，竟发不出声来。只有船长怀特替他放声大叫：“它们来了！上帝啊，终于来了！”

这毕竟是经过艺术再加工的情节，它把以义律为代表的英国侵略者的嘴脸刻画得淋漓尽致，把以林则徐为代表的一批民族英雄表现得可歌可泣。

正是这部充分尊重历史的艺术巨片，它唤起了人们由沉沦到觉醒，以历史与艺术交融所产生的冲击力，震撼了许许多多人的心。

令义律没有料到的是，当他亲赴澳门说服葡萄牙总督委黎多，允许他及英国公民返回澳门，并派千人军队保护澳门时，被这位葡总督一口否决了，理由是："我不想卷进你们之间的冲突，只有这样，葡萄牙人的利益才不会受到损害。"

林则徐义无反顾的禁烟立场和维护中国主权的不屈不挠精神，以及葡萄牙总督坚持中立不与义律合作的态度，进一步激怒了穷凶极恶的义律，他想以武力逼迫中国就范。

义律在华的态度，迎合了英国上层社会人士要求对中国进行武力制裁的倾向。他不断将中国政府以及林则徐坚持禁烟的立场和行动，以及英国少数不怀好意的商人在中国因不法行为而受到的处罚，刻意夸大，以报告书的形式不断向英国各方投寄。更可恶的是，他还把自己与林则徐等人之间的矛盾上升到"中国人鄙视女王，根本不把女王放在眼里"，致使女王为之不安。

义律在磨枪擦炮。

战争一触即发。

28. 袭击水师船

为防止义律的武装侵犯，同时也为了应付意外事件的发生，林则徐、邓廷桢发出告示，要求沿海居民组织起来，坚壁清野，断绝英商接济，随时准备打击上岸滋事的英人。

林则徐在《谕沿海民人团练自卫告示》中规定：大家一起商议购买可以杀夷人的用具，年轻人要团结起来进行自卫；一旦发现夷人上岸，任何人都可将他们毙死；大家最好不要擅自乘小船靠近夷人，防止节外生枝。谁要违反，必遭处罚。他还说，如果一旦发现有人给英夷私自送水，可以就地正法。

此时的林则徐已清楚地意识到“民心可用”这个道理。

1839 年 9 月 4 日上午 9 时，义律率“窝拉疑号”兵船、“珍珠号”商船、“剑桥号”船等五艘（也有史料称，是义律同“窝拉疑号”船长斯密士登上单桅快船“路易莎号”），在纵帆船“珍珠号”等四艘快船的陪伴下，闯进九龙湾。据说，当时船上还带了一位当年随胡夏米到中国东南沿海搜集军事情报的德国传教士兼翻译郭士立。

郭士立为何深受英国人的信任？让我们来看看郭士立是一个怎样的人吧。

郭士立早先是受荷兰布道会的派遣，1827 年来到东南亚的，先后在印尼、新加坡、泰国、马来西亚活动。1829 年起转而为英国布道会服务，1831 年起到中国活动，会说中国官话、广州话、潮州话、闽南话和客家话，是名副其实的中国通。他早年在荷兰学习神学时，就会见过已在中国传教多年、《察世俗每月统计传》的创办者马礼逊，并从此建立了合作关系。郭士立多次随英国船只沿中国海岸线考察。1835 年起担任英国驻华商务监督的中文秘书。郭士立随义律来到中国后，继续披着传教士外衣，干着不可告人的勾当。

郭士立的传教，完全是为西方服务的。正如他在《中国史纲》中所言：“只有让中国人多了解外部世界的事情，让他们感受到西方的一切文明是多么伟大，英国人才能享受到自由进入这个国家港口的权力。”他也是一个烟贩子，他贩烟要比其他英国商人省力，而且效益要好得多。他懂汉语，了解中国的风土人情和社会阴暗面。同时，他又是一个间谍，侦察了许多有关中国军队的情报，参与制订了侵华作战方案。

随着英国对中国的不断侵略，郭士立在几个英军占领地区做过官，并参与了《南京条约》的最后谈判，从清政府手里攫取了许多侵略特权。他是集传教、鸦片走私、间谍于一身的三位一体式人物。他是“牧师和强盗、江湖郎中和天才、慈善家和骗子的综合体”。可以说，郭士立是一直在与中国人民为敌的。

9 月 4 日中午时分，清大鹏营参将赖恩爵正督领水师船 3 艘，在九龙山口岸执行巡查和防护炮台任务。

就这样，中英两军在九龙海面相遇了。

郭士立在两名英国水手陪同下，向赖参将递交义律的两封信，一封是写给中国当局，信中威胁说：“此地数千英人缺乏食物接济，长期以往，频频冲突，自不能免，中方应对后果负责任。”信中还威胁，如果在 30 分钟之内不提供食物，中国水师船将被击沉。

另一封信是义律写给中国沿海居民的，要求他们“不可在水井里放毒”。

但是，赖恩爵严守中方立场，声明在不保证交出凶犯的前提下，不能接济食物。陪同赖参将巡视的另一位中国官员说，我们无权接收你们给中国沿海居民的信，你们可以每家每户一一去送。

义律得到回报后，恼羞成怒，于当日下午 2 时向赖恩爵发出了最后通牒：如果在半小时内不迅速向英人送来食物，英军将把湾内水师船全部击沉。

正当赖恩爵准备派官兵前往答复时，义律已下令向最靠近的一艘中国战船发射了一枚炮弹，当即将水兵欧仁乾炸死。

英国侵略军“不宣而战”的野蛮行径，激起了中国军民的强烈义愤，赖恩爵当即指挥水师及岸炮部队同时给予英国侵略者狠狠打击。

到了下午 5 时，穷凶极恶的义律又调来主力舰“窝拉疑号”、武装鸦片走私船“威廉姆堡号”（又称“威廉要塞”）赶来增援，拦截中国水师船。双方展开激战，一直打到下午5点半左右，英舰才向尖沙咀方向撤去。尽管清军水师在这场很短的遭遇战中死亡2人、重伤2人、轻伤4人，但最终取得了胜利。

据新安县知县梁星源禀报：“查夷人捞起尸首就近掩埋，已有17具。又渔舟叠见夷尸，随潮漂流，捞获夷帽数顶，并查知假扮兵船之船主得忌剌士手腕被炮打断。此外夷人受伤者，尤不胜计。”

据查清史《筹办夷务始末》证实，新安知县所讲的被炮打断手腕的得忌剌士，就是受雇于义律的“冈不里奇号”船主道格拉斯。

一位名叫亚当·艾姆斯的英国水手记录了当时情景：

中国炮台于下午3时45分向英国军舰开火。他们的炮火稳而准确地对准了单桅快船。4时30分，打过了104发炮弹后，单桅快船由于炮弹已用完，不得不调转船头走开了。那些中国水师船立即扬帆追赶‘路易莎号’，并急驶到他们的右舷正中方向。

‘珍珠号’抢到中国领头的船左舷前面的位置，然后打了三次舷炮连射，结果使得‘珍珠号’船的每一条绳索再次出现松裂现象——我们第四次装上了葡萄弹，向中国水师船一炮对一炮地进行还击。船上的尖锐响声可怕极了，但是它吓不倒我，这是我第一次使人流血，我也希望这将是最后一次。……感谢上帝，中国水师船的火力没有把我们压倒，不然的话，就没有人活着来讲这个故事了。……我们的小汽艇由于炮弹打完，只好掉头撤退……

道光皇帝于10月10日接到林则徐《会奏九龙洋面轰击夷船情形折》后，即给林则徐下了谕旨：既然英国人有此举动，若再以柔弱的姿态对付，则一点没有必要。我不担心你对付敌人有什么过激行为，就怕你害怕交火，畏惧英国的“坚船利炮”。我们需采取的办法是，以牙还牙，先威后德。这是与英国人斗争的最好方法。希望你认真考虑，妥善处理，相机行事。勉之！慎之！

道光皇帝还要求林则徐计划要周全，打了就必须胜，切不可轻率开战，更不可出现败仗。

九龙之战是英方挑起的，是自中国开展禁烟运动以来的第一次中英武装冲突。通过这次冲突，林则徐彻底打消了对义律仅存的一点幻想，从而对英国侵略者的罪恶行径有了进一步的认识。

谈到道光皇帝对九龙海战的谕批，专事研究林则徐的隗瀛涛先生一针见血地指出：“道光皇帝这一充满矛盾的批示，反映出他在朝中投降派势力的包围之下的彷徨和动摇，也为他及投降派们将战争失败的责任强加给林则徐埋下了伏笔。”

隗先生认为，林则徐在向道光皇帝的汇报奏折中，指出了西方殖民主义者“欺弱畏强”的特点及两面派的伪善手段，提出以谈判和备战的两手应付敌人，以便在未来反侵略战争中处于主动和不败之地。

据《林文忠公政书·使粤奏稿》卷五所言，在这种战略思想指导下，林则徐一方面应义律“乞诚”，指令澳门署同知蒋立昂同义律在谈判桌上周旋，要求对方必须在实行了缴烟、交凶和出具保证书三件事之后方可达成和平解决，叫做“明有范围”；另一方面又“密为布置”，准备在对方一旦撕开两面派面具之后，“制以兵威”，叫做“暗有把握”。他同邓廷桢、关天培一道，“密定机宜，蓄精养锐，于山海形胜逐一详细讲求，且察看水陆官兵，似亦皆能用命”。

29. 林则徐再至虎门的 95 天

虎门，对于林则徐来说，既是一个令他牵肠挂肚、千思万虑的海防要塞，又是一处能使他流连忘返、诗兴大发的南国胜地。

1839 年 9 月 6 日凌晨，林则徐结束了澳门防务视察之后，与邓廷桢一道乘舟抵达虎门镇口。登岸之前，他们与水师提督关天培会面，商谈了有关虎门要塞的防务情况。

中午，林则徐一行前往虎门寨中军参军署，继续商议防务事宜。第二天，林则徐到沙角，与邓廷桢、关天培等人共同商议军情。为了“察看该夷动静，以筹操纵机宜”，做长期的斗争准备，林则徐将在广州的家眷全部迁到虎门。

这一住，就是 95 天。

9 月 16 日，林则徐观看虎门水师列阵操练。

9 月 27 日，林则徐与邓廷桢同舟赴沙角，在关天培船中查点近日调集兵勇及各船册籍，计排列兵船、火船共八十余艘。

晚上，林、邓二人又登沙角炮台山顶。

这一天，是中国人传统的中秋之节，自古就有赏月之说。

山顶上，林、邓二人遥望星空，诗兴大发，佳句不断。

事后，邓廷桢作《月华清》词。词云：

岛列千螺，舟横万鹢。碧天朗照无际。不到珠瀛，那识玉盘如此？划秋涛、长剑吹寒；倚峭壁、短箫吹醉。前事。似元规啸咏，那时情思。　　却料通明殿里，怕下界云迷，蜃楼成市。诉与瑶阊，今夕月华烟细。泛深杯、待喝蟾停；

鸣画角、恐惊鲛睡。秋霁。记三人对影，不曾千里。

林则徐和云：

穴底龙眠，沙头鸥静，镜奁开出云际。万里晴同，独喜素娥来此。认前身、金粟飘香；拚今夕、羽衣扶醉。无事。更凭栏想望，谁家愁思。　　忆逐承明队里，正烛撤玉堂，月明珠市。鞅掌星驰，争比软尘风细。问烟楼、撞破何时？怪灯影、照他无睡。宵霁。念高寒玉宇，在长安里。

10 月 15 日，林则徐检阅虎门旗营水师操练。

10 月 29 日，是水师提督关天培母亲九十生辰。前一天，关天培特拿出为母寿而画的《瑞菊延龄图》请林则徐题诗。

林则徐题云：

一品斑衣捧寿卮，九旬慈母六旬儿。
功高靖海长城倚，心切循陔老圃知。
浥露英含堂北树，傲霜花艳岭南枝。
起居八座君恩问，旌节江东指日移。

11 月 10 日，林则徐与邓廷桢乘舟一同赴沙角检阅水师操练。各水军在水中列队击刺，又上桅杆顶上施放枪箭，看起来，训练场上一派龙腾虎跃。只有水师官兵们自己才明白，这些都是做给林钦差看的，要是真的和英国人打起来，小小弓箭能抵挡住啥？等到用大刀与敌人肉搏，失败不就成了定局！

当日，林则徐与邓廷桢审定，将三名与英兵勾结的清军内部汉奸处以死刑。

11 月 22 日，林则徐、邓廷桢巡视横档、靖远、威远、镇远等炮台。

作为钦差大臣，林则徐深感肩上的担子很重——因为他面对的不仅仅是“坚船利炮”的强大敌人，还有腐败朝廷的上下各级官僚，军纪涣散、走私受贿的清军官兵。林则徐要想守住虎门，禁绝鸦片，仅靠增添几门大炮来抵挡英帝国强大的舰队，是根本不可能的。

林则徐在虎门的这盘棋上，一步步稳扎稳打。

要打赢一场战争，必须要靠“天时、地利、人和”。三者缺一不可。

在虎门期间，林则徐首先将大量精力花在了海口的防务工作上。

林则徐经过对虎门形势的考察，认为虎门海口中路扼要之区，“西则香山，东则大鹏，形成两翼”。要保卫虎门，除在虎门重点设防外，两翼亦很重要。

其实，虎门要塞经过关天培、邓廷桢的增建加固，防卫设置已较合理。西翼的澳门半岛，南端为葡人窃据，内有六座炮台。北部已有关闸炮台，尚可不需增置。东翼的大鹏营所辖洋面，广延四百多里，乃外国商船经常出没之地。尤其是九龙尖沙咀洋面，东北山陵起伏，南面与红香炉（今香港岛东北）隔洋相对，西有急水门、鸡踏门，东有鲤鱼门、佛堂门。四面群山环抱，港内水深浪缓，是最理想的聚泊地。这里西航通珠江口、澳门，东达惠州、潮州，还可北上闽浙，历来是海防前哨与交通要道。

英人对这里早有侵占野心。特别是它 1808 年抢夺澳门失败，侵夺此处的欲望益发增长。

1816 年阿美士德使团访华，曾对这里进行了详细考察，回国后并提出正式报告，认为“从各方面看来，无论出口入口，香港水陆环绕的地形，是世界上无与伦比的良港”。

为了加强防卫，林则徐决定在尖沙咀南麓和官涌偏南的石排各添建一座炮台，安置大炮56门。这两座炮台，一座正对英船聚泊的洋面，另一座正对南洋来船。

两座炮台的建立，有力控制了尖沙咀与香港之间的港湾，对护卫虎门和截断英人东西通道，均有重要战略作用。

林则徐赴粤前，虎门各炮台共置炮272门，数额不算少。但这些炮大多铸造多年，锈蚀严重，而且炮径偏小，威力不足以制敌。为了加强各炮台的火力，林则徐先后共购西洋各国大炮200多门，增排珠江两岸和尖沙咀、官涌各炮台。有了这批新式大炮，火力大大加强。

光有“地利”没有“人和”也不行。禁烟必须依靠水师，而广东水师长期受贿纵私，他们的收入得自国家粮饷的只占1%，得自非法收入者竟占99%。不加整顿，想依靠这支水师队伍禁绝鸦片来路，根本不可能。但如果要彻底铲除水师败类，又牵涉太广，势必人人自危，影响整个士气，于禁烟更为不利。在无可奈何之中，林则徐只得推行宽严得中方针，稳步进行整顿。

他首先选择因循不振的将弁奏请惩处，借以振作水师精神。

林则徐在虎门收缴鸦片期间，得知南澳镇总兵沈镇邦及署海门镇参将水师提标左营游击谢国泰，对于英船驶入辖区，一味因循，不予驱逐，于是参奏谢国泰巡防不力，请求勒令休致；沈镇邦难胜重任，请旨降为游击都司，并令随船出洋巡查，以观后效。

销烟以后，林则徐回到广州，又接连七天审讯劣迹昭彰的水师员弁梁恩升、徐广、王振高、保安泰、伦朝光等人，还通过对广东粤秀、越华、羊城三书院年轻秀才645人的观风考试，掌握了水师员弁受贿故纵、欺蒙大吏的种种事实。但为了顾全大局，遂将他们酌情从轻发落，革去水师中军副将韩肇庆的职务，分别清除其余党。

水师将士自知罪过深重，得到从宽处理，不少人感激图报，在禁烟抗英中颇能踊跃应命。

为了提高水师的战斗力，林则徐还积极修造舰艇，购买西船，加紧水陆兵丁操练。

在他主持之下，建造了一批较以前强大的炮艇和许多小帆船，并买来美国旗昌洋行原购自英人的载重量达1200吨的“剑桥号”武装帆船，改为战舰，用来演习进攻敌舰之法，借以提高水师的实战水平。

林则徐还自己捐资，着手仿造外国舰船，“底用铜包，篷如洋式”。

对于这一问题，笔者曾专门请教了武汉大学历史系萧治致教授。他不顾高龄诸多不便，给笔者寄来一信，信中分析到：

> 林则徐了解西方，主要是为了知己知彼、师法西方“长技”，最后达到国家强大，能抵制西方侵略的目的。因此，当林亲眼看到英国船坚炮利，中国的军事技术远不如人时，就以一个爱国者的胸怀，积极谋求仿造，务求尽快跟上西方的先进军事水平。
>
> 在制炮方面，林则徐先是感到仿制费时，缓不济急，曾从澳门等地购置西洋大炮二百多门，同时参照西法，改进铸炮技术。最突出的是创制磨盘炮车，使火炮由不能转动变为可以左右移动。据英人宾汉记载，英军进攻乌涌时，就看到“剑桥号”“船上架着34门有炮车的火炮”；在黄埔北端，又看见一座炮台上“架着25门有炮车的大炮”。大炮不能转动，就只能对准一个方向直射。有了磨盘做炮座，炮就可以左右旋转，大大提高了攻击能力。

后来，林则徐到了浙江协防，又与龚振麟、江仲洋等人进一步研试，改进为便于重炮俯仰和左右挪动的四轮炮车，“虽重至万斤，以一人之力即可旋转，轻捷指挥如意”。

龚振麟等在林则徐的启迪下，又研制成功铁模铸炮法。这种铸炮法省工、省时，质量好，不受气候制约，可以随时随地铸造，比以前的泥模铸炮法优越得多。这种铁模铸炮技术较欧洲要早30年。欧洲各国直到1873年才使用铁模铸炮。

鸦片战争后，林则徐继续关注新炮试制。在他的主持下，黄冕试制成功一种炸炮。炮弹“一经放出，其火力能到之处，弹子即必炸开。弹内之药用磺较多，可以横击一二百步。其弹子炸成碎铁，与内贮之铁棱皆可横冲直撞，穿肌即透，遇物即钻，一炮可抵十数炮之用”。

在造船方面，林则徐先是将购自美国的英国商船“剑桥号”改为战舰，装炮34门。由于他感到中国水师船与外国船相比，无论造价、船式或所用木料，皆相差甚远。为了能与外人抗衡，“屡思设法造成坚固大船”，因而带头“捐资仿造两船，底用铜包，篷如洋式”。这两艘船于1840年4月25日在广州下水，可能就是宾汉所说的25吨重的两艘纵帆式船。这两只船建造后，还准备筹造更大的战船。但因形势变化，林则徐被革职，未来得及兴造。

萧教授在信中还说，林则徐感到，要在海上与外国人比高低，必须建设一支强大的水军。林则徐称得上是近代中国创建海军的首倡者。早在道光二十一年三月下旬（1841年），林在赴浙前就向靖逆将军奕山建议：“洋面水战，系英夷长技。……应另制坚厚战船，以资制胜。上年曾经商定式样，旋因局面更改，未能制办。其船样尚存虎门寨，如即取来斟酌，赶紧制造，分路购料，多集匠人，大约四个月之内可成二十船。以后仍陆续造成，总须有船一百只始可敷用。此系海疆长久之计，似宜及早筹办。”

同年秋，林则徐在《致戴纲孙》的信中又说：“逆船倏南倏北，来去自如；我则枝枝节节而防之，濒海大小口门不啻累万，防之可胜防乎！果能亟筹船炮，速募水军，得敢死之士而用之，彼北亦北，彼南亦南，其费虽若甚繁，实比陆路分屯、远途征调所省为多。”

以后，在致友人的信中，林则徐又多次提到，要战胜海上的敌人，非建设一支新式水军不可。在《致苏廷玉》的信中，他又进一步提出，要建立一支拥有大船百只，中小船各五十只，大小炮千位，水军五千，舵工水手一千，南北洋无不可以径驶者。“逆夷以舟为窠穴，有大帮水军追逐于巨浸之中，彼敢舍舟而扰陆路，吾不信也”。这可以说是中国建设近代海军的第一个方案。林则徐在当时提出建设一支强大水军的主张，确是“海疆长久之计”，是很有远见的。

林则徐走的是一条强军之路。他深知没有强大的军事实力做后盾，“禁烟”只能是一句空话。据当时西人记述：“1840 年 4 月 25 日，二三只双桅船已在广州河面下水，这些船都是按欧洲船式修建的，它们可能已加入天朝帝国的海军中了。”

当林则徐亲赴狮子洋校阅时，经过整顿后的水师，面目一新，“号令严明，声势壮盛”。

随着形势发展，林则徐为加强重点防卫力量，先后增调水陆兵丁近 8000 名扼要布防。计中路防线共配备兵丁 5100 名，其中虎门各炮台 3000 名，澳门 1300 名，九龙尖沙咀一带 800 名。

在虎门的两翼中，右翼香山协一直驻副将，管辖两营，兵丁较强；左翼大鹏原只一营，只设参将一员，而英人离开澳门后，又主要在大鹏辖区九龙洋面一带活动。为了增强这一地区防务，林则徐奏请“改营为协，拨驻副将大员统带督率”。

九龙尖沙咀对岸的红香炉汛，以前曾有外委 1 员、兵丁 15 名驻守，后被裁撤，林则徐又恢复防守。

此外，还准备了 1000 名机动兵力，供临时征战之用。东路和西路的兵力，亦相应有所加强。

林则徐虽然不是行伍出身，但颇懂军事。他经过调查研究，衡量攻守得失，认识到敌人船坚炮利，如与它决战海上，正可使敌发挥所长，不如以守为战，既可使敌失其所长，又可发挥己之优势。

从当时敌我双方情形考察，英军在军事技术方面明显居于优势，海上风浪又大，中国水师船船体既小，船板又薄，如与英船在海上决战，自非敌手。

林则徐提出“以守为战，以逸待劳”，有利于以己之长，攻敌之短，是完全正确的。但是，以守为战，并非是消极等待，有时还要伺机攻击敌船。

为了提高攻击力，林则徐又制订了《剿夷兵勇约法七章》，对攻击敌船战术做了具体的规定：

一、夷炮安设两旁，向敌船进攻，我船要乘顺风，攻敌船头尾。若攻头，则必先打其头鼻；攻尾，则必先打其后舱。

二、驶近夷船头尾，则我船俱须分左右翼，如雁翅行，斜向船头扑拢，船尾摆开，方能聚多船，且火器不致误掷自己。

三、炮火能及之处，即先开炮，至鸟枪可及，便兼开枪，迨喷筒火罐能及，则随便用之，多多益善。

四、兵勇过船，遇夷人便用刀砍。其首级留在随后统算，不可急献首级，转误要事。

五、我船斜向攻击夷船头尾，大抵以四角分计，每角，拖船至多不过容四只，其大者不过容三只。即四角合攻，亦不过用十二只船到十六只船攻击夷船一只。此外即有多船，可以分击他船，不必聚在一处，转致凌乱。

六、火攻船上装干草、松明、擦油麻片，配火药十之一二，用草绳捆住，上盖葵席。船之头尾，各用五尺长小铁链一二条，以铁环系定。其一头拴大铁钉长七八寸，其末须极锐利。……一经拢近夷船，无论头尾两旁，皆可贴紧敲钉，将火船钉在夷船木上，将火点燃起，其人即泅水走开。

七、破敌首重胆气，胆大气盛者必胜。况此次杀一白夷赏二百元，黑夷半之。生擒者视其人之贵贱格外倍赏。……即或阵亡，亦可得二百元赏恤。各宜拼命奋勇，立功邀赏。如有临阵退后，即刻斩首悬竿示众。

林则徐这套攻击敌船的办法，在当时，对于攻击敌船是有效的。

在虎门的95天中，林则徐在坐镇处理虎门防务的同时，还处理了大量的政务、商务之事：

——与邓、豫、关讨论了张岳崧来函。张主张禁止民船出海以杜绝鸦片走私。

——针对义律建议重开谈判一事，林则徐致信怡良表示有所疑虑，但他希望对按照“保证书”样式填定签字的湾喇船加以优待。从这一点不难看出，林则徐对义律的狡诈尚认识不足。

——林则徐获悉澳门谈判毫无结果，义律对谈判没有一点诚意，中方代表余保钝与之一再妥协，要求英方向中国做出保证，交出凶手等目的仍未达到。林则徐竭全力采取补救措施，并多次批示或致函广东巡抚怡良。

——获知义律继续采取对抗态度，林则徐决定驱逐英商离开中国。

——英舰驶入穿鼻洋，关天培指挥官兵还击，取得首战首胜后，林则徐“赴沙角与关提督晤谈；察看被炮击处所，酌商修整；受伤官兵，赏恤有差”。

——请人代译伦敦出版的小册子《对华鸦片罪过》。

——给朝廷上报穿鼻、官涌各个战役情况，提出了区别对待策略思想若干观点。

——下令自1839年11月22日起停止英国贸易，对已签字作保证的英船准许贸易。

…………

还差五天就是林钦差巡视虎门的一百整天，许多官员想利用这个日子款待这位为主权、为民生、为国安、为军强操劳过度的天朝大臣。就在前几日，他还答应离开虎门时和大家聚一聚，喝个痛快。然而，就在这当儿，他却提前一天离去，而且距中国人出行的吉祥之日初六只差1天。而当时的广州，并没有什么要紧事等着他处理。回到广州的第二天，他还独自上街溜达了半晌。

林则徐为何选择这一天走？他当时在思考些什么？对于这些，现在看来只有林则徐自己知道，就连史学家恐怕也只能是“猜测”而已。

历史永远记住了这一天：1839年12月6日。

林则徐，从虎门走过。

他浓笔重彩地在虎门近代史上写下了最富历史意义的一页，为中华民族谱写了一曲高扬民族之魂的乐章。

虎门这片热土，永远永远托得起林则徐坚定而沉重的脚步。虎门这块国土，将永远留下林则徐勇敢而刚毅的脚步。林则徐从虎门走过，他的脚掌感受到了这片国土的气脉，更加坚定了禁绝鸦片的决心。

30. 炮声又起

义律在九龙洋面惨遭失败之后，一直在谋划如何牵制、打击中国。他深知，凭目前这几条舰船是无力同中国作战的，只有铤而走险，把事情弄大、闹僵，对国内议会的压力才越大，英国政府和女王才能下决心出兵中国。

于是，一方面，他采取缓兵之计，悄悄潜入澳门，于 1839 年 9 月 14 日向澳门同知蒋立昂递上禀帖，要求与中国官员在澳门商谈贸易问题；另一方面，他又给国内写信，要求派兵前来中国进行军事打击。

义律为什么要和谈？史学家们认为原因有三：一是九龙之战后，由于中国沿海更加严密的封锁，英船上的食物、淡水供应更加困难；二是由于义律阻止入口，英商船上的货物无法售出，开始发生霉烂，引起一部分英商的不满，加上美商遵循中国法律，独占贸易利益，使英商非常眼红，对义律更加不满；三是无限制地拖延时间，一边调解英国商人之间内部矛盾，一边等待政府发动战争的命令。

从好的方面着想，林则徐批准了义律的请求，由蒋立昂与义律于 9 月 25 日在有澳门主要官员列席的情况下进行第一轮谈判。

林则徐对这次谈判抱有一定的希望，亲自定了调：一、新到的英国各货船如带鸦片，必须立即向中国方面上缴。二、交出林维喜案的杀人凶手。三、空趸及烟贩，即日必须离开广东回国。四、只有在以上三条办到的情况下，才准许英国货船停泊尖沙咀。

由于义律对谈判缺乏诚意，谈判没有任何结果。

10月15日，广州知府余保纯奉命赴澳门继续进行第二轮谈判。

由于义律坚持只让英商船接受“盘验”，而余保纯又急于交差了事，就擅自同意了义律的要求，并准备让英国人返回澳门居住。

林则徐得知这一结果后，痛斥余保纯无知无能。而此时的清政府又做出了永久禁止英国商船进口贸易的决定。

此时的林则徐，已隐隐约约地感觉到战争不可避免。于是，便积极进行应战准备，并通过澳门当局购买了68磅炮弹的黄铜大炮。他参照澳门炮台的样式，在珠江内修筑加固了一批炮台，又督促水陆官兵认真操练，招募民间壮丁编成水勇，加强军事防御。

林则徐等人认为，广东中路的防守要冲首先是虎门，必须对此处再进行一次军事部署。然而，在澳门谈判破裂后的第三天，英国外交大臣巴麦尊的密信已到达义律手中。信中透露了英国政府准备对中国发动战争的计划：“陛下政府意将派遣海军到中国去，可能还有少量的陆军。陛下政府现在的想法是，立刻封锁广州与白河或北京诸河，占领舟山群岛中的一岛或厦门镇，或任何其他岛屿，并打算永久占领这些地方。陛下政府还打算立刻捕捉并扣押海军所能弄到手的一切中国船只。”

义律收到密件两天之后，便立即通知英国在华各商船不必填写“保证书”，便可将船驶进穿鼻码头开舱贸易。

10月25日，当义律得知“皇家萨克逊号”船主当郎又将向中国做出保证并获得进口，便迅速命令“窝拉疑号”舰长兼舰队司令斯密士率本舰和“海阿新号”（舰长华仑）两舰追过去，强行迫其折回。

由于当时海上风大受阻，“窝拉疑号”自28日起锚后，11

月2日才抵达虎门口外。

斯密士到虎门后，便致书林则徐，要求允许英商船只靠岸，并给予英国人食品和生活日用品等方面的接济。

关天培根据林则徐的意图将信退回，并要求速交凶犯。

这天中午，已遵照中方要求做出保证的“皇家萨克逊号”在中国引水船的引导下，来到穿鼻洋面，准备进口。而斯密士按照义律的指示，立即命令两艘兵舰给予拦截。

此时，水师提督关天培率领水师在旁巡查。

“提督大人，你看，来了两艘英国军舰，看样子来者不善。”站在关天培身旁的一位水兵大声报告。

“喂！英国人，你们想干什么?”没等那位水兵把话问完，只听见“轰—轰—”两声巨响，“窝拉疑号”首先开炮攻击水师船只。关天培迅速组织还击。

由于英舰炮火猛烈，我水师船被炸毁两艘火船，提标左营二号米艇被炮弹击中造成火药舱起火，15名水兵当场牺牲，数十人受伤，另有3条水师船因遭攻击而渗水。

关天培在指挥船被击中的情况下，临危不惧，镇定自如，手持腰刀不停地进行指挥。他一边命令指挥船开炮还击，后船协同炮击；一边奋勇向前，与水兵们一起与敌人进行浴血奋战，他大声喊道：“谁敢后退当斩!”

话音刚落，英军军舰上的一发炮弹“嗖”地飞过来，将桅杆打落一半，片木从关提督手旁擦过，只见皮破血流。但关天培全然不顾，仍然屹立桅杆前。

双方交战之中，关天培转身将银锭置于案前，明确规定谁击中英船一炮，赏银两锭。

真不愧是水师指挥船，3000斤铜炮在这场冲突中发挥了巨大作用，连轰数炮，炮炮都击中了“窝拉疑号”的船首，数十名英国士兵纷纷被掀入海中，桅杆上的“米”字旗也被一发炮弹击碎飘落海中。

斯密士一看形势对他极为不利，交战一小时之后，便命令全部“撤退”，其实叫逃跑。

“窝拉疑号”舰上一位亲历这场冲突的士兵在回忆文章中写道：“……水师提督的战船和其余几只船，据着原地，猛烈对我方进攻……从距离来看，中国的炮和火药是很好的，只是不能自由地上升下降，炮弹太高，多数无效果……”

应该说，我水师是在装备处于完全劣势的情况下，靠奋力还击、英勇作战而击败英军的挑衅行为的。

英军在穿鼻洋战斗中失败后，将“窝拉疑号”、“海阿新号”两舰返回尖沙咀港湾进行修理，图谋反攻。

尖沙咀是一处群山环抱、浪静风恬、景色秀丽的港湾。

在尖沙咀北部有一座山名叫官涌山，位于英舰停泊上方，实施俯攻最为有利。为了狠狠地打击英国侵略者，驻官涌山清军积极固垒深沟，加紧修筑防御工事，严密监视英军行动。

对于官涌山的军事作用，林则徐也认为“恰当夷船脊背之上，俯攻最为得力”；英舰船藏于尖沙嘴洋面，“不惟藏垢纳污，且等负隅纵壑，若任其踞为巢穴，贻患何可胜言”？

驻官涌山清军的行动终于被英军侦察人员发觉。为探个虚实，英军多次派兵乘舢板上岸。驻扎在该处的清军参将陈连升发现这一情况后，立刻派兵擒拿，结果打伤英军两名，得枪一支。

英军发现驻官涌山的清军力量很强大，感到对他们长期占据尖沙咀这一天然良港构成严重威胁。在得到义律的批准后，英军准备用大炮将官涌山夷为平地。可是，英军在实施这一战略计划时，处处受挫。

11 月 4 日，英舰排列海面，不宣而战，向官涌山发起猛烈炮击。由于清军扎营位置得当，没有遭到袭击，反而利用居高临下的优势，给予敌人狠狠打击。不甘心失败的英军，为了下一步更大的军事行动，决心拔掉官涌山上清军这根“钉子”。据《鸦片战争史》记载，英军在短短十天之内，对官涌山清军连续发动了六次攻击。

第三次进攻是 11 月 8 日。大舰“窝拉疑号”在正面进行炮击，小船抄到两侧乘着涨潮扑向岸边，近百名英军抢先爬上山岗，齐放鸟枪，结果仅打伤两名清军。增城右营把总刘明辉等率兵迎截，砍伤英军数十人。只见洋鬼子丢下刀枪狼狈逃去。

第四次是 9 日。英军又到官涌山稍东的胡椒角开炮试探。驻守胡椒角的陆路提标后营游击德连指挥大炮、抬炮同时回击。由于清军早有准备，没打一会儿英军便有几名士兵受伤，随即退回。

第五次是 11 日。林则徐根据禀报，得知义律屡次向官涌山发动进攻，便立即从其他方向增调官兵二百名增援官涌山部队，派遣原任游击马辰、署守备周国英、把总黄者华等率领所部前往会剿。同时，林则徐又调拨大炮六门，派兵弁火速运到官涌山，以增强清军火力；令熟悉地形的广州知府余保纯、张起昆等紧急驰往阵地，会同新安县知县梁星源协助督战。此外，林则徐还函告驻九龙参将赖恩爵、驻守宋王台参将张斌，就近督带兵械，移师官涌山，并力作战。

当天，各路清军齐集官涌山参加军事动员大会。大会决定，把山梁各个要点分给各路将首负责，分兵五路扼守。任务下达后，各路清军官兵来不及休整，便迅速投入到各自战位忙碌起来。整个官涌山被笼罩在战争一触即发的氛围之中。

义律并不了解林则徐对官涌山增加了兵力和武备，还在继续指挥部队进行攻击。

这天傍晚，英军发现官涌山清军神兵天降一般添增了许多兵弁和大炮，当即赶装炮弹，准备袭击。

起更时，英军放炮轰击清军防御工事。

早已做好迎战准备的五路清军大炮齐放，打得洋鬼子无力招架，到后来只听见英军“嗷嗷”叫声，且兵舰上的灯火全部熄灭。

第二天清早，清军发现大部分英船已逃去，其中一条双桅舢板在洋面上半沉半浮，海面上漂泊着被击毁的篷帆、桅樯、绳索等物。

第六次是 11 月 13 日下午。英国人在屡遭失败后，想伺机报复。

官涌山守军得到探报，互相密约，不动声色，静待敌人前来，乘机痛击。第二天下午，“多利号”和“冈不里奇号”偷偷驶向内海，逼近官涌山，后面还有十来只船跟随观察动静。

驻官涌山清军发现这一情况之后，分别赶赴五路山梁，压低大炮炮口，居高临下猛烈轰击。“多利号”连中两炮，不敢再战，调头遁去。

正如林则徐日记中所记载的：“约计炮力可到，即齐放大炮，注定头船攻击。恰有两炮连打多利船舱，击倒数人，且多落海漂去者。其在旁探水之夷划一只，亦被击翻。后船惊见，即先折退。而多利一船，尤极仓皇遁去。”

战斗中，清军大鹏营千斤大炮因连续轰击被炸裂，两名兵丁仅受一点轻伤，可以说损失是非常微小的。

官涌山之战，英军连续六次攻击均遭惨败。此后，英船被迫退出尖沙咀洋面，分散在筲洲、长沙湾、赤沥角、龙坡等处停泊。

纵观官涌山之战，义律武装挑衅的惨败，并不能说明它的战斗力不如清军，更不能认为英军的大炮不如清军。它之所以失败，主要是义律错误地估计了清军驻官涌山部队的实力，以为只要轰它几炮，来它几个回合，清军就会败下阵来。

清军也只能算是小胜，不足以说明清军战斗力强大。但是官涌山之战清军取得小胜足以启示人们：只要官兵一心，敢于战斗，利用天时地利人和的有利条件，用落后的装备也有可能战胜装备精良的入侵之敌。

官涌山之战是后来爆发的中英虎门之战的前哨战，也是第一次鸦片战争的前哨战，更是英国正式发动侵华战争前的一次前哨战。

如果说虎门销烟是林则徐向全世界表明了中华民族维护民族尊严的坚定立场的话，那么，官涌山之战则显示了中国人民保卫国家反抗外来侵略的坚定决心是不可动摇的，哪怕需要付出血的代价。

虎门大兵压境

一场侵略与反侵略的战争终于逼近了虎门。

1840 年 1 月 16 日，22 岁的英国女王维多利亚向国会发表演说，诬指中国的禁烟使英商蒙受损失，影响英王尊严，表示要对华采取军事行动。

2 月 20 日，英国外交大臣巴麦尊发出训令，任命曾任印度总督、英国好望角舰队总司令官的乔治·懿律和查理·义律为正、副全权代表，并任命懿律为侵华英军总司令，布尔利为陆军司令，伯麦为海军司令。

同一天，巴麦尊又发出致中国政府的照会，即《致清朝皇帝钦命宰相书》（此件后来由英军在天津交琦善转清廷），正式向清政府提出赔偿烟价、割让岛屿、偿还商欠等无理要求，并声明英国侵略军此次军费全部由中国负担。

巴麦尊还恫吓道：如不全部接受上述条件，英国必将“相战不息”。

这份照会，实际上就是英国政府对中国的最后通牒。

31. 22 岁女王要从中国找回“尊严”

在东方大清帝国，享有至高无上权力的是 59 岁的道光皇帝。

在西方大英帝国，当时享有最后决策权的是 22 岁的女王，她的名字叫维多利亚。在位 60 年，她把国家领导成“统御七海”、“日不落”、国运昌盛的西方强国。她发动了对华侵略战争，从而拉开了中国近代史的帷幕。

自 1839 年年底到 1840 年年初，女王天天看到的是反映大清帝国如何如何损害女王尊严的报刊与小册子；天天听到的是从王室成员到官员乃至商贩叫嚷华人是怎样怎样欺压在华英国侨民与商人。她整日被置于一种反华的叫嚣氛围之中。

她听说：女王陛下的官员和一群英国商人被囚禁，断绝了食物、饮水供应，甚至受到了死亡威胁。

她听说：英国的国旗被华人焚烧，许多英国兵船被中国水师船击沉，大批英国士兵被杀死抛入海中。

她还听说：中国是出于私利才进行禁烟和断绝英商来华贸易的，林则徐、邓廷桢等人都拥有几千亩罂粟种植园。许多英国鸦片贩子都被他们秘密处死，财物被官员私吞。

她还看到一份由 65 家曼彻斯特商行老板联名签署的函件，说他们从 1839 年初以来已将价值近 50 万英镑的货物运往广州。

中国，既是印度商品的主要出口地，也是英国商人的主要资金来源。中国断绝与英国贸易，无疑是断了英国商人的财路与生计。

女王从这份函件中已清楚地发觉：失去中国市场，就等于英国政府失去了巨额财源。

看来，她不得不认真对待这件事了。

1839 年 8 月 7 日，伦敦的“印度与中国协会”出面，召开了一次紧急会议。参加会议的都是与侵华利益有关的代表人物，他们当中有：“印度与中国协会”主席拉本德，曼彻斯特商会主席莫克维卡，刚从中国逃回英国的大鸦片贩子颠地等。

颠地实际上是这次会议的策划者。会议的主要目的是敦促外交大臣巴麦尊发动一场侵华战争。会上，巴麦尊向这些与会者询问了许许多多情况。

9 月 21 日，英国政府收到了义律从中国发出的请求派遣远征军的正式报告。义律在报告中狂妄地声称对待中国的唯一办法“是先揍它一顿然后再作解释”。

9 月底，大鸦片贩子查顿从那不勒斯赶回伦敦，带着从中国搜集到的军事情报立即拜会巴麦尊，并帮助拟议中的远征军绘制好了包括战舰及军队配备在内的具体作战方案。

10 月 1 日，英国内阁会议做出决定，派遣一支舰队到中国海去，对华作战。会议决定由巴麦尊以“密令”形式通知义律具体执行。

10 月 26 日，查顿又向巴麦尊写信，建议封锁中国沿海各港口，以此为要挟，向中国政府提出四项要求：一、对英国人在广州所受到的侮辱表示深切的歉意。二、赔偿缴给钦差大臣林则徐的鸦片。三、增加开放对外贸易港口，例如福州、宁波、上海、胶州湾等。四、由英国人暂时占领某些岛屿，例如舟山、厦门和金门；如果需要占领靠近广州的岛屿或港口的话，占领香港则是必要的，因为它控制着一大块安全的锚地。

第二天，查顿又送去一个备忘录，略述了坚持这些要求所需的武装力量：一艘最大吨位的头等轮船，增加大约 12 艘各种型号的军舰和足够运载2000吨货物的运输船以及近7000名海军陆战队员。

11月2日，由伦敦“印度和中国协会”主席拉本德与两个下议员——史密斯及克劳复所组成的专门与巴麦尊联系的英商三人小组，以协会的名义写信给巴麦尊，详细阐述了查顿的作战方案，他们认为：

> 中国沿海的行动时间应在西面季候风季节，即4月到11月。为了利用这个季节，舰队应在2月中或3月初集中于马六甲海峡。舰队包括英国海军最大的战舰，它们是：第二级或80尊炮战舰1艘，第一级巡洋舰两艘、28尊炮巡洋舰2艘、小兵船2艘、大型轮船2艘，约600吨级运输船7艘或8艘。另外，还有小型铁壳船2艘，以便在内河征服帆船所用。需要运送的兵力共计2540人，再加上后备部队3960人，连前共得6500人。要少数几艘载重500吨的运输船，13英寸或10英寸臼炮若干尊，为的是安放在中国海军船上使用。又另需12磅短炮若干尊，用以武装鸦片快艇。全部鸦片快艇都可以调用来封锁中国沿海。封锁了沿海，截得了中国的公私财产以后，兵力应该立刻进到北京附近，并占领一二岛屿，舟山群岛也极其重要，我们可以占领北纬32度的大舟山岛，普陀距舟山不过几英里。

三人小组最后还提出“订约”，共有七项：一、开放广州、厦门、福州、宁波、上海，在北纬29度至32度之间，与茶、丝、棉布产地相近，也是畅销英国呢绒、布匹、羽纱的地域。二、在以上各地，英商须有与本地华人直接交易之权，我们极反对只限与少数商行发生关系。如中国方面坚持必须通过少数商行，中国政府必须担保它所选定的商行，遇有不稳情形，须由政府担当损失。三、在华经营合法贸易商民，中国政府与官吏不应当视为低贱之人。中国政府应当让他们自由地在家庭中与社交方面遵照欧洲习惯，拥有住所，与妻子同居，中国当依法保护，不得横加欺侮。四、出入口关税，应由中英政府协议厘定，以后非经双方同意，不得更改。五、英国驻华商务总监系英女王代表，应当与中国皇帝、大臣以及地方当局直接交涉，并准予居住北京或其他商埠以保护英侨，管理商务。六、在华英侨，如违反中国法律，只准将其个人处罚，不得牵动全体，良莠不分，混为一谈。七、如中国不愿开辟商埠，应当将一岛让与英国（用购买或其他方式），英国可在岛上建造商馆。

这7条所谓的“订约”，基本上反映了当时英国曼彻斯特、伦敦、利兹、利物浦、卜赖克卜恩、布列斯特等地的大资产阶级要求英国政府对中国采取“迅速的、强有力的、明确的对策”的野心，其主要内容与后来英国政府强迫清政府签订的《南京条约》的主要条款大致相同。从这一点就不难看出，英国侵略者为满足其资产阶级利益要求而蓄谋发动侵华战争的侵略本性愈发明白无疑。

就在史密斯等呈上信件的两天后，即11月4日，帕麦斯顿给英国海军部递去一封密信，通知海军大臣：“政府已决定派一支海陆军到中国，要求中国对英国臣民所蒙受的损失给予令人满意的赔偿。”

到了第二年的4月3日，英国议会对出兵侵华进行了辩论。部分具有正义感的议员斥责英国政府偏袒本国奸商进行鸦片贸易，有失国体，反对用兵。

内阁中有一位名叫托马斯·巴宾顿·马可黎的阁员替执政党辉格党作了答辩。他向议员们宣称，被封锁在广州的英国商人说中国“是属于一个不习惯失败和屈辱以及耻辱的国家；是属于一个必将强迫虐待其子民者交付数量令人震惊的赔款的国家”。

另一位年轻的托利党人格兰斯顿则作了如下回答：“我不知道而且也没有读到过，在起因上还有比这场战争更加不义的战争，还有比这场战争更加使我国蒙受耻辱的战争。站在对面的这位尊敬的先生竟然谈起在广州上空迎风招展的英国国旗来。那面国旗的升起是为了保护臭名远扬的走私贸易；假如这面国旗从未在中国沿海升起过，而现在升起来了，那么我们应当以厌恶的心情把它从那里撤回来。”

由于议会争论的是一个颇迷惑人的话题，而且辉格党和帕麦斯顿又竭力主战，理由是“所希望做的一切只是为了保证将来的贸易安全和英国公民的安全”。所以一开始，主战派就占了上风。

据《清代通史》称，英国外交大臣巴麦尊和陆军大臣马哥烈是发动侵华战争的关键性人物，尤其是义律在给他们提供了大量军事情报和作战意见后，两位好战者一心想在自己的任上显示外交与军队在国家建设中的举足轻重的地位。他们认为，“政府为欲杜绝密卖，曾竭十分之力，无如东西隔绝不能尽如此意，政府只得尽其可能为力者而止。今事实已有在彼处商人与中国政府开战，若坐视不救，不但损国威，辱国体，实大不列颠民族之大耻辱。”

然而，在议会辩论的四个月之后，一位曾在中国被软禁过的名叫帕特森的医生利用书信的形式，向本国人民说了实话，道了实情。信是写给《泰晤士报》编辑的：

从最近下院进行的有关目前远征中国的混乱的讨论中，我发现在关于最近在中国进行的那些不幸的交易的一两个重要方面，许多议员显得非常无知，有很大的误解，甚至女王陛下的大臣们也无例外。

因为我曾是议会辩论中所说的禁运和胁迫中被拘押的人员之一，又因为我与鸦片贸易之类毫无牵连，或许你会把我呈献的关于我在中国在押期间的处境和待遇的证词看做是对虚报事实而煽起公众反华的偏见的澄清，因而值得贵刊刊登。

格拉德斯通先生在最近的辩论中拒绝认为义律海军上校或他的任何同胞在被监禁的那几周受到了任何虐待。他做得对。

我受拘留期间受到的待遇是完全无可指责的，这可从下面事实看出：我们因禁运停泊在黄埔港时，每天按时送饭到大船“乔治四世号”船上（我就在这条船上）的买办名叫阿金，他在中国政府的直接领导下开展工作，并持有中国政府的委任状。

中国人确实不许称之为买办船的大船傍靠我们的船，那是艘载有20个仆人、下级职员并载满水果、布匹等物的，大小相当于一艘小型内河火轮的供应船只。但是，一种叫做舢板的小船却每天早晨定期靠船，带来船上厨房所需的物品以及前一天定购的大量食品等物，舢板直到傍晚才离船归去。

我可以举出我有幸出席的船队重要官员举办的许多次宴会。我敢说所有宴会都洋溢着欢快气氛，充满了热烈的祝酒，最讲究饮食的人也会为此感到满意。要问是谁置办了这些火鸡、羊肉、阉鸡，以及各种新鲜蔬菜使饭桌增添了不少魅力？正是这“野蛮”、“不好客”的中国政府。至于国会和其他上层人士所谓在黄埔的英国人为自身安全感到恐惧之说，我可以明确而自信地宣布，除卑怯的胆小鬼，谁也不会产生这样的念头。

被拘押的人最喜爱的娱乐（我们可以尽情地享乐），是在美丽的河边草上玩扔铁圈，最后总是玩一次喧闹的跳背游戏。我们也可以到河上远一点的英国公墓远足，我们常常去。这是天朝帝国首脑们给予我和其他外国人的待遇。

除了以上事实，我还要说一件事，在实施禁运的那天清晨，'乔治四世号'的小艇出去办一件要事。艇上乘坐几名水手，带队的是海军二副和海军候补生。军官和船员们自然都被中国人扣留了，直到鸦片战争结束，才让他们回船。他们回来时我发现不论军官还是水兵脸上气色从来没有像现在这样好。我挨个问他们被拘留在广州的待遇，他们都说他们从来不曾吃得这么舒服。我们二副告诉我在广州被胁迫的绅士像在黄埔一样，都受到了最友好的、最宽厚的对待，并且可以自由地在英国商馆对面的广场上打板球消遣。

禁运解除后的一两天我到了广州。一位英国的商人在荷兰商行顶上指给我看约一百码远的一个地方，那里关着一大群中国良种猪以及许许多多各类家禽。那是禁运期间林钦差送给义律海军上校的礼物，但是被这位女王陛下的代表拒绝了，因为他生怕接受了这些礼物会影响他奇特的地位。

我必须结束这封匆匆写就的信了。我确信你和其他正义和人道的朋友们在仔细读完上述事实后会同意我的观点，即我唯一能做的就是，衷心希望中国人对待被拘押的人的"粗暴野蛮"的行为，能经常为在欧洲文明统治下骄傲自大的各国所效仿。

可惜这封信写得太晚了，要是在议会辩论之前发表，帕麦斯顿、查顿、义律之流肯定会暴跳如雷，因为他们面对的是真实，鼓噪的是谎言与野心。

在外交大臣巴麦尊和陆军大臣马哥烈的操纵下，在义律、颠地等人的鼓动下，在一大批鸦片贩子的叫嚣声中，三天之后议会进行表决，结果以262票反对，271票赞成，通过了决议。

1840年4月7日，英国下院在维多利亚女王主持下，正式通过政府侵华军费支出案和“英商在中国方面之损失，必须获得满足之赔偿”等决议。

到了5月10日，上院几乎未加讨论，就通过了此议案：“对于中国人之侵害行动，必须得到满足与赔偿，以此目的，捕获中国船舶及货物，自属正当。如果中国政府肯认赔偿，并行让步，则英政府亦不必为复仇而战争。”

终于，英国远征军舰队（又称“东方远征军”）陆续从非洲好望角、开普敦等地启锚，赴印度加尔各答集结，开往南中国海。

英国东方远征军总司令（亦称海陆联军最高司令）懿律，原计划对珠江实施封锁后立即攻占虎门，直逼广州。

然而，当英军舰队在伯麦指挥下驶到伶仃洋再到虎门海口后，就被清军水师参将赖恩爵所属部队开炮击退。

英军这才发现虎门以及广东所有海防森严壁垒，无隙可趁，不是最先交战之地；加之巴麦尊2月20日的训令中，只要求“把最后通牒——《致清朝皇帝钦命宰相书》送交广州总督转往北京，不得延误”，并没有先攻哪里后打哪里的具体指示。于是，懿律便决定采取变通办法，派“布朗底号”将书信送往厦门，留下“都鲁壹号”、“拉呢号”、“海阿新号”、“哥伦拜恩号”4艘舰和汽船“进取号”，以斯密士为粤海英军舰队司令继续封锁珠江，其余44艘舰船北上，侵犯闽、浙。

对英军侵华行动，林则徐最先是 4 月 26 日从美国代办领事多剌的禀告中得知的。多剌告诉林则徐，他从美国报纸上看到一条消息，说英国人“将于 6 月前后封港，不许各国之船来粤贸易”。

林则徐听后并没有当回事，反而批评多剌道听途说，一派胡言。但有一点他是很清醒的，那就是千方百计继续加紧海防建设。

林则徐奏请道光皇帝谕令沿海各省：“一体严行防堵，以绝去路”。道光皇帝也同意他的意见，发出了相应的谕旨。

这年年底，林则徐突然接到谕旨，与邓廷桢对调，任两广总督。不久，邓廷桢又奉调任闽、浙总督。

32. 对峙虎门外海

自从 5 月 10 日英国上院几乎未加讨论就通过出兵中国议案后，只用短短 30 天时间，数艘炮舰就开到了中国广东虎门外海。

至此，中英两国实际上已处于战争状态，英国对华武力侵犯已箭在弦上，势在必发。

从程序上讲，英国议院的出兵议案辩论是荒唐的。在他们还没有做出决议前的一个月，从英国开出的“布朗底号”、“卑拉底士号”已到达南非海面，并奉命开往新加坡，向聚集在那里的英国军队宣布：“海军少将懿律将到达。”

5 月 30 日，侵略军的旗舰、原驻在南非开普敦的“麦尔威厘”号开始从南非启程。

同一天，英国侵略军主力从新加坡启程开往中国。

6月9日，英舰“鳄鱼号”抵达广东海面。

6月21日起，由英国海军司令伯麦率领的舰队，包括“威里士厘号”（载炮74门）、“康威号”（载炮28门）、“巡洋号”（载炮18门）、“麦尔威厘号”（载炮74门）、“摩底士底号”（载炮20门）、“卑拉底士号”（载炮20门）、“宁罗得号”（载炮20门）、“哥伦拜恩号”（载炮18门）、“拉呢号”、“海阿新号”（载炮20门）、“伯兰汉号”（载炮74门）、“鳄鱼号”（载炮28门）、“阿勒琴号”（载炮10门）以及“响尾蛇号”运兵船、“进取号”、“皇后号”、“马达加斯加号”，连同21只运输船，载着4000名士兵。他们分别来自爱尔兰皇家第18团、第26团、第49团和由孟加拉、马德拉斯二省供给的孟加拉志愿军、炮兵队、工兵队，先后到达广东海面。22日至25日，舰队相继北上，准备去占领舟山岛作为根据地。

1840年6月22日，英国侵华远征军海军司令伯麦从“威里士厘号”上发布公告：从本月28日起，对广州入口所有河道港口一律进行封锁。除北上舰队外，“都鲁壹”号、“窝拉疑”号、“海阿新号”、“拉呢号”和轮船“马达加斯加号”留在虎门海口执行封锁任务。

6月28日，珠江海口和广东海面被英军封锁，只要是中国的船只一律不准进入。

也就是在这一天，由南非开来的“麦尔威厘号”、“布朗底号”、“卑拉底士号”及武装轮船“进取号”到达广东海面。义律以英女王副代表、驻华全权公使之一的身份，与懿律共同指挥侵华战争。

应该说，鸦片战争从这一天起算是正式爆发（也有史书和专家认为，九龙之战是鸦片战争的真正爆发之日）。

早在年初，林则徐就通过一些途径探听到了英国要借中国禁烟之名派遣远征军大举侵华，实施军事打击。

刚开始，林则徐以为这是英国政府在吓唬中国，是义律借军事侵犯压迫他对英国人的过火言行让步。他觉得，“即使果有其事，而夷兵涉远而来，粮饷军火安能持久?”不过，在与义律的一次次较量中他也发觉，宁可信其有，不可信其无。

随即，林则徐向澳门葡萄牙总督发出《传谕委黎多严拒英国兵船》的谕令，直截了当地提出：“上述传说如果属实，驻澳英军人数不多，不知你能否制服？假如真的开战了，又如何打击英军？又如何保证澳门不被英军占领?”

为此，林则徐又吩咐澳门总督将刚刚潜回澳门的义律驱逐出境。他在谕令中指出：“澳门是天朝国土，其他外国人不准混入居住，更不容英国图谋占领，决定尽快派兵保卫澳门，只有这样，才属‘外御英夷，内安尔众，锄强抚弱，计出万全’之举。”

可惜的是，澳总督怕执行此令后背上“先行肇衅之名”，既没有驱逐义律，也没有采取积极的防御准备，还自以为这是为了保持“中立”。林则徐见澳总督不把天朝钦差的谕令当回事，便决定断绝与澳贸易。澳总督委黎多见势不妙，立即催促义律澳。

林则徐到达广州后，在狠抓禁烟的同时，一直在着手加强广东防务。因为广东处于中国南大门，拥有三千六百余里的海岸线，其防务分中、东、西三路，中路的虎门、澳门、尖沙咀又是整个防务的重中之重。

到了英国侵略军大兵压境之后，林则徐的“中路防御”思想更有针对性，也更加成熟了。正如他在《英人续来兵船及粤省布置情形片》里所阐述的：“臣等查中路要口，以虎门为最，次即澳门，又次即尖沙咀一带（即九龙洋面至大鹏湾一带），其余外海内洋相通之处，虽不可胜数，然多系浅水暗礁，只足以行内地之船，该夷兵船不能飞越。”

大兵压境之后，林则徐更加紧迫地意识到了战争。

尽管离开京城前，道光皇帝连续八次召见，谈得最多的是禁烟问题，而对于战争，他们想过、议过，但没有料到英国人会动真的，一下子来了这么多兵舰，要置中国大清政府于死地。

林则徐对于这突如其来而又即将发生的大规模战争，谁赢谁输他心中似乎没底数。但他从所掌握的情报资料中，已感到中英力量存在明显差距：

——从军队来讲，清军虽有 80 万人，侵华英军只有 4000 人，从数量上看为 40 比 1，但素质上却是清军太差。

林则徐两到虎门检查水师和炮台时就听关天培多次讲过，弄虚作假之风在清军中盛行。不少清军花名册上的人数是虚的，有的军官为了多领军饷，谎报人数，胡编人名；有的兵丁一天操也没练过，都是当官的听说提督要陪钦差大臣来视察，急忙从邻近乡村借来的，为的是凑够数字。

还有，兵员成分太复杂，有养过牛的，当过店员的，干过裁缝的。这些人当中，有的不是眼睛不好，就是腿不行，相当一部分人是为了找口饭吃。清军中平时缺乏训练，吸烟、嫖娼、抢劫、做小买卖等现象不同程度存在。清朝时期出版的《中国丛报》就披露过，在湘澳桂边界镇压苗民起义的 1000 名清军，有 200 人因吸毒而被调回；驻广州的清军公开在洋行前的人行道上吸大烟。官兵之间，兵与兵之间，相互不认识已是寻常之事。尽管关天培到广东后大力整饬水师部队，使这股歪风得到遏制和纠正，但从清军整体素质来说，距林则徐来广州后提出的要求还差得很远。

——在武备方面，弓箭刀矛等冷兵器在清军中占了很大比例。仅从虎门驻军来说，大炮虽多，但许多侵彻能力差，命中率太低。侵彻不够，主要是火药质量差所致；精度不高，主要是火炮机动性能差，就像九龙之战后一位英军所回忆的那样：“水师船上的火力很猛，但很少有击中，尤其是炮不能压低，无法击中舢船。”从历代清政府的国防战略来说，中国的水师部队主要以防止走私、缉捕海盗为主，没有认真考虑如何适应海上反侵略战争。可以说，到英国侵华军舰抵达虎门海口为止，清政府对于中国海军进行海上作战，既没有理论上准备，更谈不到军事训练上的实践。

而英军大炮在制造上工艺精良，炮膛精度高，炮弹质量好。特别是这次开来的侵华海军军舰，武备非常强大，用《剑桥中国晚清史》的话说：“在中国的海岸上，他们拥有像吃水浅的铁甲轮船‘复仇神号’那些在当时是最新式的武器，这种炮舰能够很容易地把炮口转向河流上游的城镇。他们的野战炮射程远，火力猛烈，杀伤力强。”

——在情报方面，英国为了实现其侵华图谋，它一方面从胡夏米间谍船长时间航行在中国沿海开始，到颠地、义律等人，利用各种身份，通过多种途径，大事搜集中国军事情报，测绘我沿海水文资料，了解清军状况，并写出了大量专题报告，基本上做到了“知己知彼”，为打赢战争做了精心准备。而清军，除了林则徐较早研究英军外，军队中大部分中层以上将领对英国侵略军的武备、性能、作战样式等一无所知，只能算是知己而不知彼。

大兵压境，战争一触即发。

此时的林则徐显得非常的沉着和冷静。作为朝廷重臣，作为中国南大门的守门人，林则徐试图在这场战争中竭尽全力不辱使命，保卫大清帝国，打败侵略者。

6 月下旬，林则徐与广东各路官员共同商议，对控制领海主权构想、防御体系、作战方针及战略原则等重新进行了调整、部署，以适应当前反侵略战争需要。同时，他又加紧对清军防御体系薄弱环节的补救。

首先是虎门方面，经过林则徐一年多的努力，虎门要塞变化很大。据林则徐给朝廷的奏折记载，当时虎门所有炮台都进行了整治，增添了不同型号的大炮，与海面所设的两道排链构成了“金锁铜关”。考虑到英国侵略军“坚船利炮”，林则徐又想方设法从国外购买了西洋大铜炮以及其他精制的生铁大炮，有的5000斤，有的8000斤至9000斤不等。到战前为止，虎门各炮台的炮数已达300多门，增加的兵勇作为战略预备队，随时供调动增援。

再就是整饬军务，林则徐要求关天培对所有兵丁进行验操，不合格者离开一线做后勤工作，使在船、在岸作战兵勇达3000余名。同时，林则徐还积极添造和购进舰船，捐资仿造了2艘欧式双桅战船，并搜集绘制了8种战船图式。继而又调集各营大号米艇20只，雇红单船20只，拖风船26只，又购买火船20余只，均交关天培分派各将随用。

林则徐认为，如此改调添设，因地制宜，“似于海疆控制大有裨益”。

据说，在虎门及广东其他炮台投入使用的一批几千斤重的大炮，都是林则徐派人从澳门、新加坡购得，葡萄牙、英国制造的。侵华英军挑起战争前，他已从美国一商人手中购得英船“剑桥号”，经改装成军舰，上配英制大炮34门，炮械装置一新，使英军大吃一惊。

在其他地方，林则徐发觉尖沙咀一带加强海岸布防显得非常重要。就地理环境而言，尖沙咀一带“四面环山，藏风聚气，水势宽涤，英夷船只久欲倚为巢穴”；凡是赴惠、潮、往北闽和浙南船只，都得经过这里，万一中途梗阻，“则为患匪轻”。因此，林则徐决定在尖沙咀一带新建炮台，最先建成的是官涌山炮台。林则徐在短时间内购置大炮50门，抢时间安装，使尖沙咀、官涌山一带洋面防御能力大为增强。

面对英国侵略者不断扩大战争的态势，林则徐强调严明纪律与严阵以待相结合，要求各路守军对海面上任何蛛丝马迹都绝不放过；对兵弁从严训练，从严管理，保证每一个人都是能战的精兵；对有吸毒行为且没有完全戒掉的官兵要以法处之；在兵弁中实行五人为组相互帮教活动，每组中只要有一人犯规，另四人必须同负责任。

每次检阅精武表演，林则徐都要奖励那些成绩突出者，如果有官位空缺，便从尖子中提拔。对那些能谋善管的战将，林则徐依据才能公平晋升。例如，通过考核，他发现左营参将张锡九“步箭只中一矢，精力就衰，殊难任其恋栈，予以罢免”；而对年过花甲，而精力尚健，屡建战功的陈连升，林则徐则认为他“于该处瑶疆情形最为谙习”，遂将他提升为三江协副将，“洵于营伍瑶疆均有裨益”。

一段时间之后，经过整顿的广东清军面貌焕然一新。

为了有效地打击英国侵略军，在战略指导思想上，林则徐注重从中国国情和军情出发，提出了至今仍具有现实指导意义的“以清军为主、民众为辅”的军民联合御敌思想。他坚信，“民心可用”，“民力可恃”。

战争来临前，林则徐在广东实施全民战前总动员，招募农民、渔户、商贩等5000人，编为水勇，配以火船，教大家如何使用及如何点放。他还与关天培多次指挥官兵进行“夜袭火攻训练”，并两次亲临一线进行实战。

所谓火攻，即每船一两名兵丁，乘黑夜袭击敌人。在后来的战争中，仅采用这种战法，就先后烧毁烧伤“济夷匪船”23只，英船13只，使英国鬼子不是带伤跳海，就是被烧死在船舱里，人员“不计其数”。

林则徐还主张“以守为战，以逸待劳”的积极防御思想，在战术上采取抓住战机，以攻助守的灵活机动的作战方法。

在武备建设上，林则徐提出“恐造船不及先雇船，恐铸炮不及且不如法，则先买夷炮”和“师夷长技以制夷”主张。他始终坚信：“船炮水军，断非可已之事，即使逆夷逃归海外，此事亦不可不亟为筹划，以为海疆久远之谋，况目前驱鳄屏鲸，舍此曷济。”

林则徐的后裔林岷在一篇论述林则徐反侵略思想的文章中指出：东方王朝长期的闭关锁国，使人们对世界大势几乎没有什么了解。当英国侵华警报敲到皇宫的时候，道光皇帝才忙问起英国在什么地方。当时，不仅皇帝及其属臣们对西方资本主义发展的背景茫然无知，就连驻守在唯一通商口岸广州的地方大员，也未留心注意一下与之打交道的英国情况。林则徐一反前任的昏愦，深知必须时常探访夷情，知其虚实，始可定制控制之方。因此，林则徐到广州不久，便“日日使人刺探西事，翻译西书，又购其新闻纸”，加以研究，目的是知己知彼，把握敌方的情况。

林则徐认为，英国侵略者之所以如此猖狂，以义律为代表的英国反动势力之所以顽固，他们依赖的就是“坚船利炮”。他指出，要想抵御侵略，只靠陈旧的刀矛弓箭、帆篷舟楫是不行的。

他坚决反对朝廷大臣们视外国先进技术为“奇技淫巧”、“雕虫小技”的态度和那种高墙深宫之中闭目塞听、因循守旧的固有习惯。

他主张购置和仿制外国的炮船，目的在于制敌，并指出“夷性无厌，得一步又进一步，若使威不能克，即恐患无已时，且他国效尤，更不可不虑”。“制炮造船，则制夷已可裕如”，

“以通夷之银量为防夷之用，从此制炮必求极利，造船必求其坚，似经费可以酌筹，即裨益实非浅鲜矣。”

据说，因林则徐料到英国兵舰万里迢迢开赴中国，不会轻易撤走，只要战争一旦爆发，肯定要打一场恶仗。正如前文所说，林则徐已下决心：我们打的是保卫战，是正义之战，打不赢也要打，别无选择。

不久，广州、澳门、虎门就相继贴出告示：凡杀死英国白洋鬼子一人，可赏银洋 100 元；凡杀死英国黑洋鬼子，可赏银洋 20 元；拿获兵船，除火药械交官外，全部充赏；杀死义律赏银洋 2 万元。

英国侵略者大军压境、兵临城下，林则徐做了他应该做的事。

伶仃洋的两只卧虎正吃力地张着大口，用那仇恨的目光警惕地注视着一切。同时，它又似乎在向英国侵略军发出怒吼：你们胆敢来，我就叫你们有来无回、碎尸虎口！

33. 中国人不怕战争

1840 年 7 月 2 日下午，英舰“布朗底号”窜入厦门港内，停泊屿仔尾。

厦门同知蔡觐龙、护水师提标中军参将事守备陈连元等知道这一情况后，立即派海防厅巡船前往查看，询问来意。英军一官员回话说有一封重要信件须立即交给厦门当局转呈北京。

巡船船长既没问这“重要信件”重要在啥地方，也没有过去看看信件是真是假，便摆摆手操着那闽南话说道：“我们不管这等闲事，提督在泉州，你们还是到那里去商量吧。"

英军随舰翻译罗伯聃根据总司令指示，随即用汉语起草了一份有休战含义的信请巡船兵带回去，并嘱咐他们"告知同僚，共同知悉"。

巡船带着所谓的"休战信"离开不到一小时，又返回来停靠在"布朗底号"军舰旁，兵弁将刚刚拿走的信又交给了翻译罗伯聃，并说："由于县官们不敢与外面的人通信，已将你们的信抄写一遍送上去了。"

罗伯聃略为思考了片刻，说："我和你们一样也是在执行上级指示，不过这封信是专门写给县官而不是提督，劳驾你们再带回去。"

老实巴交的巡船船长第一次处理这样的"涉外事情"，一时拿不定主意，又将信带了回去。

下午3时，舰长包诅派少尉弗·尼科尔逊和翻译罗伯聃等人乘坐舢板小船挂着白旗，企图靠岸投递外相致中国宰相书副本。他们刚准备靠岸，便发现海滩上按战斗队形排列着近三百名清兵，个个神情紧张。清军在阻止英军上岸。

罗伯聃看了看，觉得不对劲。他灵机一动，指着白旗大声说："我们是奉命给中国提督送信的，并没有任何其他意图！"清军一位军官也大声回话："不是告诉你们去泉州找提督了吗？我们只负责不让你们洋人上岸。你们要不听，后果自负！"话音刚落，300支长矛及火绳枪一起对准了他们。

好汉不吃眼前亏。罗伯聃等人只好退回。

到了7月3日清晨，包诅准备用他认为最"文明"的方式——动嘴不动枪炮，派翻译再做一次登岸的交涉。结果同样令他失望。

忍耐不是西方人的性格。包诅再也静等不起了，他命令英舰

“挂上红旗，准备开炮”。

署水师中营守备陈光福见敌人要打仗，便对准罗伯聃放了一箭，因舰小不断晃动，罗翻译倒了下去，飞箭擦肩而过，这才免去一死。

清军误以为陈光福带头放箭是表示战斗开始，便张弓扬刀、羽箭齐放。英军一名水兵中箭，二名水兵跌入海中，舰长包诅也在躲避清军乱箭之中摔进了大海。

落汤鸡似的包诅被英军救上船后，气急败坏地下令对清军进行炮击。

也许是把英军逼急了，几乎是在瞬间，“轰隆隆”的炮声便震海撼岸，炮弹所落之处飞石四溅。结果打死中国守军 9 人，重伤 19 人（也有史书说是 14 人），民妇陈黄氏中弹身亡，击毁民房 20 余间。

厦门守军炮台得到命令后，奋力还击，并组织数百名水勇伪装成商船前往偷袭。

经过三个多小时激战，清军击沉英舰一艘。

为了掩人耳目，包诅命令翻译罗伯聃起草一份关于清军率先打击英船，造成英军死伤多人，军舰严重受创，责任完全在清军的“布告”送到岸上张贴。

谁知，英军拎着糨糊桶和“布告”刚刚爬上岸，就被清军用长矛刺死一人。包诅见时机不利，命令撤退。

据清朝时期出版的《中国丛报》第 9 卷第 4 期记载，“那份布告后来被装进一只瓶子里，扔到了另一条船上。人们看到有个渔民把它捡了起来。”

“布朗底号”在没有完成“投书”任务的情况下，费力地冒出一股黑烟，灰溜溜地逃去。

面对如此局面，懿律又采取了在虎门的方式，留下“伯兰汉号”和一艘运输船继续实施封锁厦门港，其余北上追赶英舰队，准备攻占舟山定海。

34. 真的“有海无防”吗

定海位于舟山岛的南部，东、西、北三面有群山环抱，南面临海。港湾之南有大小五奎山、竹山、大渠三个外洋入港门户，是一个天然良港。舟山岛是舟山群岛中最大的一个岛，位于浙江中部海面，与镇海隔海相望，扼南北海上要道，是十分重要的战略要地。

英国人对舟山岛的觊觎，已有近二百年的历史。

18 世纪就提出将舟山拨给英国使用。

19 世纪 30 年代义律提出武力占领舟山。

近百年来，英船曾多次到舟山贸易。

英军侵华战争开始后，巴麦尊曾给懿律下达指示：“封锁珠江，切断台湾和厦门之间的运输后，占领舟山群岛中认为最适于用做司令部以便长期占领的岛屿。”

巴麦尊的这一意图非常明白，他认为定海是一个天然良港，可以作为他们在中国长期作战的行动与供应基地；定海又处于经济发达地区，便于他们在经济上的长期掠夺；还有一点，也是最关键的一点，就是英军占领定海，有利于构成对清政府的威胁。

1840 年 7 月，在包诅刚刚撤离厦门的当天，东方远征军的主力已到浙江海面集结。武装汽船“马达加斯加号”和“阿特兰特号”先期驶入定海北港的道头，测量港水的深浅。

次日，海军司令伯麦和陆军司令布尔利率领“威里士厘号”

和“康威号”、“鳄鱼号”、“阿吉林号”、“谷巴士号”、“巡洋号”以及运载着陆军第18团、第49团等部的运输船只10只，水陆兵丁约4000人，在港外来回游弋，未见任何动静。于是，他们便断定定海没有设防。

事实上，历史上的定海海防颇为强大。到了乌尔恭额任浙江巡抚，他自认为定海孤悬海中，无险可守，不如减少兵丁，还可节省饷银，便把兵丁由10000人裁减到2800人。

如此重要的海防线上没有设一个水师统兵将领，只由陆军兼管。

这些少得可怜的兵丁成分很复杂，平时既没有人抓训练，也没有人组织他们去巡逻。当地许多老百姓非常担心地说：“这么大个岛，连一个大点的兵船都没有，不要说红毛鬼子来，恐怕连海盗来了也打不过！”

有一次，武装海盗突劫定海附近海域船只，慌乱之中，清军只好到老百姓家中雇船充当兵舰，结果不仅没有抓住海盗，反而被武装海盗打得船沉兵死。

据史料记载，英国侵略军抵达舟山定海时，只有城东南处设有一座炮台，配有大炮8门，守备50人。

可以想象，这样的海防哪有打不垮、摧不毁的道理。

当大批英舰长驱直入定海后，英军将领认为他们精心策划部署的战争准备，对中国人来讲显得有点多余。当天中午，英舰队停靠在沈家门港。

当有人向定海知县姚怀祥报告说英舰队抵达后，姚迅速面报总兵张朝发。

英军进入沈家门镇后，立刻送书姚怀祥，令他及所有中国军人和当地官员投降，否则死路一条。

当英军的大炮飞向水师部队并发起攻城战斗后，姚怀祥便派游击罗建功到附近乡村招募勇士入城参加战斗，他本人登上城头，在身体多处受伤的情况下仍然指挥作战。

仓促上阵，兵员伤亡较大，失败已成定局。

姚知县怀抱官印，从城内撤出，来到普慈寺投梵宫池殉难。

张朝发见无退路，到城外督军抵抗。由于英军炮火猛烈，清军伤亡惨重，张朝发左腿被炮火击断落入水中，被送往镇海医治，终因伤势过重未能获救而亡。

定海城被英军攻陷。在英军的大肆抢掠之下，一片狼藉。

两天之后，懿律、义律、马礼逊、郭士力陆续入城。不久，英国侵略军就成立了伪政府，以陆军司令布尔利掌管军务，郭士立负责民政工作。

一位当时参加侵华战争而且是定海沦陷的目击者后来这样回忆道：

> 军队登陆了……英国国旗竖起来了，但也就从这瞬间起，可怕的抢掠在眼前展开了。闯到每个人家去，打开每个箱笼，书画、桌椅、家具器皿、粮食抛得满街都是……所有这一切都被席卷一空，剩下来的只有死尸和伤员，那都是被我们无情炮火击毙和击伤的。这一些缺少了一只腿，那一些两条腿都没有了，好多人是被榴霰弹所伤，缺胳膊少腿凄惨得可怕。直到再没有任何东西可拿走的时候，抢掠才停止下来。……战利品真是丰富之至，但不是从战斗中，不是在战地上缴获的，而是从无抵抗力的居民那里抢劫来的。

英军进入定海城后，浙江巡抚乌尔恭额还在镇海吃喝逍遥。当他接到定海沦陷的禀报后才慌了神。

定海沦陷的消息传到北京后，朝廷一片惊恐。道光皇帝痛斥浙江官员的无能，下令对乌尔恭额及浙江提督祝廷彪一起“革职查办”；命两江总督伊里布为钦差大臣，到浙江接替乌尔恭额办理军政；命葛云飞镇守定海。

7 个月以后，英国人退出定海。1841 年 2 月 25 日，葛云飞率所属部队向定海城进发。当他看到“白骨暴如莽”的场景时，十分气愤，便在两把刀上刻下了“昭勇”、“成忠”四字。他对乡亲们说：“这四个字是我的报国决心，你们就看我的行动吧!”

到了 9 月，英军第二次进犯定海。驻守定海的葛云飞、郑国鸿、王锡朋三位总兵，率部 5000 人，英勇抵抗，血战 6 昼夜，壮烈牺牲，充分表现了中国人民的顽强反抗精神。

从虎门北上厦门，再北上舟山定海，懿律、义律等人终于明白了中国的海防脆弱不堪，他们对南下攻打虎门，心中已有了底数。

定海再次失陷后，英军向镇江、南京进攻，迫使清政府签订丧权辱国的《南京条约》。这是后话。

35. 动摇之中的道光皇帝

本来，道光帝想发动一场道德劝诫运动来禁绝鸦片的毒害，并一再要求全国各路大员“鸦片必须清源，而边衅不容轻启”。

在禁烟斗争中，道光帝的立场和态度比任何一位皇帝都坚决，措施和机制比任何一代朝廷都严厉。

然而，英国人并没有理会他这一套，更没有把他这位天朝皇帝放在眼里，就连小小的义律也敢与林则徐抗争。

深宫中的道光皇帝在回忆着英国人的所作所为，在思考着英国人胆大妄为倚仗的是什么。

他是一个有着理想与抱负的皇帝，从登基那天起就想成为汉武帝、唐太宗式的有为之君。而这一切一切的美好愿望，都被英国人的大炮轰得一干二净。

他在想：假如英国人利用“坚船利炮”一直打到京城，清军能抵挡住吗？假如是这样的结局，国不像国，帝不像帝，我如何对得住祖上千秋大业、千万大清子民！

此时的道光帝在思寻着一个人，这个人绝不能是林则徐，而是一个能善解自己意图，化矛盾为和睦，变战事为平安的外交高手，即使牺牲一点国家利益，做点物质上的让步也未尝不可。

道光皇帝动摇了，就如同南中国那扇摇摇欲碎的大门。

错位的功臣与罪人

“和睦共处”、“相安无事”，是几千年来中国人世代信奉和恪守的传统理念。然而，英国侵略军的到来和他们的烧杀抢掠、奸淫良女的兽行，使得这种理念荡然无存。于是，人民起来反抗，藏起食物，封起水井，牵走牲畜，使得失道寡助的英军在定海难以生存。

懿律、义律在第一次攻占定海以后，率“威里士厘号”等八条军舰按原计划继续北上，越过大小竹岛、高山岛和候鸡岛进入渤海湾，1840 年 8 月 9 日抵达天津白河口。

早在侵略者图谋北上的时候，林则徐就以“舟山之图占，天津之图控”先期入奏。后来，他又将定海失守的情形连发两封函件给怡良，对英军侵占定海“不胜发指”，并预感自己可能因此而获罪。后来的情况被林则徐一一证实了。

道光皇帝收到林则徐“英船可能北上”的报告后，立即下谕旨，要求于水陆各要道，处处设防，严拿汉奸，不准与英国人私下勾结，更不允许给英军提供生活用品。同时，道光皇帝还在谕旨中有意抬高琦善地位，称：在天津海口方面，另有谕旨给琦善，让他根据实际情况妥善办理。从中可看出道光皇帝在用人上出现了新迹象。

36. 琦善的伎俩

1840年8月11日上午，懿律向琦善发出照会，提出“如中国政府愿意谈判，必须委派全权代表到海军司令伯麦的舰上进行；必须在六天之内饬令委员到舰队来接受英国政府照会文本”。同时，懿律还要求琦善为英军购买食物。

第二天，千总白含章受琦善指派，到英船上取回了《致中国皇帝钦命宰相书》。琦善当天就将英国的书信进呈北京，并附片上奏。

英国人的《致中国皇帝钦命宰相书》实质上是一份“通牒书”。

《致中国皇帝钦命宰相书》中抗议中国禁烟运动，诬蔑林则徐的禁烟和抵抗侵略是“扰害本国住在中国之民人”，“亵渎大英国家威仪”，要求清朝皇帝“昭雪伸冤”，并提出了各项要求：

——偿给货价，即偿还全部被没收的鸦片烟价。

——中英官员平等相待，即今后“该国政府及其官员按照文明国家的惯例以及对英国君主尊严应有的礼遇，加以接待，并相与往来”。

——割让一岛或数岛屿，即凡是为了贸易目的前往中国的英国臣民，“当他们从事合法的贸易时，不应再遭到不公正行为和不公正待遇。……英国政府要求中国方面将英国全权大臣所指定的中国沿海一处或数处面积够大、位置适宜的岛屿，永久割让给英国政府，作为英国臣民居住和贸易的地方”。

——清还商欠，即“英国政府要求中国政府将破产行商欠付英国债权人的款项，偿还给他们”。

——支付英国侵华经费，即巴麦尊所提出的“英国远征部队前往中国海岸，英国政府要求因此支出的一切费用，应由中国政府偿还英国”。

需要指出的是，琦善在英舰未抵天津时，已向清廷奏报兵单不足以御敌。而在上呈《致中国皇帝钦命宰相书》时，又特意附了一个白含章查看英船式样的奏折，加油添醋地写道：

> 英军军舰共分长圆三种，最大的舱分三层，逐层有炮百余位，每层前后又设大炮，约重七八千斤。其次的，舱中分为二层，炮亦不少。再次的，叫做火焰轮，并无风帆，内外皆有风轮，中设火池，上有风斗，火乘风起，烟气上熏，轮盘即激水自转，无风无潮，顺水逆水皆能飞渡。

琦善写此奏折的目的非常清楚，他是想让道光皇帝明白：英国人的侵略行动是因为林则徐处理外交事务出现严重差错而引起的，这次边衅的祸根是林则徐在广东搞所谓的禁烟。只要撤了林则徐的职，并处以一定的惩罚，不仅对英国人有了交代，而且也可以避免战争。再有就是，清军是无论如何打不过英军的。

一直在梦想“太平管治”的道光皇帝看了琦善的奏折大吃一惊。从此，他再也不怀疑“坚船利炮”的英军实力。

道光皇帝在极度不安中苦苦沉思了两天，然后发出谕旨，批评林则徐、邓廷桢在过去的一年中，禁烟“措置失当”、“办理不善”。

道光皇帝偏听偏信了琦善的谎言之后，认为林则徐没有完成使命，反而坏了他的安邦治国大事。他对林则徐与怡良的《续获鸦片人犯、烟土烟具实数折》感到非常厌烦，朱批道：对外断绝通商，并未断绝；对内查拿烟贩，也不得干净，无非空言搪塞，不但没有实际效果，反而生出许多波澜，想来不胜愤懑，看你用什么话向我交代？

林则徐看到这份朱批后，一连几天寝食不安，情绪极差。

他百思不得其解，不知自己究竟错在哪里?!

尽管如此，林则徐还是于8月24日上奏《奉旨革斥自请处分折》，请求从重治罪，以儆无能。次日晚上又写了这个折的附折《密陈夷务不能歇手折》，继续陈述自己抗英救国的雄心。在附折末尾，他表示："倘蒙格外天恩，宽其一线，或令戴罪前赴浙省，随营效力，以赎前愆，臣必当殚竭血诚，以图克复。"

道光皇帝决定偃旗息鼓，并以重治林、邓来换取英国罢兵。接到林则徐的奏折及附折后，道光皇帝气不打一处来，当即朱批道："无理可恶，一片胡言。"

在林则徐看到这份谕批的前一天，他的职务已被皇帝解除了。

接着，道光皇帝批准琦善的建议，通令沿海各省总督、巡抚"停止与英军对抗；英军过境时不必开枪放炮，勿以攻击为先"。并下达圣旨，任命琦善为钦差大臣，赴粤查办。

以穆彰阿为首的投降派，此时更是纷纷上奏，诬告林则徐。

道光皇帝于9月29日给内阁下达谕旨，以"糜饷劳师"的罪名，把林则徐、邓廷桢革职查办，分别严加处分，并谕旨"林则徐即行来京，听候部议"。

当天，林则徐就把总督、盐政两官印移交广东巡抚怡良。

林则徐被罢官的消息传到广州和虎门后，爱国官兵、广大群众和许多仁人志士无不为之震惊，感到非常气愤。

10月23日，林则徐在广东的部下及知己集体为他举行公饯，怡良欣然应允主持。

当人民群众得知林大人受冷遇要赴京请罪后，纷纷赶制靴、伞、香炉、明镜和颂牌来为他送行。

颂牌共52面，上面分别写着：

民沾其惠，夷畏其威
清正宜民
烟销瘴海
明察秋毫，忠心对天
…………

林则徐将这些颂牌安置好，并一一记下了颂牌的内容及送颂牌人的姓名、身份。

他抚摸、凝视着这些颂牌，再一次感受到了广大民众的真情，心情又从悲愤、苍凉中得到一丝宽慰。

第三天，正当林则徐准备动身进京时，又收到吏部“奉旨革职并折回广东，以备查问差委”的通知。

次日，林则徐撤出行辕，搬进高第街连阳盐务公所。

不到一个月，邓廷桢也奉旨自福州来广州，听候新任大臣琦善的“查问”。

真正的人民功臣、国家栋梁、民族忠良，就这样蒙受不白之冤，被冷落一旁听候查处。

此时的琦善则又是另一番情形：先是皇上下谕旨命他转告英国人，“……上年林则徐等查禁烟土，未能抑体大公至正之意，以致受人欺蒙，措置不当。兹所求昭雪之冤，大皇帝早有所闻，必当逐细查明，重治其罪。现已派钦差大臣驰至广东，秉公查办，定能代申冤抑。该统帅懿律等，着即转棹南返，听候办理”。琦善的心中有着说不出的兴奋与激动。

中国有句古话，叫做：“小人得势一时，好人受屈一日。”

琦善——这个 19 世纪中国“超级小人”，就因为“得势一时”，不仅把一个本来就不谙域外世事的皇帝糊弄得愈发糊涂、昏庸，而且，也把贫瘠的中国引到一个屈辱、任人宰割和战火四起的境地。

令道光皇帝百思不得其解的是，先祖们不仅战功赫赫，而且治国也有方略，怎么到了自己手里，连个夷人都治不了呢！

其实，道光皇帝之所以在洋人“坚船利炮”面前慌了手脚，没了主张，一个重要的原因是他缺乏对国外情况的了解，更谈不上去研究周边国家和西方各国。他陶醉的是世代祖先的武功加战功，依赖的是天朝大国无所不有。他不仅自己不关心外面的世界，就连朝廷中的大臣们也没有谁知晓国外情形。

已经骗了一次皇帝的琦善，准备孤注一掷继续骗下去。从妥协立场出发，琦善除按照道光皇帝谕旨拒绝英国各项条件之外，还是巧妙地说服皇上，同意惩办林则徐和恢复通商；对于英方提出的赔偿烟价这一条，他建议皇上责成广州商行代赔。

对于既不动用国库、又可使英人满意的建议，道光皇帝还是默认了。因为在向英国人妥协这点上，琦善是最会察颜观色的。

在皇帝暗示他“相度机宜，妥为措置”后，琦善马上通报懿律：只要英方军舰全部南下广东，有关烟价赔偿问题，我们会给你一个说法禀告贵国女王。

在懿律、义律两兄弟眼里，身材粗实、肥头大耳的琦善非常和蔼可亲。

英舰刚刚返回天津白河口，琦善作为谈判的中方代表，穿着一件蓝色丝长袍，拖着长长的辫子，束着一条绣花腰带，脚穿白底缎靴，头戴细草编成的凉帽，帽顶有一颗深红色的珊瑚顶子，帽后拖着一根孔雀翎，来到白河口岸上的一座营房，彬彬有礼地接待英方代表。

对于会谈中没有正式签订的条约，琦善表示要禀报朝廷，时间大约12天左右。这期间，琦善为了向英军大献殷勤，令属下给英军送来20头阉牛、200只羊、许多鸡鸭和2000只鸡蛋。

琦善还以最美的佳肴，招待侵略者头目懿律一行。仅谈判那天早餐，琦善就安排了近30道菜，尽是珍馐。英军就餐时佩剑挎枪，而缩在一旁的琦善却总是和颜悦色，“温言抚之”。

懿律和义律曾私下议论：“要是在广州遇到的对手是琦善而不是林则徐，恐怕就没有这么多的麻烦。”

当琦善接到英方所提要求之后，曾先后两次上奏皇上，反复强调英军强大，清军难以抵挡，“非惟防不胜防，抑且事无底止”，建议朝廷同意向英国赔偿。

清廷还没来得及批复，琦善就擅自答复赔款，以10年为期，陆续分期付清。此外，琦善还同意中英之间书信往来不再使用“禀”字、“谕”字。

有一点琦善是清楚的，他拒绝了英方占据中国领土要求。因为领土问题没有讨价还价的余地，“于理不顺，亦复于情不协”。

在懿律等人看来，琦善的答复和琦善的为人显得反差太大。而他们又非常清楚琦善的难处，相信中国当局随着局势的发展，会慢慢接受他们所提的要求。

从当时的情况看，一方面，英军北上的舰队只有“威里士厘号”、“布朗底号”、“窝拉疑号”、“摩底士底号”、“卑拉底士号”和“马达加斯加号”轮船以及武装运输船“厄纳德号”和“戴维马尔科姆号”等，兵力远不足以在大沽口发动一场战争，而且也没有任何兵力可调动。自英军占领定海后，当地人民便自发组织了反抗侵略者斗争，使得英兵人人不敢外出，而且生病得不到医治，食物没有来源；加之安排于广东、福建、浙江沿海实行封锁的兵力也无法抽调。另一方面，特别是英军抵华后水土不服，加上发烧和痢疾在军中广泛流行，生病死亡的人数很多；白河口一带水浅，大型英舰无法开进；北风季节将到，气候转冷，不利作战。

作为远征军司令的懿律，经与义律权衡得失，认为“南撤”为上策。于是，英军写了一封复书告诉琦善，同意马上返航，但申明了英舰南撤并不意味着英方放弃了各项要求；广东交涉，仍须以《致中国皇帝钦命宰相书》所提条件为基础；在英方所提条件没有得到满足前，定海不能撤军归还中方。

懿律、义律心里很明白：琦善已被任命为钦差大臣，顶替了林则徐之职，只要他南下赴任，不愁目的达不到——因为这位“小老头”太怕战争了。

37. “休战协议”的背后

英军南撤之后，以道光皇帝为首的清政府对自己的妥协方针取得成功自鸣得意，同时，他们又非常害怕懿律等英国人会制造新的事端挑起战争。于是，道光皇帝指派清廷宗室、两江总督伊里布为钦差大臣赴浙江，具体协调浙江方面有关舟山定海事宜。

懿律等人的如意算盘是想长期占领舟山岛作为英军侵略中国的后方供应基地和贸易口岸。早在天津谈判时，懿律就扬言不能交出定海，而且要中方承认英方已占据并管理定海的事实。

在领土问题上，伊里布与琦善有异曲同工之处，那就是什么都好谈，什么东西都可以给，“领土”问题没有商量的余地。但英方也深知中国人的传统与秉性，为了保证广东中英谈判期间能有效控制定海，懿律想通过承诺不发动进攻，来迫使浙江方面对英军占据定海的承认。

事实上，英军在攻陷定海城并占据后，并没有能够真正实施管理，也不可能实施管理。

在大舰队北上到天津谈判后，定海方面英军从生活、交通等方面遇到了许多困难。一方面，因刚入异国他乡水土不服，加之天气炎热爆发流行病，英军在很短的时间内就死亡 448 人；另一方面，英军在抢劫财物、侦察地形时，处处受到中国人民的打击，先后有几十人被活捉成俘虏，使英军内部人心惶惶。

英军舰队从天津大沽口返回舟山定海后，懿律着手办的第一件事，就是要求中国方面交出所有被俘人员。

侵华英军司令伯麦致函浙江官员，要求立刻释放被俘人员，否则将进行武力报复。

义律等还在镇海东岳宫会见钦差大臣伊里布、浙江提督祝廷彪、福建提督余步云等，商谈交还俘虏一事。

伊里布认为，现在正是中方以俘虏换撤军的好时机，便向英方提出大舰队完全退出定海及附近海域南下广东后，方可交还英军俘虏。

谈判桌上，英方顺着伊里布的思路，把交还俘虏和交还定海两件不同性质的事联系在一起，明确提出：归还定海要以中英纷争解决为先决条件；在中英谈判期间中方不得向定海发动进攻；沿海居民不得骚扰英国人。

伊里布——这位皇帝的嫡亲，他缺乏处理外交事务的能力和经验，把一件本来很重要的事情想得非常简单，以为只要交出俘虏，英国人就会退出舟山；即便暂时不退，只要在广州谈判结束后退出也行。

伊里布根本没有想到，假如谈判失败，英国人不退出舟山怎么办？假如广州谈判，英国人把舟山占据这一客观存在的事实，作为向中国提出不合理要求的砝码怎么办？

英国人不远万里来中国进行侵略活动，这本身就是应该受到世界舆论谴责的，理应无条件撤回军队，并向中国政府和人民赔礼道歉。

对于这一点，伊里布压根儿就没有想过。直到他“以人易地”的计划化为泡影后，才如梦方醒，但是仍想不出好办法。

为了对朝廷有个交代，也为了忠实执行道光皇帝确定的“上不伤国体，下不开边衅”的政策和原则，伊里布仍然坚持妥协立场，想方设法向英国人求和。

在没有更好办法的情况下，伊里布派家人张喜往返于定海、镇海之间进行联络。

1840 年 11 月 6 日，伊里布通过张喜从中穿针引线，与懿律就交还俘虏和英军退出舟山达成了“协议”。

与其说是达成“协议”，还不如说是完全屈服于英国人的无理要求。因为伊里布害怕拖延下去，会招致英军舰队主力找到借口不肯南下广州谈判，皇帝怪罪下来“吃不了兜着走”，于是便写了告示，内容共十条，派外委陈志刚到英军划定区域散发。

告示内容的大意是：英国舰队到浙江来，纯粹是由于林则徐处理鸦片问题不当而激怒了英国人，他们并没有伤害中国人的意图；皇上谕旨本大人“不得攻击”；懿律统帅已率船南下，听候琦善钦差大臣查办，一旦谈判结束，他们就立即撤出舟山；作为钦差大差和两江总督，我要求大家不能骚扰英国人，尤其是舟山定海人，在家好好务农耕种，英国人不作恶，我们就不要查拿他。

就在陈志刚刚贴完告示，懿律又以个人名义发布了通告。

通告说，总司令现须通知远征部队，两国谈判期间，钦差大臣及本人之间已订立停战协定，任何一方皆不得逾越所划归该方之界限，不得阻止人民往来。英方界限业指包括舟山岛及近旁之诸岛，包括一切经过象岛（即摘叶，或摘箬山，在螺头之东）、塔山（即螺头或大毛）、黑墙山（即册子山）、鱼人山（即黄星山、庙子湖、青滨山一带）、普陀山、桃影山一线以内岛屿，以及鹿山各岛。因此，总司令必须请凡与远征军队有关人员，于前往诸岛时，不得逾界，或以任何方式干预中国人民，致使中国方面有正当之借口，埋怨我方并未严格遵守停战协定。……

伊里布与英方达成默契后，对朝廷的奏章含糊其词，只说英军在赴粤定议之后，即行交还定海，决不会据为己有。

当英方提出禁止定海民众捕拿英人时，伊里布同意张贴告示。但他在奏章中只字未提这件事。就连与英军划界、保证相互不扰乱的情节，伊布里在奏章中也一字未提，全都瞒着皇帝。

懿律、义律于 11 月 14 日率 8 艘主力舰和 3000 英军南下后，伊里布心中悬着的大石头终于落了地，认为今后只要恪守休战诺言，便可相安无事，并大幅度裁减清军。

殊不知，伊布里所做的一切已彻底中了英国人的圈套——所谓的“休战协议”，只不过是英国制衡中国的一张王牌。同时，也是他们为在虎门、在中国发动更大战争而采取的缓兵之计。

38. 躲得了初一，躲不过十五

“休战协定”的签订，无疑是英国侵略军又走了一着胜棋。

1840 年 11 月 14 日早晨，一切准备就绪的英军舰队除留下

“布朗底号”负责定海防务、舰长包诅充任英军驻舟山海军最高司令外，“麦尔威里号”、“威里士厘号”、“摩底士底号”全部起锚，“伯兰汉号”在港外加入队伍，开始按计划南下广东，到虎门海口集结。

11 月 20 日，英军在虎门海口成立广州舰队，其舰船有：“伯兰汉号”、“麦尔威里号”、“威里士厘号”、“都鲁壹号”、“加略普号”、“萨马兰号”、“前锋号”、“拉呢号”、“海阿新号”、“摩底士底号”、“哥伦拜恩号”、“路易沙号”、“朱匹忒号”，以及汽船“皇后号”、“进取号”、“复仇神号”和几艘运输船。

21 日，英军舰队在铜鼓洋停泊，派“皇后号”挂白旗去虎门送信，报告懿律到达广州。

谁知，“皇后号”刚驶抵虎门准备靠岸，便遭到中国守军射击，“皇后号”立刻返航。

当晚，义律前往澳门，将给琦善的信送交在前山关闸的同知，由他转送广州。

再说琦善，在外国人特别是英国人眼里，他是一位非常有修养、非常有官术的中国朝廷重臣，同时，也是一位非常唯命是从、斤斤计较的庸才。

英国人以武力相威胁，向中国提出了许多无理要求。对有些无理要求，道光皇帝给予了严辞拒绝。

按照英国政府训令，当所提要求和条件遭到拒绝后，可以在沿海对中国实施军事打击。但英国政府在华全权代表义律（此时的懿律因病辞去了侵华英军司令职务，伯麦继任。义律成了英女王的全权代表），考虑到英军整个战略意图，被迫同意将谈判地址由天津大沽移至广东。

这样一来，英国人的行动似乎给道光皇帝一个错觉，即：英国人出兵中国仅仅是为“志图贸易”、“诉林则徐冤”而来，并没有急于开战的迹象。

9月28日。这一天早朝后，道光皇帝命令军机处将林则徐、邓廷桢交部严加议处。

面对如此局面，作为天津谈判的中方代表琦善感觉非常良好，对自己被皇上任命为中国南大门的“掌门人”更是春风得意。

每每谈到与英国人交涉的“成果”，琦善总是颇为得意地说：“若不是我设法善退，英国兵船早已直抵北京。要知道，英国人非常强横，不是中国所能对付得了的。”当有人问琦善处理这件事的“秘诀”时，他很坦率地说：“我哪有什么方法，不过骗其走开罢了。”琦善抱定一个宗旨，只要在广东坚持天津谈判做法，不愁有“摆不平的事”。

11月29日，琦善抵达广州，五天后正式接任两广总督一职。

那天上午，琦善阴沉着脸对广东巡抚怡良说：“从今天起，所有与外国人打交道的事均由我专办，你只负责广东地方事务，夷务不必过问！”

怡良离开后，琦善急忙处理了他在赴广州的旅途上就思考过的两件事：一是英船“皇后号”在虎门遭射击一事；二是释放英俘士担顿一事。

说到“皇后号”遭炮击，这件事本来很简单。

原来，留在广东封锁珠江的英舰虽不敢挑起战事，但也经常骚扰虎门海口的驻军与平民，气氛很紧张。就在这前十天，英舰在龙穴洋面堵截了一条阳江中营的米艇。在这种情况下，虎门守军因怀疑英军搞欺诈，便开了炮。这完全是一种自卫行为，英国军舰是带着侵略目的而来，与中国守军处于一种敌对状态，清军无须道歉，更谈不上自责。

英军抓住这次炮击事件大做文章，指责中国军队肆意开炮，想挑起战争。

琦善害怕此事会激怒英军引起不必要的战争，便勒令查处是谁下令开的炮，欲斩沙角炮台指挥官、三江协副陈连升以谢英军。

之后，琦善又派心腹白含章、鲍鹏专程向英军道歉，说什么“我方在没有弄清贵国军舰赴虎门原因的情况下，擅自开炮，责任全在兵丁，现正在严厉查处之中”。

说到士担顿事件，事实经过也非常明了。

8月6日傍晚，英军随军牧师士担顿带领两个仆人窜到虎门炮台附近刺探情报时，被清军当场抓获。留守广东的英军小头目士密斯得知这一“不幸”消息后，立即通过澳门葡萄牙当局要人，并扬言：“若不放人，就要进攻澳门。”

此时的林则徐得知皇上已不信任他，自己与英国侵略军破坏中国国家主权与安全等行为作英勇斗争所取得的成就道光皇帝也不屑一顾。林则徐在即将面临朝廷处罚的情况下，不计个人得失，不仅没有放走这个间谍，反而向澳门增派军队。

士密斯见林则徐并没有被他的战争狂言所吓倒，便下令进攻澳门关闸。

关闸是香山县前山营通往澳门的陆路莲花径的一座关门，驻有清军把总一员，负责查验过往行人，并阻止葡人和外商越界潜入香山。

莲花径两边临海，安设大小炮27门。

8月19日中午，士密斯率“拉尼号”、“海阿新号”、“进取号”和快艇“路易莎号”及十多只小船从九州直插关闸，随即猛烈开炮。

关闸守军在南面望厦村守军以及香山协、惠州协水师船的配合下，进行英勇还击。终因双方军事实力悬殊，未能阻止英军的逼近。清军伤亡惨重，炮台几乎全部被击毁。

380 名英军上岸后推倒关闸界墙，烧毁清军营房，把被毁大炮全部搬到军舰上，然后乘退潮而走。

就在英军非常得意，扬言要进攻香山时，道光皇帝又下了一道谕旨，提出广东方面要“示以镇静”，避免与英军冲突。

在这种情况下，林则徐只要按旨办事，既不会得罪皇上，又不会使英国人恨上加恨，最后说不定在朝廷面前还能减轻自己的“罪过”。然而，林则徐选择了与皇帝相反的路，他认为，“我欲静而彼不静，则亦势难坐镇”，绝不能听任英军逞凶。他果断采取措施，调集大批水师船和上千兵弁前往关闸、香山，严阵以待。

琦善到广州后，说林则徐不懂朝廷大政方针，擅自处理夷务，造成局势紧张，下令立即释放士担顿。

一位英国人在《英军在华作战记》中写道：琦善不仅在自己的住所给士担顿预备了一顿饭菜、一个住处，次日一早，还令人用轿子把士担顿送到一只专在等他的小船上，回他的英国舰队去了。

琦善在处理完上述两件事之后，又对来广州开会的关天培下令：限三天之内全部遣散林则徐招募的 5000 名水勇，将海面上的木排铁链全部拆除，不得延误。

关天培已从其他渠道听说了琦善的为人和处理对外事务的立场，对琦善的妥协行为早有心理准备。

令他万万没有想到的是，不仅以琦善为代表的畏惧战争的人害怕英国人动武，就连道光帝也相信了琦善的一派胡言，对义律所提条件一再让步。既然钦差大臣、两广总督换成了这位胆小鬼，关天培也不敢违抗。

从广州回虎门的路上，关天培坐在船头闷闷不乐，看看珠江两岸的缕缕炊烟，望着如此宽阔、如此悠长的江面上见不到民船，只有英国军舰耀武扬威，他有着一种说不出的伤感。他在想：琦善的命令一旦执行，就意味着本来并不坚固和强大的虎门守军更加不堪一击。

沙角炮台，清军纷纷脱下军装，相互告别。

当关天培在随员们陪同下来到炮台，即将离去的老兵们立刻跪在了这位水师提督大人面前，要求留下与英国侵略者决一死战。

关天培见此，随即弯下身扶起一个个老兵，泪流满面地说："皇上的圣旨、钦差大臣的堂谕是不可违的。你们返乡路上小心为是，回家后好好务农。"说完，在场的兵丁泣不成声。

关天培也被感染了，但他控制住了自己的情绪，猛力一纵，翻身上马，扬鞭朝南山炮台飞驰而去。

12 月 7 日，琦善开始与义律进行正式交涉。

此时的懿律因病辞去了侵华英军司令职务，伯麦继任。义律成了英女王的全权代表。

当天，义律照会琦善，复述大沽会谈所提出的条款，希望早日议结并将《致中国皇帝钦命宰相书》用中英文各写一份送琦善，共十四款。并扬言，十四款中如有一条不从，即要攻打虎门和香山等处。

让我们来看看这十四款的内容都是些什么吧——一、英国人上年受了委屈，嗣后再不得如此错乱行为。二、要赔偿鸦片价银两，及此次英人来舟山各处兵费。三、各洋商所欠旧债，要由官宪担任还清。四、外洋走私贩烟，不得连累英国贸易之船。五、英国人递禀必要封呈上大皇帝，不得呈与官宪。六、要大码头一处，永远居住，如澳门样式。七、要福建、浙江、江苏、天津等处地方贸易码头六处。八、要在北京城建造英馆，派一英官驻扎。其余各处码头各安置英官一人。九、要贸易码头，英人如有犯事，由英官自行治罪。十、新定贸易码头，任凭英人建造天主庙。十一、英国人各港口贸易，不论何省地方都可带家眷同住。十二、有关贸易如洋商不能裁撤，不能加减。十三、出口税银要有一条规定，不得随意加减。十四、要裁减各贸易船只使费。

琦善接到义律的这十四条要求之后，先后两次上奏。他除了汇报英方所提要求外，还反复强调英军装备的精良和数量的强大。

作为朝廷的钦差大臣和两广总督，琦善在如实汇报侵略军情况的同时，应该对如何反击侵略军提出自己的意见和设想，供国家最高领导层决策时参考。但他没有这么去做。

道光皇上接到琦善的奏折并作了朱批，要求他在与英国人谈判无效的情况下，要加强军队建设，做好应战准备。

琦善不仅没有执行皇上指示，反而擅自决定赔款 500 万元，以十年为期，分期付款。

没有几天，琦善听说义律嫌赔款太少，仍坚持要一块领土后，他又私自答应追加 100 万。

义律在得到共计 600 万赔款的情况下，仍坚持要中方兑现十四条全部要求。他说：“只有这样，才会避免进攻虎门等地。”

琦善收到义律照会后，意识到事情并不那么简单。他既不敢坚决拒绝英方的各项要求，与义律闹翻；又不能漠视道光皇帝定下的基调，擅自全盘接受英方的要求。

道光皇帝再次接到琦善奏折，建议除广州之外，再辟厦门、福州两处准予英国人通商后，不禁大怒，当即朱批：“愤恨之外，无可再谕。”

琦善感到自己使出浑身解数也无法满足义律的要求，他顿感大祸临头，骗术已尽，战争无法避免。于是，急奏请朝廷“军情日渐迫切”，希望火速增兵广东尤其是虎门。

道光皇帝接到琦善奏折后，已无暇顾及琦善的失职行为和所犯下的渎职之罪，而是立即采取了反击英国侵略者的战争措施：命调湖南、贵州两省兵各1000名，四川兵2000名，共计4000名开赴广东；谕令沿海各省将军督抚，加强防务，抓紧训练兵丁，做好应战准备。谕令琦善：英国人野心膨胀，难以再谈。英军所在地方，国人决不能搞任何贸易，要在物质上让他们感到困难重重，让琦善做好打仗准备，不能有丝毫示弱行为。

到了1月6日，道光又接到琦善关于英人要求开埠赔银的折。

道光帝立即以600里急谕指示琦善：“英人要求过甚，所请均不准行；不准再派人向英人‘理谕’，既非情理可谕，即当大申挞伐。”道光皇帝再次告诫琦善切切加强防务，并谕令他同林则徐等人多商量防务，严申纪律，重振兵威。

此时的道光皇帝态度已十分明朗：同英国人已没有什么道理可谈，唯一的出路就是迎接战争。

六天之后，道光皇帝再次谕令琦善，要完全断绝英军的生活接济。他还告诉琦善，军费可以任意动用，并从江西调精兵2000人赴广东供他指挥，并允许他在广东招募兵丁用以御敌。

这一切来得太晚了，林则徐、邓廷桢、怡良、关天培经过一段时间精心构筑的广东防御体系，以及清军的豪壮士气，由于琦善实施所谓的“求和”、“撤防”战略而被破坏得不堪一击，更谈不上什么凝聚力、战斗力了。

此时仓促调兵遣将，也只能是亡羊补牢。

39. “求和”的下场

3 月 12 日，琦善在广州城里思考着如何收拾自己一手造成的残局，如何向道光皇帝作出交代。突然，一队官兵簇拥着一顶官轿，飞似的向总督府奔来。只见官轿在总督衙门前停下，从中钻出一位皇差，宣布琦善听旨。

原本在广东不可一世的琦善，此时慌慌张张从厅堂里出来，跪听皇差念着圣旨：“上谕：琦善到粤后，对一切防守剿堵事宜置之不问，迭经谆切告诫，迷而不返。自称专办夷务，不令怡良等与闻。香港地方紧要，该督并非奉旨允行，何以让英夷公然占据？朕君临天下，尺土一民，莫非国家所有。琦善胆敢擅予疆土，擅准通商，如此辜恩误国，实属丧尽天良！琦善着即革职，锁拿来京。派副都统英隆，并着怡良派同知、知州一员，随同押解来京，严行审讯。所有琦善家产，即行查抄入官。钦此！”

听毕，琦善软瘫在地，痛哭流涕。

还没等琦善抬起头来擦把眼泪，英隆带着京官和军队就赶来抄家了。据史料称：共从琦善家中抄出番银 1 万元、黄金 423 两、玳瑁床架一副、大小自鸣钟 18 座、金银表 11 只、家乐班行装 18 箱、翡翠灯 18 盏、人参 42 斤、贵重药材 19 扎、田地 34 顷、当铺 6 处、房屋数百间，其他珠宝细软堆积如山，就连英隆也不敢相信琦善是如此富有。

第八章 血洒虎门

无论是天津的“大沽谈判”，还是舟山的“休战协议”，乃至广东的“中英交涉”，道光皇帝对英国侵略者不远万里来到中国的根本目的，都做出了错误的估什和分析。当以义律为首的英军头目借谈判为幌子，以开战相要挟，周游中国沿海侦察军事实力，直到如同饿狼般猛扑过来时，不仅朝廷乱了阵脚，就连琦善也没了主意。

1841 年 1 月 7 日上午 8 时，英军宣布对华开战。

40. 英军首犯“两角”

英国女王特命全权代表义律、英军侵华司令伯麦等人对这次开战做了精心部署。

据档案记载，当时英军在华侵略军的部队有：

参战海军分左、右两个分队，右分队由“加略普号”、“拉呢号”、“海阿新号”等 3 艘军舰组成，由“加略普号”船长荷兰特担任指挥，负责攻打东侧的沙角炮台；左分队由“萨马兰号”、“都鲁壹号”、“摩底士底号”、“哥伦拜恩号”等组成，由“萨马兰号”船长斯哥德担任指挥，负责攻打西边的大角炮台。

战舰共14艘，载炮446门；武装轮船4艘，每船载炮4门；雇用运输船若干。

陆军参战部队由步兵第37团、皇家步兵第18、第26、第49团各一部，炮兵、工兵各一部，共1461名，组成登陆队，由陆军少校伯拉特指挥，分别绕到沙角、大角二山之后，配合海军同时发动进攻。

清军在虎门设有三道防线，第一道防线是虎门外的沙角、大角两炮台；第二道防线是威远、靖远、镇远、横档、巩固等炮台；第三道防线是大虎山炮台。

琦善来广州前，由于林则徐、关天培用六年时间的精心营造，这三道防线重兵把守，是真正的“铜墙铁壁”。只要提起虎门炮台，英国侵略者便望而生畏，不敢轻易冒犯，就连义律和伯麦也对如何摧毁虎门炮台绞尽了脑汁。

琦善来广州后，他贪生怕死、求荣卖国的本性一步步表现出来，对虎门炮台兵勇实行大量裁减，沙角、大角两炮台兵力最后只剩600余人，许多大炮被拆除。

1月7日上午9时左右，驶往沙角的“加略普号”等三艘舰船从正面猛轰炮台，以吸引清军炮火。

英军“复仇神号”等四艘轮船及一些小船在炮火掩护下，将陆军运抵穿鼻湾、枝捺湾登陆，然后在汉奸的引导下绕到沙角山后，架起竹梯，攀上形势险要的山顶。

上午10时左右，登陆英军占据了第一道横向山脊，炮兵设置了共有三门火炮的野战阵地，向沙角山上清军军营进行猛烈炮击。

登陆部队随即在其野战炮火支援下进攻清军军营。

沙角守军虽以炮火还击，但无法抵御居高临下的英野战炮兵的轰击，只见“营盘被敌飞炮落火，延烧各兵草棚”。

在毫无还手之力的情况下，沙角守军立即使用最后一招——引爆预先埋设的地雷。一阵阵轰响之后，英军未伤毫发，反而发觉清军招数已尽，便迅速占领山顶，安好野战炮，居高临下向沙角炮台发动攻击。

“复仇神号”、“皇后号”运完陆军登陆后，立即驶往预定位置，对沙角山顶清军炮台实施打击。

已攻占山顶的英军登陆部队，乘势攻占沙角山上炮台，并对山谷中的清军营房开炮。

与此同时，“马达加斯加号”、“进取号”轮船在送完登陆部队后，立即开到预定位置，参加“加略普号”等舰对沙角炮台的轰击。

“复仇神号”、“皇后号”在英军占领沙角山上炮台并摧毁山上、山谷营房后，立即移至沙角炮台正面，参加炮击。

在中英两军激战沙角的同时，英军“萨马兰号”等四艘舰艇逼近大角炮台正面，以排炮的方式对炮台进行猛烈轰击，炮墙被打塌多处，山后围墙也被打塌数处。

驻大角炮台守军立即予以还击，终因敌军炮火太猛，清军士兵连遭炮击，无法施行攻击，炮台基本丧失战斗力。

就在这时，英军各舰水兵搭乘小船，在山的两侧登陆，然后从倒塌的炮墙处进入，彻底占领了清军炮台。

大角炮台守军见此纷纷逃往山林之中。

在英军发动对“两角”攻击前，统率“两角”的三江协副，曾在官涌山之战中立下赫赫战功的陈连升，曾派都司赵平赴广州向琦善求援兵。

在赵平到来之前，琦善派自己从山东带来的英国人奴才鲍鹏去向义律“求和”。见赵平这么一说，琦善并不着急，认为丢掉“两角”炮台并不要紧，何况还没有正式打起来，要紧的是继续“求和”。他怕此时派兵会影响“议和”，便拒绝了陈连升的请求。

赵平苦苦哀求了一天，琦善仍然无动于衷，不发一兵。

据史料称，当英军正式炮击“两角”后，陈连升再次派赵平以最快速度赴广州向琦善继续求援。

琦善不仅没有认识到由于他的“撤防”所酿成的严重后果，反而责骂陈连升擅自向英军还击，犯下了不可饶恕的罪行。随后，便把陈连升的使者给轰了出去。

在广州的广东大员们听说虎门已开战，便一齐来求琦善派兵。

琦善说：“你们都没长脑袋？你们好好想一想，陈连升与英国人打了起来，我不发兵，还有个缓冲的余地，我可以对英国说这是部下擅自而为，我并不知道。如果我现在派援兵，英国人就以为我们真的要与他们交战，到时，可就没有回旋的余地了。再说，如果真的交战，我心里一点底儿都没有。”

当他们正在争执时，林则徐赶来了，他对琦善说：“现在仗已打起来了，再坐视不救，炮台难免丢失。你只顾不担‘开战’之责任，倘若沙角、大角炮台失守，虎门不保，英军打进省城，你到时如何上奏，又如何推卸责任？”

面对林则徐的一番话，琦善顿时哑口无言。

怡良也说：“中堂大人，沙角、大角两个炮台是虎门的第一道防线，实在太重要了，千万不能丢啊！”

琦善没有理会林则徐，反而要“送客”。

待林则徐愤愤走后，琦善走到怡良面前小声说：“怡大人，目前广州的兵力只能用于守卫省城，保护督署。若外调分散兵力，英人乘虚而入，到那时你我的身家性命恐怕都保不住了！”

一番话后，怡良终于明白了琦善不派援兵的真正原因。

由于运到前线的一箱箱炮弹和火药里面掺了许多砖石和木炭，火力很差，连连出现哑炮，贻误了一次又一次战机，使“两角”炮台守军受到了重创，伤亡较大。

英军乘虚派出数十只火轮船、舢板，偷偷绕到三江口，放火烧毁了清军水师船，准备与已抢占了山上的英军会合。

到了下午，大角炮台失守，沙角炮台已基本丧失抵抗力。

面对数倍于我的敌人，陈连升面无惧色。他与儿子陈举鹏率领兵弁凭着天险，一次次击退敌人的进攻。

狡猾的义律为迅速拿下沙角炮台，改变战略，派出陆战队，从后山的穿鼻湾绕道偷袭西面防线。

陈连升接到士兵的报告后，立即指挥兵力给予狙击，以木石、土炮、地雷等，将偷袭英军打得落花流水，鬼哭狼嚎。

陈连升发现山上的英军后，立刻指挥守兵用抬枪、弓箭还击。

英军随即从山顶向下逼进，并派出第 37 团的两个连绕过白草山，从东北面包抄沙角炮台，使整个炮台处于英军的前后夹攻之中。

在这危急关头，陈连升临危不惧，并设法召集被冲散的惠州兵。躲在山顶丛林中的英军用排枪向炮台内猛烈扫射，游击张青麟不幸中弹身亡。

沙角炮台处于英军的重重包围之中，情况十分危急。

陈连升感到现有兵力难以抵挡英军，便派儿子陈举鹏突围出去求援兵。陈举鹏“扑通”一声跪在陈连升面前，恳求父亲让他与阵地共存亡。

望着儿子真切的神情，作为父亲，陈连升全身一阵热血涌动。他当即改变主意，命令一名副将替儿子突围出去求援兵。

不一会儿，英军从山上山下各个方向合围过来。

陈连升跃上战马，两眼喷出怒火。

“将士们，为国捐躯的时候到了，我们要狠狠地多杀几个洋鬼子！”陈连升高举佩剑，大声喊道。

“愿与将军同生死，誓与炮台共存亡！”

炮台守军们一起走到陈连升身旁，臂挽臂排成了一道人墙。见英军扑了过来，他们不顾身负重伤，有的用剑刺，有的用刀砍，有的用箭射，杀得英军哭爹喊娘。

面对不怕死的中国军人，英军吓得纷纷后退。

陈连升父子手挽强弓，接连射伤英军二十余人。士兵们也用弓弩对付，一时箭如雨下，射得英军抱头捂脸，四处逃窜。

当守军的箭用完后，英军又反扑过来。

陈连升手持利剑，大吼一声：“洋鬼子，我让你们有来无回！”说完如猛虎下山般向敌群冲去，守军们也跟着一起冲了过去，与英军展开了一场惊心动魄的肉搏战。

战争是人的智慧与武器装备的较量。

当英军来到中国，看到拖着长辫，背着弓箭，乘着木船的中国海军后，不屑一顾。义律就曾说过：“别看中国沿海大炮多，那玩意都是只朝天不低头的铁疙瘩，我们要用最先进的排炮对付天朝大国，他们终会低头的！”

当中国军人一不用枪、二不用炮，和他们厮打在一起的时候，英军傻了——眼睁睁看着大炮洋枪派不上用场。

炮台守军在陈连升指挥下，刀劈剑刺，杀伤英军无数。躲在炮台围墙阴暗角落里的一名英军偷偷用洋枪向陈连升等人射击。顿时，陈连升一阵眩晕，翻身落马，跌倒在地，鲜血染红了战袍。

战马长嘶，佩剑摔落一旁。

当陈连升从昏迷中醒来时，忽然发现一名英军向他扑来，再环顾四周，兵丁们几乎都倒在了血泊之中。

他咬了咬牙，一手撑地，一手取剑，凭着全身最后一股劲，狠狠地向敌人刺去。

陈举鹏眼睁睁看着父亲与敌人拼搏到最后一刻。

当炮台上只剩下陈举鹏一个人还活着时，侵略军逼迫他投降。他宁死不屈，最后跳入海中殉国。

英军占领“两角”炮台后，找到了陈连升父子的遗体。英军用刀砍，并切割成块，其惨状目不忍睹。

参加过这次攻打炮台的英军柏纳德，后来写了一部题为《“复仇神号”航行作战记》（伦敦亨利·科尔伯恩出版公司出版）的书，记叙了这次战斗：

> 碉堡的指挥员陈连升身先士卒阵亡了。据说他的儿子陈举鹏一发现他的父亲阵亡，决心不想再活，既然无法为他父亲报仇，不顾一切劝告，纵身大海，终于被溺死。
>
> 凡亲眼目睹过中国人在每一次交战中所经常表现出来的个人英勇事迹的人，不管这种无畏是出于勇气，还是出于绝望，都不会把中国人当懦夫看待。尽管，他们作为武装团体中的战士，在对付欧洲的纪律训练和现代武器时是怎么样的不胜任。
>
> 在所有那些场面中，最惨不忍睹的是人体受伤后被烧死的惨状……许多尸体不仅被烧焦，而且全部被烧毁。

这是鸦片战争中一对为国家捐躯的父子，也是“两角”战斗中最为悲壮的一幕。正如爱国诗人张维屏在《三将军歌》中所颂：

英夷犯粤寇氛恶，将军奉檄守沙角。
奋前击贼贼稍却，公奋无如兵力弱。
凶徒蜂拥向公扑，短兵相接乱刀落。
乱刀斫公肢体分，公体虽分神则完。
公子救父死阵前，父子两世忠孝全。

一场血战，终因寡不敌众，炮台将士全部为国捐躯。与此同时，英军“复仇神号”、“加略普号”、“拉尼号”、“海阿新号”、“硫磺号”、“司塔林号”以及所属小船进攻停泊在晏臣湾的清军水师船及雇船，一直攻至三门水道口。

清军水师船难以抵御英军火箭弹，加之在宽阔的江面上施放火船无效，最终大败。

据统计，英军共击毁清军战船 11 艘，从船上缴获大小火炮 82 门，其中 8 至 10 门是葡萄牙铜炮。

“两角”之战，清军共战死 277 人；英军伤 38 人，无一人亡。

陈连升父子牺牲后，清廷给予了抚恤：诏嘉陈连升父子忠孝两全，入祀沙角白草山下的昭忠祠，加等以总兵例赐恤；予骑都尉世职，次子展鹏承袭；赐其三子起鹏为举人。

41. 节马不死

陈连升壮烈牺牲后，他的坐骑黄骝骏马俯首尸旁，哀哀长鸣。

英军见它高大雄壮，便把它牵运到香港。

令人费解的是，侵略军喂它，它不吃；走近它，它就扬蹄踢击；用刀砍它，它不屈服。英国侵略者把它放在香港的山中，它就每天面朝虎门沙角方向悲哀地嘶叫。

嘶叫声惊动了香港的老百姓，很多人前来围观。

香港同胞可怜它，就给它喂食物，它很温顺地一口口吃，但必须把饲料捧起来，若放在地上它就不吃，并昂首走开——似乎它也知道香港大地被英国侵略者占领了。

每当香港同胞纷纷前来围观，如果提到这就是陈连升的马，它便泪水涟涟；如说到要把它带回大陆虎门沙角，它便摇头摆尾。

就这样，这匹战马忍受着饥饿和伤痛，以及对主人的思念，渐渐骨瘦如柴，于1842年5月在香港绝食而亡。

当地人民为纪念陈连升和他的“节马”，石刻了《节马图》，并把绘图和诗文编成《节马诗册》。近年，东莞市文化局局长刘炳元先生还出版了《节马与陈连升》一书。

后人为节马和它的主人写下了许多诗文，至今仍被人们传颂。其中有一首这样写道：

有马有马，公忠马忠。公心唯国，马心唯公。

公歼群丑，马助公斗。群丑伤公，马驮公走。
马悲马悲，公死安归。公死安归，马守公尸。
贼牵马怒，贼饲马吐。贼骑马拒，贼弃马舞。
公死马锜，马死马髁。死所死所，一公一马。

另有些诗文写道：

马犹不肯为夷胁，何况斯民沐化深，肯向蠢夷甘服压。
古今大义同日星……是物是人无异情。
人不如马枉偷生，愿告斯世之蚩氓。
看他鼠窜与狐媚，闻马之风能无愧。

这些赞颂“节马”的诗，都把“诗眼”敲在了“民族气节”与“高尚道德”上。

《英夷入粤纪略》中还记载了这么一件事：

“节马”死后次年，投降派代表耆英在虎门宴请一位英国官员，并送给这官员一匹马。骑到中途，该马突然翻滚，将英国官员摔到泥田里，使他满身泥泞，狼狈不堪。

作者议论道：“然则我粤无不义之马。畜类且然，而况我粤士庶乎？”公开对耆英之流媚外妥协、丧失民族气节的丑行作了嘲讽和鞭挞。

在中国大陆、香港、澳门乃至东南亚一些国家，陈连升和节马的故事流传甚广。这从一个侧面反映出人民群众坚持爱国主义，弘扬民族气节，伸张正义，反对妥协投降的精神和情操。

42. 迟到的皇帝宣战书

1841年1月30日，道光皇帝得知沙角、大角炮台失陷后，立刻下诏宣战。道光皇帝派宗室御前大臣奕山为靖逆将军，户部尚书隆文、湖南提督杨芳为参赞大臣，赴广东主持军事工作，并从各省调兵。

“两角”之战的失败，不仅没有使琦善意识到自己防务中的过错，反而进一步加深了对洋枪洋炮的畏惧。他想在妥协“求和”这条路上走到尽头。

当琦善的奴相在英国人面前暴露无余时，英军的气焰日益嚣张，义律的态度也变得蛮横无礼。

面对“求和”不成的局面，琦善不得不选择迎战这条路。他向虎门增派了1200名清军。

在朝廷的安排下，2月22日，湖南、贵州援兵共5800名抵达广州，被琦善派往乌涌炮台和太平墟。同时，琦善还向虎门各炮台增派300门大炮。

琦善一面在做应战准备，一面又到处宣传英军多么多么强大，散布清军大炮再多也不是英军对手等消极言论。

在琦善的影响下，清军军心瓦解，虎门炮台甚至发生了兵丁向关天培讹索银钱之事。

令人不可思议的是，义律得知中国皇帝做出同英国宣战决定的时间，是皇帝下诏书的六天之后。

义律迅速决定先发制人：2月19日，一支由五艘战舰、一艘轮船组成的英军先头部队驶向虎门海面；25日，又有五艘战舰、两艘轮船和一些运输船开到虎门集结。

英军的行动，为大举进攻虎门拉开了序幕。

43. 义律先发制人

侵华英军意识到中国政府对英正式宣战已成事实，与其被动，不如主动。

2 月 20 日，英军总司令伯麦下令："前锋舰队开往虎门，去摧毁中国人在虎门的军事工事。"这支舰队包括"加略普号"、"前锋号"、"鳄鱼号"和汽船"复仇神号"，由"加略普号"船长荷伯特指挥。

2 月 22 日早晨，舰队和运输船陆续向虎门驶去。据说，飘在香港上空的英国国旗也未升起，因为没有人再去管升旗的事。从这一点可以想象，英军是倾其全力了。

英军根据情报，特别是义律根据亲自侦察所掌握的情况，从战术上采取了中间突破的办法。

2 月 23 日，"复仇神号"率舢板数只，在荷伯特指挥下冲进三门口，破除排链，开入流经亚娘鞋山背后的小河，破坏拦河的木桩栅栏和两岸的全部军用物资，其中有 80 门口径不同的大炮。同时，英军将河中一排排木桩捆在"复仇神号"上，开足马力，将它们一根根拔除。

2 月 24 日，英军司令伯麦向关天培发出最后通牒，要求"将横档以上、大虎山以下中流各处炮台，俱行让给本统帅暂为据守"。

关天培一听肺都要气炸了，他骂义律、伯麦是海盗，是无耻之徒，所提要求简直是痴心妄想。此时他才意识到，上横档炮台特别坚固，而下横档却没有设防，这不等于是给敌人设了一个进攻虎门的“桥头堡”吗！作为广东的水师提督，关天培认识到了布防上的疏漏。

2月25日中午，英国炮兵和步兵在下横档岛中部登陆。当地两山对峙，略呈中空形状，可以躲避从亚娘鞋山、上横档和芦湾山三方面来的炮火的攻击。

临时派驻下横档清守军作顽强抵抗，炮弹不断向登陆部队打来，但没有造成英军伤亡。随即，下横档被英军占领。

英军站在下横档岛中部登陆处看上横档岛，可谓一目了然。

登陆之后，英军连夜安置大炮，一直到26日凌晨全部安置完毕。

26日凌晨，下横档岛上的英军以臼炮猛轰上横档炮台，炮台以下的房屋立即着火。慌乱之中，清军全部从营房跑向炮台。

中午11时半，“威里士厘号”、“加略普号”、“摩底士底号”等7艘英军军舰在下横档英军炮火大力支持下，攻打上横档炮台和永安炮台。经过2小时的猛烈炮击，下午1时半，由“复仇神号”和“马达加斯加号”运送英军在上横档岛后方登陆。英军之所以能顺利登陆，就是因为敌人掌握了中国炮台的弱点——炮台后方一般不设防。

虎门海口设防最早的炮台就这样陷落了。

横档炮台失陷后，英军继续进犯。

“伯兰汉号”航行至距威远炮台约540米处下锚，以舷炮猛击威远、靖远两炮台及沙石袋炮台。

“皇后号”和三艘小船一面攻击沙石袋炮台，一面跟进。

由于英舰抛锚位置未超过清军的第一道排链，清军靖远炮台射击侧角过大，只有部分火炮能够发挥作用；镇远炮台基本无法参加射击。因此，守军虽英勇抵抗，多次击中英舰，但始终处于劣势。

英军基本摧毁了威远、靖远、沙袋炮台的作战能力后，300名英军便迅速搭乘小船登岸进攻各炮台。

英军没有料到的是，横档炮台背后面芦湾山脚的永安、巩固两炮台神炮天降似的，给英国侵略者以最猛烈的轰击。

面对这突如其来的炮击，英国军舰一面还击，一面开足马力穿过上横档岛西侧水域，转而攻击该岛设防薄弱的西北面和北面。

“威里士厘号”、“都鲁壹号”在上横档岛西侧水道正中抛锚，以两侧舷炮猛轰永安、巩固两炮台。

横档西侧水道的清军炮台火力远逊于东侧水道。在英军200余门舰炮的轰击下，到下午1时半，永安、巩固两炮台因寡不敌众，200名守军自动放弃抵抗，四处逃散。

早已机动至下横档岛南侧避炮火的“复仇神号”等船，趁机运送陆军在上横档岛西端登陆。

登陆英军在占据浓烟滚滚、尸首遍地的永安炮台后，继续向东发动进攻。

下午2时，横档全岛失陷。

下午4时，“复仇神号”及“威里士厘号”所属的小船，运送“威里士厘号”等舰的水兵在巩固炮台处登陆，然后往后山逼近，驱散了该处守军。

下午5时，战斗以横档一线清军彻底溃败而告终。

横档清军失守，炮台落入英军之手后，英舰又驶向武山方向，意欲一举拿下威远、靖远、镇远三炮台。

44. 视死如归的关天培

英军进攻威远一线炮台，水师提督关天培亲自在威远炮台督战。

由于琦善在广东推行屈辱的“求和”政策，使清军凝聚力骤减。为了稳定军心，关天培一方面以中国军人特有的品格严守“下级服从上级”的训律，与琦善这位顶头上司艰难相处；另一方面，他又把自己的衣物等家什典当，换钱散发给兵丁，想以此打动官兵，与他一道抗击侵略军。

关天培坚定正义者必胜的信念，把自己脱落的牙齿和一些旧衣服装进柳条箱中，派家人送回老家，“以绝生还之望”。

生死关头，人最眷念的是父母，是故乡，是自己的祖国。关天培忘不了生他养他的衣胞之地——江苏淮安府山阳县一个职位低微的行伍家庭。关天培幼小的时候读的是儒书。因家境贫寒，青年时代便投身行伍。23 岁时，考取武秀才，后来担任清政府的漕运总督督标右营把总。1813 年升任扬州营中军守备等职。由于捕“盗”有功，办事干练，又有一身好武艺，很受江苏巡抚陶澍的器重。1817 年被题保，受嘉庆皇帝召见。1820 年调江苏外海水师。

办事认真、细致，工作尽心尽责，是关天培的最大特点。道光初年，大运河漕运不畅，河工费用数以千万计，漕运已成为朝廷重要议事日程。1826 年 3 月 22 日，陶澍委任关天培为督押头，督领粮船 1254 艘，运载漕米万余石，浩浩荡荡出吴淞口，北上天津，一路艰辛。当船队驶入天津时，百万粮食斛斗无缺。

其间有船300余艘因风浪飘至朝鲜，后皆觅道而归，3万名船员无一人受伤。道光皇帝知道以后，连连赞许关天培“人才难得”，随即提升他为江苏太湖营副将。同年11月，道光皇帝再次下旨：“关天培督押运妥迅速，着加恩交部从优议叙。”兵部得旨议复加二级。

此次海运成功，使清王朝从此河、海漕运并行，解决了朝政上一大难题。

第二年，关天培又升任江苏苏松镇总兵。1832年春，关天培调任江南提督。1833年关天培奉旨进京。道光皇帝不忘当年海运之事，接连召见他五次，温语相慰，并交军机处记名。

1834年9月5日，英舰炮击虎门炮台，进抵黄埔。清廷为之震惊。道光皇帝将虎门水师提督李增阶撤职。10月，任关天培为虎门水师提督，并令他“一洗（广东水师）恶习，海疆务其静谧”。

关天培到任后，于1835年1月4日致书两广总督卢坤，提出筹防建议，以虎门为最重要，逐步建起了如前面三道防线：大角、沙角炮台为第一道防线；南山、镇远、横档三炮台为第二道防线；大虎炮台为第三道防线。他指出：虎门是“外洋至省城中路咽喉”，必须重点设防。

关天培率领有关人员亲自在虎门入海口测量海口宽窄、水位深浅，并试了大炮射程，以确定炮位的远近。

据史料记载，虎门的许多炮台都是由关天培亲自设计、亲自督造的。特别是1835年，他经请示道光皇帝同意，在南山炮台前环筑月台，名为“威远”。又将原来镇远、横档、大虎等炮台加强力量，增配了7000至8000斤大炮，并于横档背面山麓及对岸芦湾山脚添建永安、巩固两炮台。

出于对广东海防的战略考虑，关天培在加强虎门各炮台建设的同时，提出横档山前海面较窄，应建造木排铁链。

当时国库空虚，广东财政又十分困难，关天培虽提出了设想，但未能付诸行动。

1835 年，邓廷桢接替卢坤为两广总督，关天培便向邓廷桢汇报了这一设想，立刻得到了邓总督的首肯和支持。

这项宏大军事工程历时三年建成。

《林则徐日记》一书中对此有详细记载：

> （武山、横档）海面自西北量至东南，横宽二百七十余丈不等，所有排链两道，西北皆安根于武山脚下，其东南则第一道，安根于饭箩排之巨石；第二道，安根于横山脚，俱各凿深石槽，以八千斤废炮横安槽底，外加铁箍四道，上扣铁链四条，由四而并为二，由二并为一，中间纽合，两头贯以大铁链八条，用大铁锁接扣两边，以便开合。
>
> 其木排则以大木截齐，各长四丈五尺，合四根为一小排，穿以横木二道。又以四小排联成一大排，量宽一丈六尺余。面底各夹以横木六道，箍用大小铁箍三十口。
>
> 第一道，安大排三十六排，大链三百九十丈；第二道，安大排四十四排，大链三百七十二丈。两道排链，相去约九十丈；共配铁锚、棕缆二百四十副，并设划船四只，水兵一百二十名，管以把总二员。
>
> 无事则中间常开，以通出入；如须防堵，则关闭甚速。

“防御尤贵得人”。关天培积极从渔民、疍户、盐工中大量招募水勇，认真开展训练，协助水师作战。同时他还制定了新的春、秋章程（即春、秋两季的演习方案）。

1836 年 10 月秋操，关天培在新建成的炮台上调集士兵 1600

余名、水师船 10 艘进行合练。据《筹海初集》记载，前来阅操的新任两广总督邓廷桢观后奏称：“声威已足慑服群夷，克称天险。”

1838 年 7 月，英国海军东印度防区司令马他仑少将率舰来华。关天培闻讯后，立即加强虎门防卫力量。

7 月 28 日，虎门炮台开炮拦阻英船“孟买号”，想查询马他仑是否在船上。呆在“孟买号”的马他仑非常恼火，立即调军舰三艘闯进虎门海口，想进行攻击。关天培迅速以书面形式答复炮击“孟买号”事件与他无关。马他仑见中国水师提督在推卸责任，便命令舰队退回。

通过这件事，关天培清醒地认识到虎门防卫力量还不足以抵御英国侵略者“坚船利炮”的进攻。在邓廷桢的大力支持下，关天培主持架设了横档至武山的拦江铁链两道，并添建了一座安炮 60 位的大型炮台，即靖远炮台。在这座炮台上，清军首次安设了新引进的西洋铜炮。

作为水师提督，关天培是非常称职的。他不仅整饬水师，从优秀水兵勇士中挑选炮手和下级军官，并根据各自的特点用其所长，发挥其作用；同时，他还把有关图式、资料等编印成《筹海初集》，发到水师官兵手中，供训练时参考。

由于关天培“殚精竭虑，躬亲督造”，认真而又扎实地抓训练，使整个广东海防面貌一新。

关天培毕竟不是琦善。

义律在一次军事会议上谈到中国军队时，称关天培是一位典型的爱国主义者，一位军事上的杰出人才。他要求来华所有军人切不可小视中国守军，必须对清军的所有战略战术研究透。

林则徐非常欣赏关天培的军事才能，称他任内的虎门是“六载固金汤”。

然而，广东水师腐败已久，作为一名封建王朝的将领，关天培只做了他力所能及的工作。

六年提督，关天培如履薄冰，谨慎从事。当林则徐到广东任钦差大臣后，他又变得大刀阔斧，励精图治。

在虎门水师，兵弁们目睹和感受了关提督为海防建设呕心沥血所做的一切：

——关天培大力协助林则徐查禁鸦片走私。可以说，他是林则徐禁烟运动中最得力、最称职、最优秀的助手。奉林则徐之命，关天培曾率水师在伶仃洋截住鸦片趸船二十二艘，查缴鸦片两万余箱。林则徐在虎门销烟，其具体的组织工作和现场保护都由关天培担任。同时，他还多次与林则徐共商虎门防卫要策，深得林则徐的信任。

虎门销烟结束后，中英关系迅速紧张。关天培离开提督署，把指挥所搬到了炮台，率领水师船出洋查搜走私鸦片船。

——为了惩办汉奸，断绝敌舰的给养来源，关天培趁夜色将火船开赴沿海岛屿潜伏，发现敌船，突然发起火攻。1840 年 2 月 29 日，关天培在长沙湾用火攻，“烧毁运烟济夷船共 23 只，岸上蓬寮 6 座，生擒奸民 10 余名，其焚溺者无数”。6 月 8 日，关天培又率兵勇袭击停泊在磨刀外洋的夷船，烧毁大小船只各 1 艘、蓬寮 9 座，生擒汉奸 13 名，使英国侵略者不敢轻举妄动，整日东漂西泊，十分狼狈。

——1840 年 6 月，英军侵华总司令懿律率领 48 艘舰船，装备 540 门大炮和 4000 名士兵，陆续到达广东海面，企图从虎门进犯广州。林则徐、关天培在广东沿海戒备森严，英军无隙可乘，便转攻厦门。

——琦善来到广东后，一意求和，下令撤除海防，裁减兵船，遣散水勇。关天培曾多次向琦善请求重建海防，自己昼夜坚守虎门，决心以身报国。

——1841年1月7日，英军调集11艘军舰，派出登陆部队1491人，向虎门发动了猖狂的进攻。由于海防设施被废弛，加上琦善又拒发救兵，虎门外的大角和沙角两炮台很快被英军占领。大角、沙角炮台失陷后，琦善归罪于关天培，奏章上报后，昏庸的皇帝以“平时督率无方，临时又仓皇失措”的莫须有罪名，革去了关天培的顶戴，令他“带罪立功”。虎门许多兵弁对这位忠臣战将的遭遇抱不平。有的甚至提出“都不干了，看他琦善一人能不能抵挡住侵略者”。关天培劝大家：“大敌当前，我们不能考虑个人恩怨、得失，应把全部精力和时间用来做好迎战准备。”戴着没有“顶戴”的官帽，关天培不是上炮台，就是登山顶，下水师船，部署作战方案，检查计划落实情况。

据说，早在开战之前，侵华英军司令伯麦已经完全掌握了虎门方面的情报，在虎门安排的内线都已经接上头，他确信不需要很大的劲就可以把虎门攻破，便派旗舰舰长梅特兰海军少校于2月24日前往虎门传达义律的通牒书。

梅特兰曾经见过关天培，向提督宣读由马礼逊翻译的限三天献出虎门要塞的最后通牒后，客气地举手向这位军阶比他高的老提督敬礼。

关提督的回答非常坚决：“我们希望议和解决争端，但也不怕打仗。如果你们有力量，可以来占领，但我们不会自行放弃炮台。”

听完提督大人的话，梅特兰便改变口气，说是临来时义律托他捎口信给关天培，向提督作私人忠告：贵军抵抗是毫无用处的。除了体面地投降，别无其他出路。如果投降，提督和全军将士的生命财产可以得到充分保护，绝不会受到伤害。

关天培与义律打过多次交道，深知义律的狡诈和凶狠。但作为虎门水师最高指挥官，他坚决地说："中国自古以来就忠奸不两立。我关天培宁愿为国尽忠而死，绝不会变节偷生。只要英军退走，两国正常通商，我们还是可以见面做朋友的。"说完，关天培便很礼貌地送走了英军使者。

然后，他派人立即把通牒送往广州，一是向总督琦善报告情况，二是向这位钦差大臣紧急求援，结果石沉大海，杳无音信。26 日，英军在攻克横档一线炮台后，集中兵力攻打威远诸炮台。要知道，当时虎门炮台就剩下威远还牢牢控制在关提督的手里。遗憾的是，许多清兵见战败已成定局，不顾关天培的苦苦哀求，纷纷找借口逃跑。

关提督眼看外寇进逼，内援不济，便对几个亲信属官黄琮、麦廷章等说道："逆夷明日进攻，我军断难支持。我受国家厚恩，唯有一死以报国家。你们要走，就走吧！"

出海作战屡挫敌锋的黄琮、麦廷章、马辰等战将，向老提督说道："末将等既受国恩，又受军门的眷顾，更应以死保土，为国尽忠，为军门尽节！"

接着，关天培又将脱落的八枚旧齿和钦赐的朝服二袭收入木匣，对随侍身边的幼子关从龙说："这八颗落牙是你祖母生给我的，你代我送还给你祖母，见齿如见人。这两袭朝服是皇上恩赐的，你拿回去代我收藏好。如有不测，每逢万寿节时，你请朝服代我叩谢皇恩。"

从龙不肯离父自走，硬要留下来："儿要留下来为你尽孝、为国尽忠！"

关天培说："你没有官职，无守土之责，你回去为我侍奉祖母乃大孝，代我朝拜君父是大忠。你在这里没有职守，不必留下尽小孝。"

关天培又把关防妥善包好，交给家丁孙长庆随身携带好，说：“我在印在；我不在时，你将印带呈给怡良抚台！”

一切准备就绪。

关天培带着孙长庆摸黑登上靖远炮台，黄琮、马辰、麦廷章等，也都跟来护卫提督。

当时的场面十分悲壮，大有“国破我将亡而必抗争到底”的气氛。

因为风平和退潮，英国舰队迟至午时才开始移动。

左翼分队为辅攻，由“加略普号”先导，依次为三只大型炮舰，后面跟着旗舰“威里士厘号”，鱼贯上溯西边的水道，驶至北横档西端，由东南到东北围成半圆形，发射着威力很大的排炮。

虽然受到中国炮台的反击，“加略普号”的船体再次受到重创，总司令伯麦也被一块弹皮划伤，但数量和火力都占优势的排炮，很快就压住了中国守军的炮火，有力地掩护右翼的主攻分队。

英军的右翼分队，主力战舰“伯兰汉号”上的波斯海军少校，指挥三只大型炮舰和三只火箭轻舟，由“皇后”号轮船为前导，进入东水道，攻打镇远炮台，与关天培指挥的炮兵展开激战。

靖远炮台坐东北向西南，与下横档炮台相隔1200余米，对峙成犄角，中泓涨潮时水深40余米，为夷船进广州必由之路。炮台内安装从4000至8000斤的大炮68门，是林则徐和关天培去年刚建起来的。关天培昨夜亲临炮台督战，坚守这虎门咽喉之地。

关天培颇知炮性，发炮连连击中，其中一炮击断敌指挥舰“伯兰汉号”的主桅和前帆桁，还有一炮击毁敌另一主力舰“麦尔威厘号”的主桅和索具。

关天培在前面鏖战方殷，忽听后面传来“鬼子来了”的惊呼声，守台士卒一哄而散。关天培转身大喝：“不许跑！”由于士卒们的军心早已涣散，哪里能叫得住?！他拔刀追斩了三个逃兵，也未能止住如山倒的溃败之势，身边只剩下十二个亲信将弁和家人。

关天培眼看后路被抄，炮台难守，想到关防大印不能落入敌人手中，对老仆孙长庆说：“你赶快突围出去！”

孙长庆抓住关天培衣褂哭道：“我随您数十年，今日你遇到危难，我怎能看着主死而我生？与您共生死，义所不容！”

关天培顿足怒吼，并拔刀道：“我叫你去送大印，你若不去我先斩了你！”继而，他又说道，“我上不能报天恩，下不能养老母，死有余恨。你回去与妻子团圆，而且又能帮我尽尽孝心，只有这样，我死也瞑目！”说完，他用力把孙长庆推开。

孙长庆号啕大哭而走。

送走了关防大印，关天培似乎了却了一件心事，返身再战。

关天培望见受伤的敌船中有一艘是旗舰，便跃上炮台，倚着垛墙，拍掌大呼道：“擒贼先擒王，老子打中了一只大旗舰！看老子再给你补一炮，叫你去见海龙王！”可是，还没有等他跑到3号大炮前，突然一颗飞弹凌空而下，落在他身旁爆炸，弹片洞穿胸膈，关天培只觉得天旋地转，两眼发黑。

眼见关天培受了伤，黄琮惊呼：“大人，你受伤了！快，我背你走！”关天培摇头，挣扎着爬起来，一手扶垛墙，一手拄腰刀，硬摸到3号炮前，很费力地说：“黄琮，拿火捻来！”

“老子给你再吃一颗大西瓜！”把炮的引线点燃，关天培拼着最后的气力，叫一声。但他不知道水师粮台所收火药中掺有沙土、水分，有的不燃，有的爆炸，这3号炮的8000斤大炮，火药也不纯，炮弹尚未出膛即自行炸裂，弹片又给老提督致命的一击……

仅一天工夫，号称“金锁铜关”的虎门天险，就停止抵抗，陷入敌手。

帅台陷落，英人榴弹交飞，威远山头一片火海、焦土，中国官兵200余人当场阵亡，各炮台300多门炮皆入敌手。

孙长庆送完大印冒险赶回，从尸体堆中辨认出关天培的遗骸，“历举他尸数十，乃得之，半体焦焉！”只见关大人“发辫已割，左腕刀伤，身受炮火，已焦无完肤”。

义律赶到靖远炮台，寻找关提督。这位侵略者头目看见体无完肤、伤痕累累的老提督仍然依靠在垛墙上拄刀站立，不由地脱帽向关尸致敬，并下令用红毯二张包尸掩盖起来，通知中方派人来收尸。

当关提督的家人来收敛尸体的时候，义律又下令英国炮舰下半旗鸣放礼炮，表示对老将军忠勇报国的敬意。

战斗结束后，大部分官兵的尸体被炮火烧焦，被英军焚毁（部分认领），其中75具尸首不全的遗体被当地居民偷出掩埋，初为无碑坟。

1842年7月，当地群众对保家卫国的爱国壮士深念不忘，按照南方的传统习俗，把75具无名尸骸分别挖出合葬于白草山，并立花岗石碑一尊，竖书阴刻“节兵义坟”四字，上款是“道光二十二年六月吉日”；下款是“节兵七十五位合葬”。

由于年久，“义坟”逐渐湮没。

1958年，海军部队修建码头开山挖土时，发现了墓碑和装有骸骨、匕首的魂坛，随即报告了文化主管部门。经考查证实后，于1964年在原位进行了重修。在1971年维修时并立了重修碑记。

重修后的“义坟”全长18米，宽17.3米，高8.65米。墓分两级：第一级嵌有重修碑1尊；第二级嵌有原碑1尊。

虎门海战，山河同壮，云水共悲。

关天培英勇抗战、壮烈牺牲的消息传开后，激起了人们的无限悲痛。

林则徐在广州得知关天培等殉国的噩耗后，挥泪写下一副挽联："六载固金汤，问何人忽坏长城，派注空教躬尽瘁。双忠同坎壈，闻异类亦钦伟节，归魂相送面如生。"

人们在关天培牺牲的地方修建了祠堂，以告慰忠魂，弘彰节义，表达对这位爱国将领的深切缅怀。

清政府给予优恤，谥号"忠节"，入祀昭忠祠。他生前辑有《筹海初集》四卷。

据《"复仇神号"航行作战记》的记载，在这次战斗中，估计清军有500人伤亡，1300人被俘。而伯麦则宣布，这次战斗，英军只有5人受轻伤，无一人死亡。这显然是夸大英军战果，欺骗英国女王。

英雄虽已故去100多年，而虎门诸炮台历经沧桑仍傲立南粤。

45. 莫须有的《穿鼻条约》

英军占领沙角、大角后，义律的态度更加强硬，再次向琦善列出五项条件，其中有以香港为英军寄居之所，逼迫琦善答应。

琦善怕英军再犯虎门继而进军广州，迫不得已口头答应了义律的条件。

1月21日，义律宣布《穿鼻草约》订立，并于当月25日命"硫璜"号船长拜尔率队开到香港。

第二天，侵华英军司令伯麦宣布香港为自由港。规定：凡在港英人及外人均受英国法律保护，在港华人即作为英国国民，所有税饷、船钞、挂号等规费均交英方。

事实上，在1月27日，琦善与义律在狮子洋莲花山的谈判属第三阶段谈判。琦善虽早已屈服英军，但他在没有得到道光皇帝谕旨之前，仍不敢与义律签订任何协议或条约。

当天的会谈是秘密进行的。义律出示了英方拟定的条款，其中第一条便是“香港之岛及港口让与英国”。对此，琦善没有答应。

英方的记载也非常明确：27日，义律和琦善在莲花山塔下会见……但是“他们未达成具体协议”。

琦善在事后的奏折中也说：“义律呈出章程草底，奴才当加指驳，该夷即求为酌改，兹已另行更定，容俟拟就，录呈御览。”

到了2月10日，琦善与义律又在穿鼻洋蛇头湾继续进行谈判。这次，义律又提出要将香港全岛归英国管辖。

会谈同样没有任何进展。

到了2月13日，义律照会琦善，拿出了他拟定的“条约草案”让琦善加盖关防大印。草案共七条，其中一条是：“天朝大皇帝准将治属之广东新安县附近海滨香港一岛，给予大英国王。”

这个所谓的“条约”到底签了没有呢？回答是否定的。

据宾汉《英军在华作战记》一书记载：“十五日琦善明确告诉义律不能签字，请再给予十天考虑。”

要知道，宾汉当时是义律的副手，他的记载是比较准确的。

义律见琦善不肯签字，且清军又在积极备战，决定再次以武力相威胁。

2月26日，义律给琦善的照会说：“本月之内，倘终未能以善定事宜条款，盖印了结，诸事全妥，必使再开衅端，不免仍复相战。”

而此时的琦善，因奏请香港给英人居住而被道光皇帝革职。

2月29日，英军准备进攻虎门。

还不知道自己已被革职的琦善闻讯，立即派鲍鹏带书信两封，面见义律。一封是重申以前意见，一封是答应给予香港全岛。

为什么要带两封信？狡猾的琦善告诉鲍鹏，若义律态度蛮横，战事不可避免，后一封信就不交，将它带回来。

而在2月28日，道光皇帝得到广东巡抚怡良奏报英军已占据香港，便决定将琦善锁拿解京。

从这一点我们不难看出，历史上就没有《穿鼻条约》，就连《穿鼻草约》也是英国人一厢情愿的事，中国官员谁也没有参加讨论过，更没有哪一位在上面签过字。

还是在28日，英军头目伯麦照会广东大鹏协副将赖恩爵，谎称义律和琦善已商定将香港等处全岛地方让给英国，敦促清军官兵急速离开香港等地。

同日，琦善向道光皇帝报告，英国同意缴还沙角、大角和定海，并恳请皇上准予英商继续来广州经商贸易，并准许其寄居香港。

在奏折中，琦善为掩饰自己在与英国人打交道中的失职行为，一再谎称广东“民情不坚”、“兵力不足”、“地势无险可托”，若开战必不能取胜，提出不如暂示“羁縻”，日后再进行剿捕。

道光皇帝接到琦善奏折后，十分恼怒。道光皇帝在给琦善的谕旨中指出：阅了你的奏折，没想到你是如此无能！英国人两次在浙江、广东侵犯我领土，攻打我清军炮台，打死我重要大员，屠杀我生灵，造成国家有海无防，人民无家可归，若不痛打英国侵略者，又如何面对受苦受难的国人。我屡次谕旨你不要收受洋人的文书，更不要去谈什么割地寄居，而你却瞒着朝廷干了许多蠢事。你对我皇上是何等的用意？你还有没有一点诚心？这次先革去你大学士，拔去花翎。

而后，道光皇帝又谕道：我已感觉到你受到了英国人的欺侮和戏弄，但你知错不改，背着朝廷妄接英国人的逆书，还向朝廷提出让英人暂住香港，虽然你是受了英国人的恐吓，才干出了这件遗臭万年之事。你现在又拿英军“坚船利炮”来恐吓我，这是何等用心？我绝不会怕！

过了数日，道光皇帝接到了琦善奏折，得知沙角、大角失陷，英军占领香港，他非常气愤，一面撤去琦善职务将其革职查办，一面又提出不要屈服夷人，并对其宣战。

尽管《美国大百科全书》中称“1841 年 1 月 20 日，中国战败之后，被迫签订了《穿鼻条约》”，而历史事实是，从琦善抵达广州直到义律于 1841 年 1 月 18 日擅自发布所谓的“把香港割让给英国”等四条《通知》，双方一直以照会方式交换意见，两人不曾谋面，琦善也未托人代为签字。

可以说，根本没有所谓的《穿鼻条约》。

与此同时，义律加紧为再次进攻虎门做准备。仅 2 月份，就发生了三起英军侦察虎门要塞事件：

一是几名英国军官潜入虎门一带侦察；

二是英军“复仇神号”以递送照会为名，连续几次侦察了横档、虎门、三门口以下一带海湾；

三是义律本人偷偷摸上横档岛，窥探清军情况。

义律并不准备马上再次侵犯虎门，原因是兵力不够。

当时，驻舟山的英军尚未启航南下，加上最近的交战和中国老百姓偷袭的减员，英军在广东实际兵力只有 16 艘作战舰船、2000 名陆战队员。

不屈的三元里

“两角”炮台失陷后，义律、伯麦将大军撤到虎门外海，作为谈判的条件；同时又不断派遣小分队登岸骚扰，四处烧杀抢掠，无恶不作。

“两角”失守，眼看外国侵略者一步一步逼近，虎门人民自发组织起来，利用各种方式同英国侵略者展开殊死的搏斗。

46. 智斗洋鬼子

至今，在虎门民间仍然流传着由虎门人谭满矶、卢锡铭等人搜集整理的许多智斗洋鬼子的故事。

一天中午，一艘英国军舰突然闯进虎门镇口村前的海面，疯狂地炮轰一阵后，一百多名英国鬼子嚎叫着登岸向镇口村扑来。

来不及逃难的村民惨死在英军的枪口和刺刀下，血流成河，一条织布街被烧成一片废墟。

折腾到天黑，鬼子们才龟缩回舰上，开到镇口村对面阿娘鞋岛的蛇头湾停泊。

夜幕下，逃出去的乡民陆续回来了。看到村里到处是惨不忍睹的景象，大家心中燃烧起复仇的烈焰，恨不得将洋鬼子们斩尽杀绝。

一个名叫万洪义的武术教师挺身而出，召集了全村的人开会。他义愤填膺地说："乡亲们，为了替死难的亲人报仇，我想在今晚组织一个敢死队，去火烧洋鬼子的兵船，你们谁敢去?"

话音刚落，就有三百多人争着报名。

人去多了，偷袭就不会那么方便。

万洪义见大家热情很高，就决定挑选一部分青壮年参加。可是，人人都想报仇雪恨，谁也不同意被落下。

怎么办?

万洪义只好请村中的私塾先生写了"生签"和"死签"各100支，商定抽中"死签"者才能参加敢死队。

开签后，乡亲们抽中死签的竟有一百三十多人。

"明明写了一百个'死签'，怎么会冒出一百三十多个，难道'签'也被侵略者激怒了?!"万洪义望着大家，百思不得其解。

原来，有三十多人乘私塾先生写字的空档儿，暗中把生签改成了死签。

万洪义被乡亲们的爱国热忱所感动，决定让一百三十多人全部去。

不一会儿，乡亲们便献出了一百多个埕子，又从村后山的清军火药库里寻来了几百斤炸药，制成了"火药埕"和"喷火筒"等武器。

半夜，敢死队汇集在龙母庙。万洪义举起一束点燃的引火玉香，斩钉截铁地带头宣誓："宁可战死，绝不贪生!"

队员们大声重复着这八个字，并发誓：“不沉鬼船，不见父老！”

只见敢死队员手捧乡亲们献上的烈酒，滴上自己的鲜血，一饮而尽。

私塾先生为激励出征勇士，即席吟道：“鬼子逞凶狂，朝廷撤兵防。人民不畏死，血战复乡邦。”

月暗星稀，一队小船披着潇潇霜雨，悄悄向鬼子军舰划去。

透过沉沉夜幕，敌舰像一只躺在海面上的庞然怪物。敢死队员屏住气，慢慢向敌舰靠近。500 米，400 米，300 米……距离敌人军舰仅有 100 米远了，敢死队员便顺着船舷潜入海中，将装满火药埕的小艇推泊在敌舰的后舷，把引爆的玉香往火药埕上一点，然后迅速离开。只听见“轰隆”一声巨响，敌舰燃起熊熊烈火。

趁着冲天的火光，万洪义一马当先跃上敌舰，敢死队员紧紧跟上，刺倒哨兵，挥刀砍掉舰旗杆上的升降绳，只听得“呼啦”一声，“米”字旗摔进了大海。

从睡梦中惊醒的洋鬼子如老鼠逃遁般爬出舱外，还没等往海里跳，就被敢死队员们用鱼叉戳得“哇哇”大叫。敌舰甲板上到处都是侵略军的污血。

空荡荡的军舰在燃烧，大火把虎门镇口村海面以及岸边那座龙王庙照得如白昼一般。等到天放亮的时候，敌舰已化为灰烬。

敢死队打了胜仗，使得老渔民王和坐不住了，他也学着万洪义的样子，在村里联络十来个青壮年，在北帝庙竖起七星旗，成立了抗英决死队。

当时的王和已年过半百，身材魁梧，古铜色的脸上留着短须，双目炯炯有神。他自幼父母双亡，家境贫穷，从 13 岁开始就跟叔父闯江湖，靠卖艺为生，练得一手好拳脚，特别是长于使用大刀。传说王和舞起刀来，银光闪闪，风声嗖嗖，刀锋过处，碗口粗的树木也要分成两截。大家送给他一个绰号，叫做“大刀和”。

还是在大刀和20岁那年，因叔父病死，他不愿过漂泊无依的浪人生活，便回到家乡虎门，向乡亲租了一条小船，以打鱼为生。

有一次，大刀和到太平墟去卖鱼，路上遇到了一群英军，眼睁睁地看着几个人面兽心的洋鬼子将几个反抗的硬汉子活活地枪杀了。

大刀和看在眼里记在心头。他发誓要亲手杀他几个洋鬼子。

回家后，他串联乡中的青壮渔民和农民，教他们学习武艺，寻机痛杀英国侵略者。

时间过得很快，大刀和看大家的武艺学得差不多了，便召集父老乡亲在北帝庙商议抗英计策。他对大家说：“洋鬼子杀我们的人，作恶多端，天怒人怨，看来非惩罚他们不可。我今天请大家来，主要是听听你们的意见，有什么好办法请马上说出来。”

话音刚落，大家摩拳擦掌，群情激愤，议论纷纷。

“我有个办法，不知道大家同意不同意。”留着白胡子的三叔公慢慢地站起来说。

在太平墟人眼里，三叔公不仅是长辈，而且也是智勇双全的好汉，只要是他想出的办法，那一定是个好办法。于是，大家便静下来靠近三叔公。三叔公说：“英国鬼子的兵船经常停泊在穿鼻洋舢板洲附近，我们何不晚上用火攻它？”

“妙，妙，妙！”三叔公刚刚讲完，坐在他对面的决死队员陈福，起身大声说道：“我们找十几条小船，装满浸过桐油的干柴和草，找一个顺风的晚上，把小船划近敌人的兵舰，用大钉子把它死死钉在敌人的兵舰上，然后一点火，这不就成了火烧连环船吗?!”

大刀和听完这么一番话，心想：“这不正合我意吗。”于是，他对打击敌人更加充满了信心。

“大家分头行动，做好充分准备，并且要注意保密！只要时机一到，就立即出海，为死难将士报仇雪恨！”

一天下午，一位装扮成出海打鱼的探哨飞船回来报告：“现在正有十几艘英国军舰朝穿鼻洋开来。”

大刀和一想，今天正是月黑、风高、潮顺的好时机，便决定当晚动手，烧它个痛快。

天色刚刚黄昏，接到命令的决死队员们全部将小船划到海边，个个整装待发。

七星旗在寒风中猎猎作响，大刀、架耙闪着寒光，十几只火艇排成一字，勇士们个个龙精虎猛。

三叔公斟了一碗热酒，走到大刀和面前，说：“阿和，自古有‘虎视南天’的说法，我们虎门人不是好欺侮的，大家喝几口酒，一来可以暖暖身，二来也好壮壮胆。我们要拿出猛虎下山的气概，让敌人葬身鱼腹！”

大刀和用手抹了一下嘴唇，激动地说：“临行饮碗壮志酒，热血如潮涌心头。猛虎下山擒敌舰，誓为乡亲报血仇！”说罢，飞身跳下船，一挥手，十几只火船如离弦的飞箭，直插敌舰。

决死队员们全神贯注地拼命划着火船，大刀和站在旗船船头，高大而又威武。当火船快要靠近敌人军舰时，大刀和说：“前面亮灯的舷舱就是鬼子的住舱，火药煲不能弄湿，要拼命砸进去，炸他个血肉横飞。”

火船靠近敌舰后，大刀和第一个纵身跃上敌舰。决死队员们勇敢机智地把火船钉在敌舰上。

“点火！”大刀和大声命令。

“轰——”火船几乎在同时点燃了，把半个海面照得通红，十几艘英舰暴露无余。火团借风顺着风帆和绳索，迅速烧着了敌舰。

正在做着发财梦的英军被这突如其来的大火吓蒙了，一个个来不及穿衣服，正欲往舱外爬，一个火药煲扔进来了，不一会儿便“轰”的一声，把鬼子留在舱里的半截身炸得粉碎。

一看敌人乱了阵脚，大刀和又大声喊道：“杀洋鬼子，为死去的同胞报仇啊！”

随即，大家纷纷跃上敌舰，有的用拳击碎舷窗玻璃；有的钻进后舱，用禾草塞住敌舰主机舱里的发动机；有的跑上指挥台，往里面掷引火药。顿时，决死队员们的吼杀声，英国鬼子们的嚎哭声响成一片，震荡着穿鼻洋上空。

在敌指挥舰上，大刀和挥舞着大刀冲上烈焰腾腾、浓烟滚滚的甲板，不停地挥舞大刀，杀向敌群。当大刀和发现有一个指挥官模样的人，拔出指挥刀向自己扑来时，他一个箭步，先是一脚将鬼子手中的刀踢进大海，接着，又以迅雷不及掩耳之势飞出另一脚，将鬼子官重重摔在甲板上，继而转身往前一跃，举起大刀，猛力往敌人身上砍去。

战斗进入了最关键阶段。

“不能让一个鬼子逃掉！”大刀和高声喊道。

在另一艘军舰上，陈福带领决死队员正和鬼子进行肉搏战。躲在桅杆旁的鬼子见这位中国决死队员勇猛无比，便端起枪朝他扣动了扳机。

陈福顿感左臂一阵麻痛，低头一看，才知道被敌人射中了。他忍着剧痛，猛地扑过去飞出一耙，正好插进敌人的胸部，然后用力一挑，“扑通”一声把鬼子扔进了大海。

躲在其他角落的鬼子一看这般场面，个个战战兢兢，谁也不敢出来，有的被活活烧死。

就这样，火乘风势，风助火威，越烧越旺，把偌大穿鼻洋烧得如白昼一般。

有几艘敌舰企图逃跑，刚启动螺旋桨就被禾草缠住，急得鬼子们乱折腾。无奈，他们纷纷跳海逃去。

几艘停泊在远处的军舰见势不妙，调头向伶仃洋逃去。

敢死队员和决死队员们智杀英国侵略军的故事迅速传遍广东沿海。不管是白天还是晚上，英军只要一听到“敢死队”或“决死队”几个字便闻风丧胆。同时，敢死队员和决死队员们的不怕死精神也极大地鼓舞了广大军民抗敌保家卫国的信心，虎门人民至今仍在传颂着“水桓浸英兵”的故事。

以下是王励吾先生负责搜集、整理的一段民间传说。

虎门失陷后，英国侵略军司令伯麦决定依靠他的“坚船利炮”和洋枪洋弹，打击诸如敢死队、决死队这样的中国民间武装，继续破坏虎门守军防御体系，摧毁沿海居民住房。

面对侵略者的兽行，虎门人民个个义愤填膺，磨刀擦剑。

一天傍晚，夕阳西下，晚霞如血。

在距虎门沙角炮台约十来里路的一个荔枝园里，聚集着几百个手持竹杠锄头、长矛大刀、钩镰禾枪的青壮年汉子，一个个神情肃然。

树墩上，站着一个身材颀长的年轻人。他叫阿强，武举出身，曾在清朝的军队中任过千总。因见朝廷腐败，奸臣得势，忠良受害，一怒之下辞官回乡。此时，他手按剑柄，望着面前这一张张愤怒的面孔，心情久久不能平静：“洋鬼子不仅伤害了我们的国体，掠夺了我们的财富，而且还杀害了我们成千上万的同胞，使我们家破人亡。此时不报仇雪恨，又待到何时！”

“阿强，你当过千总，知道该怎么收拾这帮外国佬。”有人说。

“阿强，大家都到齐了，你快下命令吧，否则会错过机会的。”人丛中，个子又高又瘦，平日挑着白粥穿街过巷叫卖的“糕仔华”，也把手中那根油光闪亮的大竹杠用力往地上一戳，心急火燎地说。

迎着扑面而来的寒风，阿强那发热的头脑逐渐变得冷静了。

“乡亲们！英国鬼子有洋枪洋炮，我们若是和他们硬拼，肯定要吃亏的，因此，只可智取，不可蛮干。”阿强边说边用手向远方一指，“村外的咸田上不是有很多竹仔桓吗？我们就用它来惩治洋鬼子，出出心中这口恶气。”

众人一听，齐声叫好，随即便分头行动。

就在这当儿，十几个英国兵烧杀抢掠而来。他们虽然凶残成性，骄横万状，但走到两边长满咸草的地方时，生怕碰上敢死队那样的中国人，变得小心翼翼。

领头的鬼子狐疑地望着前面的草丛，两只绿眼珠骨碌一转，挥手作了一个开枪的手势。“砰！砰砰……”鬼子兵们端起枪，漫无目标地对着草丛射击。

过了半晌，见草丛里一点动静也没有，鬼子们才又继续前进。

站在远处山岗上观察情况的阿强，看到英国鬼子走出草丛往山下走去，立即拿起螺号往嘴唇上一贴，“呜—呜—”地用力吹起来，响声在暮色苍茫的旷野上回荡。

听到螺号声，人们迅速将田野两边堤坝上的竹仔桓同时放水入田。

原来，这些竹仔桓是珠江附近沙田上的人用来排灌的小水闸，因为桓口的架子是用竹仔搭的，当地人就习惯地称做“竹仔桓”。

不一会儿，各处桠口水流湍急，如大江决堤般向英国鬼子所走的地方冲去。

面对从天而降的大水，鬼子们一时惊慌失措，没了主意。等他们反应过来时，大水已漫到齐腰深，并以很快的速度继续往上涨。

鬼子兵们有的想逃出去，但看大水遍地就是找不着北；有的不懂水性的，索性用一只手将枪举过头顶，两眼紧闭，另一只手不停地在比画什么，等待着上帝的保佑；还有的拼命往高处走，可原本很神气的大头皮鞋现在却成了死神之手，深陷在淤泥中难以自拔，要去解开鞋带又没法子，也只能是做最后的挣扎。

这时，阿强又拼命吹起螺号来，那“呜—呜—”声和“杀鬼子佬啊”的喊声，以及英国鬼子的“嗷嗷”声，交织成了一片战场上特殊的交响曲。

水中，阿强指挥大家用铁锤砸鬼子，用鱼叉戳鬼子，用竹杠揍鬼子……

英军们顿时脑浆迸溅，污血直流，不是一命归天，就是奄奄一息。

这当中，就数阿强最勇敢，他用利剑一连砍死好几个鬼子。

正当他用目光搜寻四周的每一个可疑之处时，突然发现不远处一丛草轻轻抖动了一下，他估计有鬼子藏在其中，便立刻游过去，一看，还真是一个鬼子大口喘着气，已无力反抗。

阿强圆睁大眼怒吼道：“你们开枪呀！你们开炮呀！你们杀人呀！这就叫恶有恶报！”说着，便用力一脚将鬼子踩到了水底，一阵冒泡之后，鬼子终于毙命。

47. 与“三星旗”共存亡

广州人民规模最大的反英斗争发生在三元里。

在北京天安门广场旁的中国历史博物馆里，至今仍收藏着一面三角形的黑底、白三连星、白牙边的旗帜，这就是当年三元里人民抗英斗争的指挥旗。

三元里是广州城北面的一个村庄，距城五里。村庄的西南，有一座庙宇，村民叫它“三元古庙”，专门供奉道教的北帝。每年正月十二日至十六日，附近一带的人家都要抬着北帝神像，游历田野村镇，每条街巷燃烧禾秆堆迎神，以祈祷新岁的丰收。

1841 年 5 月 29 日，盘踞于耆定、四方炮台的英军官兵同往常一样，清晨出动，分成数股，窜向各处。他们到泥城、西村、萧岗诸村，胡作非为。一股十余人的英军来到三元里。当时菜农韦绍光的妻子正在村东华里口大榕树下的社坛拜神，英兵上前拦截调戏。愤怒的乡民闻讯，手执锄头木棍，团团把他们围住，当场打死七八名，剩下的拼命逃跑。

事件发生后，三元里人民估计英人绝不会就此罢休，于是及早准备，迎击再犯之敌。经过商议，决定首先进行疏散，将全村老弱妇孺一律迁往附近的搓头、谭村等处躲避，16 岁至 60 岁的男子全部留下迎战。随后又派人到邻近乡村联络，请求援助。韦绍光到唐夏村、萧岗等地告急。唐夏村农民颜浩长、萧岗举人何玉成等积极响应，广邀众人。

早在前几天，广州当地人民与南海、番禺两县 103 乡士绅已经集众筹商，拟联合各乡百姓，共同保守家园。至此，这些地方全都沸腾起来，每乡设有大旗一面、大锣数面，遇有紧急情况，一乡鸣锣，众乡皆出，协力抗击。

人们还将三元古庙内、北帝神座前的三星旗取来做令旗。

三星旗，就是一面三角形的旗子，黑底，周围镶着锯齿形的白边，旗中间有三颗用白条纺连结的圆形白星。这面三星旗是村民们每年元宵迎神“跳火堆”时使用的。全村约定，以北帝三星旗为号，旗进人进，旗退人退，吹螺壳打鼓进兵，敲锣则收兵。

三元里人民之所以选用北帝三星旗，还有另一层用意，就是借助神灵的威力，激发每个人的战斗激情和力量。大家纷纷在三星旗下宣誓：打死无怨，与旗共存亡。

预料中的事情发生了。5 月 30 日，英军少将郭富从司令部所在地四方炮台，向散驻在广州城近郊的部队发出通知，要求准备战斗。郭富命令布尔利上校留守四方炮台，他本人带领第 26 团、第 37 团、第 49 团和孟加拉志愿军的几个连，共一千余人，杀气腾腾地直扑三元里。

得到消息的三元里人民立即拿起自制的土枪、大刀、长矛出村严阵以待。

当英军赶到时，他们一面死力拼杀，一面敲响大锣，向邻村报警。

敌人有大炮，有榴弹，有洋枪，而三元里人民只有长矛、大刀、土枪。

怎么办?

于是，三元里村民机智地采取诱敌深入的战术，且战且退，把敌人引向位于三元里之北的牛栏岗。

牛栏岗一带水田四布，道路崎岖，周围有山冈环绕，是聚歼敌人的极好战场。这里的地形有利于迟滞英军的进攻，分散敌人，发挥大刀、长矛的近战优势。一时间，村村螺响，由近及远，传遍了广州城北郊。唐夏村、萧岗、三家店、柯子岭、沙涌、常溪、园下田、太和圩等103乡的农民纷纷拿起早已准备好的刀、枪、箭、盾牌等各式武器，甚至农具，涌向三元里和牛栏岗。

三元里的妇女们则自动地组织起来，架锅烧柴，担水煮饭，在大路边和主要路口，摆上饭食供各乡义勇食用。除了各村的农民，广州城外的手工业工人也参加了战斗。

下西关一带，分布着许多丝厂，丝织工人们就住在工厂附近被称为堂、馆的集体宿舍里。那一天，螺声传到下西关，丝厂随之沸腾。先时有丝织工人三四百人，后来增至千余人，大家抄起家伙，循着螺声而去。

三家塘、萧岗、三元里、磨刀坑一带都有石铺。打石人都是外地来的客家人，离乡背井，生活艰辛，但为人坦诚，英勇豪爽，闻听四乡的螺声，也加入到汹涌的人流之中。

到了中午时分，被诱至牛栏岗一带的英军，已处于这支自动组织起来的庞大人民武装的包围之中。

令英国侵略者没有想到的是，腐朽昏庸、软弱可欺的清朝政府，却拥有这样不可思议、勇敢而伟大的人民。英军陆军统帅郭富少将事后在给印度总督奥克兰的报告中说：

> 华人以巨大的力量向前推进，我们向他们发射火箭，虽则十分准确，但效果似乎极微，并且因为雷雨将到，我急欲在大雨骤下之前，把他们击溃。这次他们向我们进逼，表现出比以前我所见到的更大的决心。进到黄波洞附近的英军，被东北路农民和打石工人英勇击溃。
>
> 英军少校军需官毕霞被一中国农民击毙。

下午2时左右，天空下起大雨。雷鸣电闪，风雨交加。

中国村民认为这是神灵助佑，惩戒暴虐，因而斗志倍增。侵略者却因大雨而境况更窘。火枪、弹药被雨水淋湿，无法射击，洼地、水田一片泥泞，前进困难。郭富下令撤军。

这正是天赐良机。村民们展开了令侵略者心惊胆战的追击。

名叫奥却他朗尼的英国人后来回忆：

司令官见大雨倾盆，看来夜里还要继续下雨，便下令把队伍撤回我军主力据守的高地。我军当时用的都是燧石枪，在这样的大雨中，自然一点用处也没有。因此，各分队撤出最后的战场时，便没有再麻烦它们。于是紧跟着我军纵队背后和侧翼的中国人，便极其坚决而勇敢地袭扰我军，迫近至短兵相接，并抓紧我军涉渡溪河或成一路纵队通过山径或村中小路时的有利时机，与我军肉搏。这时大雨还在滂沱不止。

又一个侵略者回忆道：

第26团殿后部队在归途中受到敌人许多侵扰，他们利用了我军刺刀不能抵敌他们的长矛的有利条件。中国人用一枝长竹竿，挂上一只牧羊用的钩似的东西，把我们一些后列的人钩出来，然后走上来用他们的剑把不幸的牺牲者刺死。伯拉特少校在拯救一个同伴时，也被这种武器钩上，但除了短褛由衣领到袖口被撕破外，并未受伤。在此次小战斗中，第26团丧失了三个人，一个军官、十个士兵受伤。

不久，郭富率领着英军逃回了四方炮台。

5 月 31 日，花县、增城、从化的群众也陆续赶到，总数计四百余乡数万人，包围着四方炮台。

据史料记载，四方炮台又名永康炮台，坐北向南。南面距广州城一里；北通东、西得胜；东至上百云；西与保极、拱极两台对峙；西北通三元里；西南通四村。该炮台建于顺治十年，道光二十一年重建。困于台内，无计可施的义律、郭富，慌忙派人向广州城内这时还没有离去的奕山、杨芳等人求援。

靖逆将军迅即派出广州知府余保纯，率带南海知县梁星源、番禺知县张熙宁赶到阵前，向民众施加压力，劝其撤退。侵略者办不到的事，却让腐败的清朝官僚办成了。

四方炮台之围遂解。6 月 1 日，英国撤出四方炮台。此次战斗共击毙英兵百余人，杀伤数十人。

另据英国方面统计，英军有十五人阵亡，一百余人受伤。

广州三元里三星战旗的竖起，揭开了此后一百年间，中国人民反对侵略、反抗帝国主义压迫运动的序幕，也是虎门保卫战中辉煌壮丽的一幕，使英国侵略者尝到了中国人民铁拳的滋味。

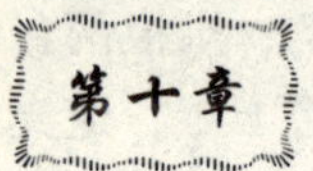

第十章

炮台的诉说

让我们回头来看虎门附近的战场。

威远诸炮台陷落后，英军侵略者的军舰继续溯流而上。不一会儿，舰队便驶抵乌涌炮台附近。乌涌炮台上共有 47 门重炮，侧面还有炮台，整个炮台显得十分威风。

驻炮台的清军，有湖南兵 900 人，广东兵 700 人，共 1600 人。其中湖南兵是 2 月 22 日由湖南提督祥福带来的。其他还有一只安置 10 门大炮的沙船，一艘兵船“截杀号”以及 40 艘水师船。一大排木筏和沉在水中的许多沙船，形成一道横木栅，另外还有一道横江铁链。“截杀号”和许多战船都紧挨在这条铁链上。

应该说，乌涌炮台驻防清军从兵力到战船还是很强大的，形成了除虎门要塞外的第二个要塞。虎门陷落，乌涌炮台及驻乌涌水师船能否抵挡得住英军，直接关系到广州的安危。

正当英军“复仇神号”和“马达加斯加号”去测量珠江的深度时，清军的大炮已瞄准了侵略者。“轰—轰—”不一会儿，清军大炮开火，英军迅速还击。“摩底士底”号也赶来停泊在距岸不远的地方，猛烈打出圆弹和葡萄弹；其他英舰也先后赶到，分别停泊在适当的地方，参与炮击。

战争打的就是国力和技术。这是一条真理。

乌涌炮台那古老的大炮，哪能经得起英军现代化程度较高的大炮轰击，不一会儿，清军军营中弹燃烧起火。炮台硝烟弥漫，大火四起。

当年林则徐用购置的洋船“剑桥号”改装成的“截杀号”发现炮台失去了威力，也不顾一切开火了。刚打了一炮便被英舰的炮火死死压住，炮弹纷纷落在“截杀号”的甲板上，炸得碎片到处飞崩，船员和水手只得跳入河中避难。

清军还有一条拥有 10 门大炮的沙船，此时，炮不敢贸然开火，只好装成“哑巴”，小心翼翼地躲到射程以外；远处的 40 艘水师船，也一动不动地停在那里观战。

岸上的炮台不响了，失去了战斗力，英军也就不把几十艘水师船当回事——他们知道水师船只不过比渔船稍强一些，无法和他们的“坚船利炮”抗衡。英军一面继续破坏工事，一面冲到清军帐栅，开始了一场混战。

还没考虑好怎样打击侵略军的提督祥福、游击沈占鳌、守备洪达科，一看再不开战就要被敌人吃掉，立刻挥剑率兵迎战。

为了给虎门的阵亡兄弟报仇，也为阻止英军军舰入江进入广州，清军不甘示弱进行了顽强抵抗。打了一阵之后，提督祥福见有兵弁想逃跑，便大喊道：“谁后退就杀谁!”于是清军又进行一阵抵抗。

如此反复数次，沈占鳌和洪达科先后阵亡，最后祥福也饮弹倒下。

勇敢的湖南兵始终没有投降，大部分战死。

溃退的小部分官军，退至珠江的一条支流。桥被主管乌涌小粮台的候补知县瑞宝抢先过河后拆了，溃兵无法渡河，英军又穷追不舍。在无退路的情况下，大家纷纷跳下河中，大部分因受伤或不会游泳而淹死。

就这样，乌涌炮台又失陷了。

48. 闯过虎口

为了扫清珠江航道上的障碍，几名英军校官带领几个水兵，乘着小船划过木筏，登上清军兵船“截杀号”。

一看到洋鬼子强登水师船，“截杀号”上的几名清军立即用箭射，有的手握木棍准备狠狠厮杀一顿。谁知，英军坐在木筏上，几个点射，便将清军一个个撂倒，尸体横七竖八地躺在甲板上。船体千疮百孔，顶帆横桁竖了过来，桅杆弯着，帆篷全被烧毁，只剩下几条碎片随风飘动。根据总司令伯麦的指令，英军随即浇上煤油，将这条满装各种物资的兵船烧掉。

水师船上，清军营中，大火熊熊，连同黄昏的晚霞，使乌涌一带变成了火的世界，血的海洋。“截杀号”上火药库发生爆炸，大桅杆和船梁被高高地抛向空中。

英军舰队继续向广州进犯。

2 月 28 日，英军移开木筏和沉在江中的沙船，并派两只汽船顺流而下，去运援兵。

3 月 1 日，伯麦率英军汽船“皇后号”和“马达加斯加号”，拖着载满援兵的两艘运输船来了。

同日，“复仇神号”溯江而上，沿黄埔北岸探测水路，侦察沿江军情，未遭清军任何阻挡。

3 月 2 日，“硫磺号”拖着几只舢板，去测量珠江的一条支流——沙船江。

沙船江中沉着许多沙船，黄埔岛北端的江中有两排木桩，还有大竹竿和树木。当“硫磺号”驶向黄埔西端的时候，一座架着 25 门大炮，用树枝掩蔽的炮台——琶洲炮台突然开火。

理查·西蒙兹海军少校立即切断小船与大船之间的绳索，指挥三只小船上的水兵登陆，并立即冲向炮台。

琶洲炮台由二百多名清兵把守，他们见英军来势凶猛，几乎没有抵抗就跑到附近树林里躲了起来。

英军“硫磺”号随即向树林开了数炮，吓得要命的清军又纷纷逃了出来。

英军占领琶洲炮台后，立即破坏大炮和防御工事，炸毁火药库。交战中，清军 20 人战死，英军 2 人被击毙。接着，英军舰船一齐开到了定功炮台射程以外的地方停泊。

就在英军快要打进广州城之前，英陆军司令陆军少将卧乌古乘“巡洋号”从印度马德拉斯抵达虎门前线，立即担任英国侵略军陆军指挥作战任务。

3 月 3 日，英军进攻定功炮台。一阵狂轰之后，鬼子才发现炮台里空无一人，原来守军早在昨夜就放弃炮台而逃走了。定功炮台就这样落入英军手中。

接着，英舰又准备攻打二沙尾和猎德炮台。因为珠江江面上仍有不少木桩未清除，军舰行驶不方便，进攻速度减慢。

当天下午，行商代表伍绍荣、卢继光两人和翻译阿林西，美国领事多剌那，还有一位西班牙人来到前线。他们对义律说，广州知府急想会见全权大臣。

伍绍荣刚和义律谈了一阵，广州知府余保纯便乘小船来向英军求和了。据说，他是在“加略普号”上见到义律的。而此时的义律趾高气扬，提出《约议戢兵条款》，限琦善等于 3 月 5 日签署。

《戢兵条款》比《穿鼻草约》更苛刻，光赔款就达1200万元，限三年内还清；除割让香港外，还加割尖沙咀一地；给予英国最惠国待遇；条约解释权以英方为准；三天内恢复贸易。

要知道，就在3月1日，琦善接到上谕，清廷已革去他大学士，拔去花翎。道光皇帝在他的奏折上还朱批："胆敢背朕谕旨，仍然接递逆书，代逆恳求，实出情理之外，是何肺腑!"

面对义律的《戢兵条款》，如果琦善一旦接受，其结果只能是死路一条。琦善自然不敢答应。

在三天期限当中，英军积极准备进行下一步的军事侵略。他们为了使一条更大的军舰能顺利开往广州，派"复仇神"号沿河南岛南侧江面一直开到大黄窖炮台附近进行探测活动。

三天期限很快过去了，没有一点结果。

3月6日，义律见中方毫无动静，便发布告示，进一步加以威胁："如天朝大员对于现时英军的驻防加以任何危害，则英军即将以武力对付，全城可能惨遭祸害……英国高级军官们已诚意地尽了最大努力以阻止残酷的战祸，造成现况的责任，必须由中国皇帝的奸臣担负。"

告示发布后，琦善仍没有答复。

此时义律坐不住了，命令英军继续进攻。英军首先拔除二沙尾与猎德炮台之间江面的木桩。可笑的是，炮台上的守军站在河岸和炮台阵地观望英军，对他们的所作所为无动于衷。很快，英军舰逼近炮台并靠岸。炮台守军一见英军上了岸，纷纷四处逃散。

二沙尾与猎德两座炮台位于广州城东侧，是保卫羊城的最后一道屏障。

此时的广东上层领导发生了变化，且陷于真空状态，靖逆将军奕山、参赞大臣隆文以及新任两广总督祁埙还没有到广州，尚在路上。肩负“靖逆”使命的参赞大臣杨芳于3月5日到粤，琦善也在3月13日被副都统英隆押解去北京。

此时仍在广州的林则徐虽然已获准“协办夷务”，但并没有让他分管部队，也就是说还没有一点兵权。

面对如此局面，林则徐没有埋怨朝廷的不公，更没有“坐山观虎斗”，而是以国家利益为重，主动捐资募集福建泉州、漳州勇士近六百人，在广州永清门东西两侧列队，准备与英军决战，誓死保卫广州城。

杨芳被道光皇帝视为朝廷中少有的悍将，是清廷“宿将”，曾因镇压回汉人民起义得封果勇侯。然而，他却不是抵抗侵略的英雄。还在去广州的路上，他就上书朝廷，请求对英人恩威并用，准许他们在偏岸小港屯集货物。到广州后，杨芳看到的是珠江已被英军牢牢控制，整个广州城都在英军的炮口之下，溃败的清军惊魂未定，水师部队丧失殆尽。在这种情况下，要按千里之外的朝廷既定计划办，继续进剿已失去可能。据说，杨芳在没有更好办法的情况下，荒唐地传令各村镇保甲，广收妇女使用的马桶，以对付英军大炮，又命大量编扎草人，兴法场，焚香布道，祷告鬼神。另外虚张声势，在珠江的乌涌口一带，绑扎许多木排，每排放20个装有棉絮、毒药和稻草的大木桶，以期退潮时，顺水漂下，迎烧英船。当然这些自欺欺人的做法，根本无助于阻挡英舰的长驱直入。

就在这时，义律又玩弄伎俩，提出双方停战，举行谈判。

义律究竟在想什么，林则徐看得十分清楚。攻占广州，不是义律侵华的目的。如果攻占广州，不仅需要巨大的兵力，而且不一定能达到目的。当时停泊澳门外的外国商船有近八十艘，其中英船就有近六十艘。作为英国驻华商务总监，义律深感中英贸易之重要。

3月的南国，春意盎然，这是贸易的黄金时期。外海来的英国商船已从澳门云集珠江口，从新加坡、印度等地购来的鸦片，也等待着在广州高价销售。据义律估计，如果双方停战，被封锁在这里的英国船舶就可以进出港口，从而将有可能运送3000万磅茶叶到英国本土，英国财政部也由此可增收300万关税。由此，义律进一步得出结论：攻陷广州对英国商业有害无利，不如凭借英军在珠江上的优势和对广州城已构成的威胁，迫使广东方面恢复中英贸易。

“停战通商”的把戏就这样粉墨登场了。

3月7日，义律照会中方，通报英军已停止对广州及其他地方的攻击，强烈要求广东当局撤销当时怡良提出的“杀敌赏格”，停止备战。义律声称中国政府如不肯接受英方条件，英国再战的可能性就会加大，继续攻击沿海及北京就会变为现实。

同一天，义律对广州知府余保纯说：“只要立刻恢复中英贸易，我们就撤销封锁广州和向外国商馆派驻大量军队的计划。”

对英军的建议，杨芳可谓求之不得。

3月20日，杨芳派出广州知府余保纯赴英船谈判。双方达成《停战贸易协定》，其中规定：广州贸易应照常进行，商船到黄埔装货，省府不得令英人具结。中国照常征收港口税和商税。凡鸦片及其他走私货物，如经查获，应予没收，但禁止将人拘留或施以各种惩罚。

道光皇帝得知广州方面大员按兵不动，频频与英方进行外交交涉，显得十分焦急，不断催促出战。杨芳在奏报中竭力掩盖真情。道光皇帝朱批说他是“复蹈琦善故辙”，“不顾国家大体”，给予他和怡良革职留任处分。

这时，英国侵略者马不停蹄地策划，准备进一步的行动。海军司令伯麦在3月21日，乘“皇后号”去印度加尔各答，同总督奥克兰商议增加援军。全权大臣义律则分别于4月5日、5月10日、5月17日三次来广州探听中方动态，决定暂时放弃北征计划，马上对广东省城再发动一次进攻。因为义律发现，中国皇帝的态度越来越强硬，同杨芳达成的开港通商的停战协定很可能靠不住。

随即，伯麦在义律的建议下，于5月18日再次派出舰船对中国炮台实施打击。英军分成两路，一路是“摩底士底号”等七艘舰船直入省河；另一路是“海阿新号”与一些小船绕道佛山溪赴省河上游。“摩底士底号”在攻陷凤凰冈炮台后，又连攻永清、沙面西、海珠三炮台以及东炮台、红炮台。当天下午，城外商馆区被英军占领，省河两岸防守完全瘫痪。同日，英国后续舰队以及陆军部队，从香港动身，向广州运动。在澳门休假的英陆军军官，也接到命令，停止休假，加入到作战的行列之中。

由杨芳派余保纯同义律签订的《停战贸易协定》，是广东方面擅自所为，后来被朝廷所否决。道光皇帝再次谕旨：“此时更无他议，惟有进剿一法”，同时命令靖逆将军奕山等人迅速组织部队，分路围剿，务必将英军舰船全部消灭光。

当时，从江西、湖北、湖南、四川、贵州、广西、云南抽调的清军陆续到达广州。据郑彭年《鸦片风云》称，其中满汉八旗5300余名，水师600名，督标1000名，抚标1700余名，协兵1100余名，共计9700余名。加之当时广州一带已有清军13700余名，集结在广州的兵力共计2万余名，为“剿英”做好了兵力准备。

就在奕山、杨芳等人在广州城里一边挥霍浪费，过着养尊处优生活，一边按照皇上旨意，部署兵力准备“剿英”的同时，义律于5月11日向奕山发出恐吓性质的照会，要求中方撤炮、裁兵，否则就要遭到英军最强烈的攻击。

49. 羊城告急

1841 年 5 月 12 日，义律又回澳门，给英陆军司令郭富、海军代司令辛好士发出秘密指令，命他们迅速做好全面封锁珠江、攻占城北准备。

19 日，辛好士、郭富分别率舰队和陆军，除一部分留香港外，其余全部集结珠江，准备进行新的战争。

5 月 21 日，这天是星期五，义律向所有在黄埔的英国商人及其他外国商人发出通告：鉴于目前之形势，英王全权大臣劝告所有留居于商馆之中的英国人，以及其他外国人，于日落前离开广州。

通告发出后，义律登上了“路易莎号”军舰，而商人们也转移到停泊于黄埔的大船上面。曾被林则徐通缉的大鸦片贩子颠地同其随员一起乘上属个人所有的纵帆船“曙光号”。

自以为稳操胜算的奕山决定向英军发动突袭。当天傍晚，1700 名水勇由都司胡俸坤、守备孙应照、千总杨泽等率领出城。清军兵分三路。中路由提督张青云守西炮台，总兵段永福守靖海天字码头；左路由总兵琦忠守北帝庙东炮台；右路以副将岱昌守泥城。水勇们暗携火箭、火弹、喷筒、钩帘等武器，潜出城外埋伏。

晚上 10 时左右，三路水勇乘退潮同时向停泊于沙面附近的白鹅潭的英舰发起总攻。在十三行码头，清军又架起大炮轰击英舰。燃烧的火船顺流而下，水勇们随火船、木筏直扑英舰，并用长钩钩住船体，抛掷火球、火弹、火箭等。顿时，黑夜之中的广州城外火光冲天，喊叫声、枪炮声搅作一团。

然而，清军的攻势虽大，战斗力却不强，英舰“摩底士底号”上只有三名水手受伤，两根护桅索被砍断。其他舰船则几乎没有什么损失。停泊于水中的“路易莎号”和“曙光号”，因风向、潮水原因转动不便，接连受到炮击，受了一些创伤，由于调转船头及时，才免于击沉之后果。

22 日黎明，英军发动反攻，舰炮齐攻沙面炮台以及与其相邻的炮台。守台的四川、湖南兵勇很快溃逃。英军登陆，“复仇神号”带一些小船直扑泥城，守将岱昌率先逃跑，使集中在这里的大量火攻船、木筏被英军击毁。炮击中，发生火灾，殃及了岸上几十间民房，破坏了那里的防御工事和大炮。

压制住各炮台的火力之后，“复仇神号”又去攻击最西边货仓附近停泊的 200 多只清军沙船、快船，击沉 39 只，又毁坏了同样多的改装成火筏的渔船。余下的船只或撞在岸边焚毁，或在进攻之初就飞快逃散。

当天，义律就向广州民众发布了“布告”第一号。

23 日，运载登陆部队的英舰开到省河，同时加紧探测河道，选择登陆地点。下午，辛好士、郭富率领的军队也来到这里，指挥英舰分别袭击了西炮台、天字码头、东炮台，并抢走了许多民船。

24 日中午，英军在鸣炮庆祝维多利亚女王生日后，开始大举进犯广州。郭富率领 2395 名兵弁，乘“复仇神”号等船驶往缯步；义律指挥 361 名英军乘“阿特兰特”号等船驶往外国商馆区；另一些英舰驶入省河。下午 3 时左右，英军占领商馆。晚 7 时，“复仇神”号等驶抵缯步，清军闻风先逃，英陆军登陆时未遇到任何抵抗。

25 日，按照预定计划，从缯步登陆的英军直奔广州城北越秀山，攻打护卫广州的拱极、永康、耆定等炮台。英军还在半塘地方用火箭烧毁民房、店铺数百间，又放火烧掉永清门处民房数百间。驻守在这里的 2500 多名贵州兵进行了英勇的抵抗。

在拱极台、保极台、永康台、耆定台中，永康炮台位置最高，为城北的制高点。当地人又称永康炮台为四方炮台，因为炮台呈四方形状。其外台周围 49 丈 9 尺，高 1 丈 7 尺。台中之四方台周长 16 丈 8 尺，高 2 丈 7 尺。整个炮台为双层阶梯形。从这里，可以将广州城内的活动尽收眼底。

总兵长春率军扼守四方炮台，与英军展开激烈战斗。

上午 10 时，英军向炮台发起猛攻，分四个纵队扑向各炮台。

据宾汉在《英军在华作战记》中记载，守台兵勇们一面用大炮轰击侵略者，一面多次出击，与企图登台的英军展开肉搏。激战中，清军牺牲 500 余人，受伤 1000 余人，英军也伤亡 70 余人，海军少校福克斯被打死。到下午 2 时，4 座炮台均被英军侵占。

接着，“海阿新”号等英舰在省河中逐个攻打剩余炮台。在这种情况下，城内守军没有一个兵卒给予支援，使海珠、天字、东炮台等一一被英军攻陷。

英军水陆行动均告得手，广州处于英军南北西三面包围之中。特别是北面制高点四方炮台被占，广州城内的一举一动，均在英军俯瞰之中。珠江则完全成为英舰往来的通道。英军不断从军舰和所占领炮台向城内、城郊各处开炮，广州城内外遭到空前的浩劫。

奕山等人慌忙乘轿避入他处。身为一军之帅的奕山，竟面无人色，放声大哭，丑态百出。参赞大臣杨芳虽然心里发虚，但他与奕山不同，偶尔还壮起胆骂英军是“丑虏要击死老子耶”。因为主帅莫衷一是，城内兵弁到处躲避英军。

行辕中的随员们，则受命冒着炮火，忙于把将军和参赞大臣们几个月来购买的洋货，搬迁到附近的民房之内。

据记载，有些清军不能作战，对残民却无所不为，“乘机抢夺者有之，乘势奸淫者有之”，“不遂意者，即剪去发辫，作为汉奸，解赴辕门正法”。

50. 城下之盟

5 月 26 日下午，英军准备对广州发起总攻。

就在这时，奕山突然在城墙最显著的部位挂起白旗，表示投降。随后命广州知府余保纯出面与义律进行停战谈判。

当时正下着雨。雨过天晴之后，余保纯来到英国商馆乞降。

当天傍晚，义律提出了停战条件，内容共有五项：

一、要三位钦差大臣及除本省以外之一切军队，务必于 6 日内撤至城外 200 里以外之地。

二、要将 600 万元缴送英国，以为赔偿使费之用，自 5 月 27 日算起。5 月 27 日日落以前，当先交付 100 万元。

三、目前英国军队暂驻留原地，双方不得增加军备。如所同意之款项未能于 7 日内全部付清，即增至 700 万；如未能于 14 日内全部付清，即增至 800 万；如未能于 20 日内全部付清，即增至 900 万。当全部付清后，所有英国军队应撤至虎门及横档以外，江中一切设防地带归还于中国。但在两国间之事端未解决以前，不得重新设防。

四、毁坏商馆所引起的损失，及西班牙双桅船“米巴音奴号”之损失，当于一星期内赔偿。

五、广州知府须有代表三位钦差大臣、总督及提督抚部院的会衔公文，并盖有他们的官印，以代表他们来缔结以上各项协议。

我们不难看出，以上停战条件最关键的是两条：一是外省清军撤出广州城外200里；一是勒索赎城费600万元。侵略者要求外省清军撤出广州，是要使广州变成不设防的城市；至于600万元赎城费，正可用于支持即将进行的再次北犯行动。此外还勒索英商馆损失费30万元。

面对余保纯连夜带回的英方条件，奕山等左右为难：如接受英方条件，则无法向朝廷交代；如不接受，省城和身家性命又难保。无可奈何，一个个痛哭流涕，会衔盖印，委派余保纯再去订约。

5月27日中午，根据奕山等人意见，余保纯在广州城墙之下，手持全权代表书，完全按照英方条件，在《广州停战协定》上签字。

对于朝廷方面，奕山等人谎称英人至城下乞还商欠，骗得道光皇帝准令恢复通商的许可。

可以说，5月21日至26日的广州之战，是第一次鸦片战争中，广东方面最后一次战役。然而，清军以17000人的绝对优势，凭借已有的防御工事，竟阻挡不住仅2700余人的英军进攻，最终签订了这个耻辱的城下和约。它再次将清军的腐败暴露无遗。这不仅是清军的耻辱，也是全中国人的耻辱。

历史无情地告诉我们：仅仅靠人数的优势是打不赢战争的。先进的武器，综合的国力，才是决定战争胜负的重要筹码。

更令人感到气愤的是，《广州停战协定》签订的第二天，奕山和隆文、杨芳联名发布命令，要求兵勇“安静驻守，勿得妄生事端，捉拿汉奸”，否则“按军法治罪”。也就是说，禁止人民反对英军侵略，反对惩治汉奸卖国贼。随后，省外清军分批撤出广州，奕山、隆文也于6月5日乘船移赴广州城西北60里外的金山驻扎。

英国侵略者在广州犯下的滔天罪行，罄竹难书。特别是在广州战役中，这种暴行给当地人民的生命和财产造成了极大的损害。

占领城外各炮台之后，侵略者在城郊捆绑人夫，替他们向炮台上运送物品，同时四出抢掠，奸淫妇女，甚至挖掘坟墓。

英军还窜到弥勒寺、环翟寺、双山寺，地藏暴骸，惨不忍睹。一个侵略者曾在《澳门月报》上津津乐道地谈及此暴行：

5月29日是休息的一天，我们的官在（清军）撤空了的广州城郊和邻近乡村散步，随处可见。我们看到一些很离奇的坟墓、神坛或寺庙。靠近城墙脚下，有一大排建筑物，专为容纳死人之用，死人放在坚固结实的棺材里，棺材用柱垫起，周围燃点着芬芳的线香。在一个拱窿里面，通常放有两具棺材，除了有一种不通风的、潮湿的气味之外，没有什么使人不愉快的感觉。在拱窿之外，常青树和爬藤植物布置得颇饶风趣，有些拱窿下门头上还缀有蜂巢。看来，棺材都是很厚很结实的，有些打开的棺材里面的东西，好像和原来的内容差不多。尸身是以防腐香料保全着，他们是穿上衣裳埋葬的，帽子和顶戴在死者头上，正如生人一样，表示着此人的官阶。有些打开的棺材里面的尸体从外表看来，一定是半世纪以前安息在那墓里的，颜面干枯皱缩。

英军的暴行极大地激怒了广州人民，郊区农民、船户渔民、城镇居民，纷纷自发地组织起来，使用简陋的武器打击入侵的强盗。

5 月 28 日，就在奕山、隆文、杨芳发布命令，不准中国人捉拿汉奸，不准对英国人动武的同时，英军在花池口抢劫渡船妇女，佛山镇义勇闻讯驾船邀击抢救。入夜，义勇们又猛攻被敌人占领的龟岗炮台，消灭守台英兵，并设伏兵击退增援的英船。

据史料记载，那一天英军占领下痼炮台后，闯入渡头村大肆淫掠。雷兆成、雷伯成、雷天枝、雷成珍、雷月、雷象、雷成南、雷道生、雷天荀、雷天堂、雷天齐、雷成宇、郭景 13 人是沙涌渡头村的村民。他们与雷天归等另外 5 人奋前拦截。仓促之间，各持锄头锹铲等农具殊死搏斗。英兵挥剑击杀，随后用火枪排枪射击，13 人全部遇难，雷天归等 5 人负伤。

到了 5 月 31 日，奕山等将藩、运、海关三库的贮备全部掏出，凑集价值 490 万元缴给英军，其余 110 万元摊给行商伍秉鉴等借洋行支票预付。

1841 年 6 月 7 日，英军退出虎门。

广州之战失败，是当时大清国政治、经济、军事状况的集中反映。但是，尽管清王朝政府腐败，所使用的重臣又昏庸，然而广州人民都是有骨气和民族气节的。正如本书第九章所介绍的，面对装备精良、武器先进的英国军队，广州人民纷纷拿起冷兵器，与之展开了殊死的搏斗，在中国近代史上谱写了惊天地、泣鬼神的一曲正气歌。

51.《虎门条约》

尽管义律在侵华战争中卖尽气力，英国政府对他还是不满意。1841年4月，英国改派璞鼎查代替义律的职务，扩大侵华战争。1841年8月以后，英军相继攻陷厦门、定海、镇海和宁波。1842年5月起，英军又连续攻陷乍浦、吴淞、镇江等地。8月，英舰集结于南京江面，炮口对准南京。

被一连串失地警报吓坏了的道光皇帝，派耆英、伊里布向英军求和。

在英国的炮口下，1842年8月29日，清政府被迫签订了《南京条约》。

同年12月，英国女王维多利亚批准了《南京条约》。英国外交大臣阿伯丁立刻据此贯彻落实，正式任命璞鼎查为第一任英属香港总督，并指示璞鼎查："最好把英、中关系尽速置于条约保护之下。"

其实，《南京条约》是在清政府战败求和的情况下，由英国强加给中国的近代史上的第一个不平等条约。条约共十三款，主要内容有：第一，割让香港；第二，开放广州、福州、厦门、宁波和上海五处为通商口岸；第三，赔款2100万元；第四，破坏中国关税主权。

《南京条约》的签订，标志着西方资本主义压迫、奴役中华民族黑暗时代的开始。它实现了英国打开中国大门、破坏中国独立、取得侵华权益的宿愿，是中西关系发生质的变化、中国开始沦为半殖民地的重要标志。

由于《南京条约》没有把英国当时希望取得的全部权益包括进去，尤其是领事裁判权、海关税则、英舰往来、停泊通商口岸、片面最惠国待遇等未写进条约，于是，在该条约签订四个多月之后，中英又在广东继续交涉。

交涉什么?

英方从破坏中国关税主权入手，提出了一系列不平等要求。

而中方寻求的是停止纷争，相安无事。

英方谈判代表是璞鼎查；中方谈判代表是伊里布。

谈判期间，突然发生广州英国商馆被烧事件。璞鼎查借口商馆被烧，提出要在香港开市。

对于英方这一无理要求，伊里布担心因此减少关税收入，将引起朝廷怪罪，不敢应允。

1843 年 3 月 4 日，在一系列难题面前，伊里布忧思成疾，重病而死。

璞鼎查得悉伊里布病故，谈判停顿，便立即要求中方派耆英来广州重开谈判。

令人不解的是，两国谈判，谈判代表应由各国政府指定，中方代表怎能由英国人提出?

令人可笑的是，耆英受到璞鼎查的宠信，不以为耻，反以为荣。他在未得到清廷任命前，就致函璞氏，表示自己不能置身事外。

更令人不可思议的是，道光皇帝对耆英言听计从，随即任命他为钦差大臣。耆英当天就赶往了广东，接替伊里布与英交涉。

6 月 4 日，耆英抵达广州。

同月 26 日，举行《南京条约》互换批准书仪式，并确定了《五口通商章程》及《海关税则》，联合发表了《过境税声明》。其中规定内地各关收税，洋货各税，一切照旧轻纳，不得加增。

《过境税声明》的发表和《海关税则》的制定，为英国侵略者实施“协定关税”打下了基础，极大地侵犯了中国的关税主权。

然而，上述危害并不为清政府所认识。包括广东大员耆英在内的中国许多官员，对关税自主以及如何运用关税抵御外国商品倾销和保护本国经济方面的相关知识，一点也不了解，也没有人去了解。他们关心的，仅仅是朝廷的钱袋子。

璞鼎查与耆英确定《海关税则》和《五口通商章程》后，双方继续围绕所谓“紧要数款”进行交涉，最后又于同年 10 月 8 日，由耆英和璞鼎查代表中英双方在虎门签订《五口通商附粘善后条款》，又称《虎门条约》。

《五口通商章程》及《海关税则》虽然公布地点是香港，但有的人也把它视为《虎门条约》的一部分。

几个补充条约的签订，使英国侵略者从中国攫取了如下的几项主要特权：

首先是片面最惠国待遇。《虎门条约》第八条中赫然写道：中国如“准西洋各外国商人一体赴福州、厦门、宁波、上海四港口贸易，英国毫不吝惜。但各国既与英人无异，设将来大皇帝有新恩施及各国，亦应准英人一体均沾，用示平允”。

正是根据这种片面最惠国待遇，各侵略国彼此间建立了“利益均沾”的制度，即任何一国从中国取得的某种利益，其他国家都能一体享受。难怪一个美国商人要赤裸裸地对他的英国同行讲：“我们不反对你们，你们只管去捞取好处，我们来到这里，就是为了分享这个好处。”

其次是领事裁判权。《五口通商章程》及《海关税则》中第十三条规定，凡是中国人与英国人“交涉诉讼”，“其英人如何科罪（即定罪），由英国议定章程、法律，发给管事官照办”。

据此，外国人在华即使犯了罪，也可以不受中国法律的约束。凡是涉及外国人的民事刑事案件，均由外国领事来审理。于是，那些无恶不作的海盗或无本生利的商人，一旦踏上中国这块“乐土”，便可如履坦途，无所顾忌，随意探囊取物。此事连当时的英国驻华公使列维廉也感到：“向中国勒索领事裁判权，乃是一桩无耻之尤之事，其恶劣程度不下于苦力贸易和鸦片贸易。”

第三是规定值百抽五的关税税率。1842 年 8 月 29 日签订的《南京条约》第十条中曾明确规定，中国海关无权确定进出口货物的税率，必须与英国共同商定。《五口通商章程》及《海关税则》中则把 190 种左右的进出口货物，分类开列应完税则，且将关税税率定在 5% 左右。这就为 15 年后英国在《天津条约》中强行规定“每价百两征税五两”的固定关税打好了基础。

所定值百抽五的关税税率是极低的。请听听一位曾在中国海关当了 45 年总税务司的英人赫德的一段自供辞吧：

> 今天外国人在中国的所作所为，这用不着搜罗细节堆砌数字就能做出这样的描述：他们只要……交纳 5% 的关税，就能通过……条约口岸中的任何一个口岸，运进洋货或输出土产；他们只要再交纳进口税额的一半，作为子口税，就能把洋货运至内地和由内地运出土货。他们还可以把中国的产品从一条约口岸运到另一条约口岸，只要运出时交纳出口正税，运进时交纳（进口）半税。在他们居留的条约口岸，他们免纳所有的地方课税。他们可以免税运进他们个人和家庭需用的任何物品。无论在什么地方，他们都不受中国的管辖，而是把自己置于本国官员即领事管辖之下。……他们的行动自由，不受任何限制。这些，简单地说，就是外国商人

在中国所处的地位。

第四是英国军舰可以常驻中国港口。《虎门条约》第十条规定："凡通商五港口，必须有英国官船一只在彼湾泊，以便将各货船上水手严行约束，该管事官亦藉以约束英商及属国商人。……其官船将去之时，必另有一只接代。……凡有此等官船到中国时，中国兵船不得拦阻。"所谓"官船"，即指军舰。允许"官船"停泊每一个通商口岸，这就开创了外国兵船可以自由地进入中国领海和内河的恶例。那些常驻中国通商口岸的军舰，既是武力干涉中国内政、镇压中国人民的工具，也是进一步向中国挑衅、勒索的重要筹码。

英国在中国攫取的特权，还有英人可以在条约口岸租地建屋居住。《虎门条约》第七条规定："中华地方官必须与英国管事官各就地方民情，议定于何地方，用何房屋或基地，交准英人租赁。"当时，清朝官员满以为这一规定可以避免口岸上的纠纷，可万万没想到，"洋人"利用这个条文在各通商口岸划定居住地区，造成事实上后患无穷的"租界"制度。《五口通商章程》和《虎门条约》的签订，使英国全面实现了它在当时的侵华目标，也为整个西方资本主义世界提供了侵华的范本。可以说，中英《南京条约》与《虎门条约》，构成了鸦片战争后中西关系的基本框架。

《虎门条约》—— 一部实实在在的丧权辱国不平等条约。

52. 炮台的诉说

“金锁铜关”在“坚船利炮”的轰击之下锁碎关毁。关天培、卢坤、邓廷桢、林则徐等人苦心经营六年的中国海防要塞，就这样被攻破了。

有人说，虎门的失守，主要责任在于琦善的撤防。

真是如此吗？

其实，虎门失陷只是中英鸦片战争中中国政府、军队无能的一个缩影。虎门之战，不仅是中英双方军事力量的较量，同时也是两种社会制度——新兴的资本主义制度与腐朽的封建制度的一场角斗。从中国方面讲，清政府之所以在反侵略战争中失败，最根本的是清廷国力衰败，而又茫然不知；敌人破门而入，却没有任何积极的应战思想；战争爆发，又苟且偷安，主张妥协。从英国来讲，发动战争早有预谋，多次策划，利用强大国力和强大军事力量，以强凌弱，直至清政府彻底妥协。

战争的胜负，起决定作用的仍是直接从事战争的对峙双方的军队。身为军人，笔者愿意多从军事角度来研究这场战争失败的原因。

在与北京大学历史系教授茅海建先生交谈时，他认为琦善对虎门战败的责任只是：“一、他未能竭尽全力改善虎门的防御态势。二、他的失败主义论调会给前方将士造成不利的心理因素。琦善的责任是有限的。虎门炮台在历代历次战争中都是以失败而告终。虎门战败的原因主要为设防体系、炮台、火炮、战术等方面存在着对敌情的判断失误，火力和兵力严重分散，炮台自身防护能力差，战术上缺乏应变措施等方面问题。”

虎门防御体系的设计者是关天培，他确定并完成了布防格局，制定了作战预案。而他设计时对未来敌军的作战规模和样式是如何判断的呢？从他三重门户的布防格局和《春秋操章程》的预定战法就可以看出：规模——来犯敌舰仅为数艘；样式——敌舰企图乘风乘潮闯入虎门。因此，他以分段逐次防堵的战术来挡住敌舰的内驶。他为进行一次规模如同 1834 年、1838 年的作战做好了充分的准备，而没有准备抵抗敌人大规模的进攻。关天培对敌情判断错了。

关天培等人之所以做出错误的判断，是由于当时的社会不能向他们提供英国及其武装力量的资料。知识阶层——士大夫们连英国处于何地都不清楚，如何能提供此类资料？关天培等人能够得到直观的资料是，1834 年以前，西方军舰只是偶尔地来到虎门口外，每次一至二艘；自英国派出对华商务监督后，虎门口外一般只有一艘军舰供监督使用，有时一艘也没有，最多时为三艘。值得注意的是，主持过广东海防的林则徐也认为，英国不可能发动大规模的侵略战争，只会使用少数军舰进行威胁、骚扰、挑衅，以破坏禁烟运动。1838 年 10 月，英国内阁做出武力侵华的决定；1840 年 2 月，发出派遣海陆军的命令；6 月，侵略军抵华。对此，林则徐并未察觉。

根据错误的敌情判断而修建的虎门设防体系，存在着分段把守，分散兵力火力的弱点。茅海建先生认为，虎门防卫的三重门户实际上是三个互相不能配合的独立据点。沙角、大角为信号台，其责任是向第二重门户通报敌情，而自身火力弱，防卫力低，两台之间亦不能支援。如果遇敌直接进攻，则成了孤立无援的死炮台。如果敌人不继续内犯，亦失去了信号台的意义。第二重门户为防堵的重点，但在敌大规模的进攻下，火力仍显不足；

江面设置的排链、木桩、堆石，意在迟滞敌舰通过炮台火炮射程的速度，如果敌人不急于通过而直接进攻炮台，则毫无用处；靖远、威远、镇远三炮台同对着江面，遇敌登陆进攻时无法互相支援；在战术位置十分重要的下横档岛，却未设防。大虎山炮台的防卫能力虽强于沙角、大角，而其缺陷相同，即孤立无援。

三重门户层层堵截的设防体系，是针对1834年英军的战法而制定的，如果敌人以少数军舰继续采用相同的战法，则三点一气贯通，关天培的作战预案能够发挥很强的威力；而1841年，虎门之战，英军采用了集结大量军舰和陆战部队逐点攻击的战法，关天培等人则犯了分兵把守的错误。

关天培等人十分注重虎门各炮台的建筑材料及其墙、围等的厚度，虎门炮台的坚固程度在当时中国是第一流的，但从近代军事工程学的角度来看，仍可以看出炮台建筑样式十分落后，自身防护能力差。

由于关天培等人对敌情的判断仅是敌舰数艘。若数艘军舰直接进攻部署重兵的炮台，必然损失巨大，即使一时攻下亦无法长期占领。还由于当时清朝政府认为英军长于舟战，不利陆战，曾认为英国人除枪炮外，刺杀肉搏动作不如清军灵活，加之英军参战时绑腿裹脚，屈伸很不方便，一到岸上，他们就没有优势，也就显得非常的无能。因此，关天培等人在战前判断，英军不会舍舟登岸直接进攻炮台。

随着火炮在军事上的运用，西方的筑城技术也有了很大的发展。从16世纪起，意、法、荷、德等国军事工程师，提出了新的筑城理论，旧式的圆形炮台逐渐被废弃，棱堡式炮台盛行一时。18世纪，又出现了堡垒式炮台。到19世纪，逐渐取代了棱堡式炮台。与此同时，炮台亦逐渐从裸露式变为掩蔽式。

虎门炮台仍为圆形、半圆形平面裸露式炮台。由于修建时未十分考虑遭敌直接攻击，故防护能力差。炮台的兵丁、火炮仅以墙垛掩护正面，顶上无防护，敌曲射火炮可以由上射入炮台内；炮台内无纵深，全部设施均在敌射程之内；火炮配置上追求重炮，又集中配置在炮台正面，对敌登陆小船和步兵缺乏攻击手段；炮台的大门多开在正面或侧面，没有壕沟、吊桥、关闸等设施，难以有效防御敌登陆部队的攻击；炮台侧后缺乏良好的道路，守军兵员、弹药、粮草均由小船从江面补给，战时难以增援；炮台侧后没有斜堤、堑壕等阵地，不能组织部队对登陆敌军进行反击。1835 年，虎门炮台工程完工后，一位外国人观后写道："河岸的炮台都是裸露式的，没有一个能够抵挡住一只大型炮舰的火力，或可以抵御在岸上与舰炮配合的突击队的袭击。突击队总是从炮火不能顾及的侧面或后面找到最佳地点来进攻。"

由于虎门各炮台的上述弱点，关天培等人临战前在炮台侧后兴建了一些沙袋炮台、军营，驻以兵勇，以防敌登陆部队的抄袭。然而这些临时设施并不是近代防御阵地，攻击和防护能力更差，不能起到保护核心炮台的作用，在实战中并没有发挥战斗效能。

虎门之战实际上是炮战，火炮起着决定性的作用。中国清代的火炮技术是在明末引进西方火炮技术的基础上发展起来的，清初的传教士在铸炮技术上也曾帮助过中国。当时中英火炮机制原理相同，式样大同小异，主要差别在于铁质和铸造工艺。1783 年，英国柯特炼铁法使生铁精化，铸造工艺也因科学的发展而进步。而中国当时冶炼技术落后，炉温低，铁水杂质高；承办人员偷工减料，使铸出的火炮沙眼多，膛内不光洁，演放时经常炸裂。1835 年，虎门试放新铸火炮 59 位，结果炸裂 10 位，残损 3 位。为防止火炮炸裂，则增加炮管厚度，结果数千斤之重炮，威力不如西方之轻炮。而重量增加后，笨重不便，对炮架等附件提出更高的要求。同时，炮膛不光洁，使炮弹射出后弹道紊乱，命中率低。对于铸造差的火炮，清军的方法是减少火药填量，这又降低了火炮的威力。

在弹药方面，中西火药当时虽同处于黑色炸药时期，但西方化学发展，已经研究出当时配置黑色炸药的最佳比例，即以74.84%硝酸钾、11.84%硫磺、13.32%木炭能配置出最佳火药。清军火药配置全凭经验。虎门清军的火药配方为80%硝、10%磺、10%木炭。此外，中国的手工业作坊相较西方已经形成的机器生产的化学工业，生产出的各种火药成分纯度低，也降低了火药的性能。清军当时使用的炮弹仍为实心弹，英军除实心弹外，还有霰弹、火箭弹等，而后两种炮弹在实战中对清军伤害尤大。

还须提出的是，英军对弹道学的研究，使它的射击精度大大提高，瞄准器具也初步具备。清军火炮射击全凭士兵经验，这又使双方的命中率差距甚大。

火炮这种由科学技术、工业等方面的差别而造成的军事上的差别，是当时关天培、林则徐等人一时无法寻找出解决办法的。而此一问题不获解决，当虎门炮台与英军炮战时，势必处在难以挽回的劣势。

由于英军采用逐点进攻的战法，关天培制定的《春秋操章程》中的层层堵截的战术无法施行。由于双方舰船装备迥异，林则徐制定的《剿夷兵勇约法七章》中的“攻首尾跃中舱”的战术难以施行。从近代海军的装备和战术来看，林则徐的战术是难以奏效的。按其规定，用12至16艘水师船攻敌1舰，战前狮子洋一带集结各类水师船66艘，只能应付英舰4至5艘，而英舰队舰船数倍于此数。又按其要求，这些水师船要分四角攻击敌舰安炮较弱的首尾，逐渐近敌攻击，最后跳上敌舰用刀砍。这在实行中有诸多困难：一、在双方舰炮威力迥殊的情况下，清军战船在近敌过程中必将遭受巨大损失，难以进入专对首尾的夹角；

二、即使进入此种夹角，敌舰稍一摆舵，角度即可变换，清军战船却难以迅速调整攻击位置而重新进入对其首尾的夹角；三、敌舰坚固，清军的火器，尤其是林氏所提的鸟枪、喷筒、火罐，难以得力；四、敌舰高大，双方舰船靠近时，清军兵勇亦难跳上。至于火船，要求近敌后由泅水兵丁用大铁钉钉在敌舰上，然后焚烧，实战中更难实行。虎门之战中，清军已无既定战术可以运用，实际上处于被动挨打的地步。

英军由于“船坚炮利”，控制了虎门一带的大量水域，从而掌握了进攻的主动权，掌握了进攻时间、地点、方向的决定权，也就是掌握了战争的主动权。

在战术的运用上，英军颇有精善之处。

在大角作战时，英军使用优势兵力兵器，强攻突破。英军4舰载有火炮106门，是大角清军的4倍以上。

在沙角作战时，英军采用正面攻击、侧后抄袭的战法，登陆部队又抢占制高点，构筑野战炮兵阵地，致使守卫炮台侧后的清军掩护部队首先被击溃，主要炮台受前后夹击而陷。

在横档一线战斗中，英军使用了避实就虚的战术，主力并没有放在上横档岛东侧水道，而是放在防御相对薄弱的西侧水道实施突破。在西侧水道作战的大多数军舰，又攻击防御更为薄弱的上横档岛西北面和北面。就是进攻东侧武山一带炮台的英军战舰，也将攻击点放在威远炮台的东南面，避开了威远炮台的正面火力，更躲避了靖远、镇远两炮台的强大火力。抢占未设防的下横档岛，又对进攻防卫极强的上横档岛造成了不受制于人的有利态势。英军的这些战术，并非是鸦片战争中首创的，而是当时西方军队中登陆作战时普遍采用的。

鸦片战争是中国落后的封建军队与近现代化的资本主义军队之间的第一次较量。

虎门之战中清军显露出来的设防体系、炮台、火炮、战术等方面的弱点，正是清朝军队与近代战争要求的差距。这在一个古老而又封闭的国家中是不足为怪的。

我们指出上述弱点，目的不在于苛求关天培等先贤先烈，而是指出，当时的中国在军事技术、军事思想、军事工程等方面都已经落后于西方。毫无疑问，关天培等人已经竭尽了他们的全部智力、能力和权力，但是狭隘的视界限制了他们的作为，更何况受到科学水平、社会经济诸条件的制约。当然，不管怎么说，关天培等人用加强自身武力的方法来抵御外国侵略，这是不容也不能否定的。

虎门之战的失败，还说明了另一点，那就是鸦片战争中由林则徐等人率先提出并由清政府普遍采用的“以守代战”的作战方针，即据守沿海坚强防御据点阻挡英军进攻的战法，是不能克敌制胜的。根据这一方针，清军在厦门、定海、镇海、吴淞等地修建了大量的炮台，派驻重兵，结果皆如虎门，先后被攻破。

这场战争留给我们的教训和思考实在是太多了！

英国侵略者之所以攻陷虎门后，又攻下乌涌炮台，直逼广州城，这并不是英军多么强大无比，而是清军中类似关天培这样的人太少了。因为在大多数场合，许多清军兵弁不是以必死的决心与阵地共存亡，而是不战而溃，众多的大炮、水师船都没有发挥应有的作用。正如德国著名军事家克劳塞维茨在《战争论》中所言：“抵抗力是两个不可分割的因素的乘积，这两个因素是现有手段的多少和意志力的强弱。”

前事不忘，后事之师。在世纪之末的今天，在世界日益多元化、竞争异常激烈的今天，当我们拨开历史迷雾，再次回望南中国的虎门，我们仍可以听到，古炮台上那一尊尊早已锈蚀的大炮，仍在轻轻地向我们诉说：落后就要挨打，国力薄弱就要被人欺侮。

尾声

英国人用“坚船利炮”，在 19 世纪中叶闯进了中国大陆的南大门——虎门海口。

隆隆炮声中，这扇沉重的天朝之门终于支离破碎。

从此，中国民族危亡，“天朝”地位一去不复返。

从此，弹丸之地的虎门，成了中国近代史中一个不可缺少的名词。

可以说，鸦片战争是从虎门打响的，真正的中国近代史要从虎门写起。

湮没了黄尘故道，远去了鼓角筝鸣。

虎门的硝烟已在一个多世纪之前消散，林则徐、关天培等一代豪杰也永远地走进了历史的教科书，而作为中华民族屈辱象征的英占香港，也在我们这一代回到了祖国的怀抱。

遍洒了炎黄子孙热血的虎门古炮台，仍然屹立在珠江之口。一尊尊古老的大炮，依然趴在掩体里，向后代诉说着那一段最悲壮、最激烈、最惊心动魄的历史。

虎门，你是历史祭坛上的黄钟大吕；

虎门，你是炎黄子孙不屈的象征；

虎门，我将永远倾听着你的诉说！

百年岁月化作过眼云烟，历史走进了20世纪之末。今天，我们这些后人看到了什么？当我的脚步踏遍了虎门的山山水水、村村寨寨，我的两条腿突然变得沉重起来。

当我踏上虎门古炮台，双手抚摸着百年前的火炮，我突然感觉到我的老乡当年留在古炮上的手的温度，它是那般的烫着我的掌心。我突然闻到了古炮膛里的火药味。关天培，不仅是江苏人的骄傲，同时也是炎黄子孙的骄傲。

我想，如果在100多年前，清朝政府中能多几个像林则徐和关天培这样的人，或许历史将要重新书写。

历史是无法割断的。

100多年后的今天，虎门同样成为世人瞩目的地方。遗憾的是，林则徐、关天培没有预见到今天的虎门，更没有想象到销烟之后，虎门会变得如此美好。

虎门位于珠江口东岸，面积178．5平方公里，下辖31个社区居民委员会，户籍人口11．99万人，外来人口50多万人。作为南国重镇，虎门的交通相当发达，水陆空三路无不便捷通达：水路，宏业货柜码头和正在规划建设的沙角河仔港被国务院批准为一类口岸，通航广州、深圳、香港等华南地区诸港；航空，虎门北接广州机场、南邻深圳机场、西近珠海机场；陆路，广深珠高速公路、S256省道纵贯全境，1小时车程可抵珠三角各主要城市。展望在虎门设火车站的广深港铁路客运专线的建成运行，虎门又将增加便捷的现代化轨道交通。

虎门，是一块英雄的土地。改革开放以来，敢为天下先的虎门人民抢抓机遇，团结拼搏，经济社会发展取得令世人瞩目的成就，先后被誉为“全国财政之星”、“全国乡镇之星”、“中国女装名城”、“全国体育工作先进集体”、“全国民政全优镇”、“国家卫生镇”、“广东省文明镇”、“广东省科技镇”、“广东省教育强镇”。2005 年，全镇人民紧紧抓住发展第一要务，围绕建设现代化南国海滨港口商城的目标，以“整合、深化、攻坚”为工作指导方针，加快发展、率先发展、协调发展，荣获“全国首届小城镇综合发展水平 1000 强（第一名）”、“全国小康建设明星乡镇标兵”、“（全国）军民共建社会主义精神文明先进单位”等国家、省、市级的奖项 34 项。

综合实力不断增强。2005 年，虎门镇完成国内生产总值 127．43 亿元，工业总产值 215．90 亿元，工商税收 26．65 亿元，镇本级可支配财政收入 8．77 亿元，年末各项人民币存款余额 262．96 亿元，外贸出口 14．79 亿美元，私营及个体消费品零售额 54．69 亿元，农村集体资产总额 79．24 亿元，农村人均纯收入 11285 元。

商城建设成就斐然。投资 1555 万元编制完成 17 项控制性详细规划，编制控规面积达到 9590 公顷，占全镇可用地面积的 80%。35 项重点工程建成投入使用，33 项重点工程在建，另有 31 项重点工程正在筹建之中。投资近 5 亿元新建和改造了一批路桥，包括连升南路、连升北路、长德路、金龙南路、金宁路、体育路、南北大道和港口大桥，总长度达 28．8 公里。

名牌战略初见成效。名牌发展战略是推动区域经济和特色经济发展的重要手段，也是自主创新能力增强的外在表现。近年来，虎门镇大力培育名牌，实施“百万促名牌”工程，脚踏实地走名牌发展之路，取得可喜的成绩。2005 年，全镇仅服装类就获得中国名牌产品 1 个，国家免检产品 5 个，广东省名牌产品 5 个，广东省著名商标 4 个，注册的服装商标达 4000 多个。“以纯”品牌喜摘“中国名牌产品”殊荣，是虎门名牌发展战略的一个可喜突破。

商贸物流繁荣兴旺。近年来，随着服装行业的兴旺，虎门的第三产业特别是酒店、餐饮、信息、旅游、物流和房地产等行业兴旺发达，闻名遐迩。全镇社会消费品零售总额62．36亿元，其中私营及个体消费品零售额54．69亿元；累计在册各类营业执照37224户。目前，全镇有龙泉国际大酒店、豪门大饭店、丰泰花园酒店等三家五星级酒店；拥有富民商业大厦、黄河时装城等大型服装商场21家、布料市场6家，经营面积达35万平方米，年服装销售额120亿元，从业人员达20多万人。至今，中国（虎门）国际服装交易会已成功举办了十届，每届成交额都在10亿元以上，第十届中国（虎门）服装交易会更创下了成交额35．8亿元的新高。商贸虎门，百业兴旺，车水马龙，一派欣欣向荣的繁华景象。

虎门不仅是经济强镇，更是雄奇魅力之城，人文历史悠久，旅游资源丰富。从远古的新石器时代贝丘遗址，到近代的鸦片战争遗迹——林则徐销烟池、威远炮台、沙角炮台等抗英战场遗址；从抗日名将蒋光鼐的故居，到热血洒虎门的民主革命战士的执信纪念碑，从雄伟壮观的虎门大桥，到气势恢宏的海战博物馆……都在诉说着这片热土的辉煌和荣光。

据该镇党委书记钟淦全、镇长任洪杰介绍，根据“对接、拓展、冲刺”的工作方针，按照稳定农业、优化工业、发展壮大第三产业的思路，虎门镇正全力打造商贸重镇，努力实现工业、商贸、服务业、现代物流业、旅游业、金融业共同带动增长的产业结构。重点建设以银龙路为主轴线、以广深港客运专线虎门站铁路枢纽为中心，以国际商贸城为主力网点的三个“1平方公里”商业集聚区。改造传统服务业，发展现代物流、会展、咨询、会计、法律等现代服务业和文化、体育等产业。大力培育发展“两自”企业和民营科技企业，鼓动大型龙头企业，特色产业和集团公司提高研发能力，参与国际竞争，扩大出口贸易。

加快推进富马、东部和临港三大制造业版块的开发建设，构建“三带联动、全面加速”的发展格局。

虎门人民没有忘记过去，鸦片战争博物馆、虎门林则徐纪念馆在全国享有盛誉。党和国家领导人对该馆充分利用文物资料进行爱国主义教育给予高度的评价。1991 年国家文化部、人事部联合授予该馆“全国文化工作先进集体”称号，1993 年，国家文物局授予该馆“全国优秀社会教育基地”称号，1995 年，共青团中央授予该馆“全国青少年教育基地”称号，广东省委、省政府，东莞市委、市政政府分别授予该馆“文明单位”称号，1996 年，中央六部委（民政部、文化部、国家教育委、国家文物局、共青团中央、解放军总政治部）联合命名该馆为“全国爱国主义教育基地”，1997 年，该馆又获“全国爱国主义教育示范基地”称号。

驻守在虎门的海军南海舰队训练基地被誉为“水兵摇篮”。这些年来，该基地的建设和发展一直受到了党和国家领导人、军委首长和总部、海军各级领导的高度重视和亲切关怀，基地党委“一班人”深刻领会“水兵摇篮”的时代内涵，总结出了“艰苦创业、乐于奉献，勤俭办学、勤学苦练；科学组训、精武敬业，严谨治学、不断进取；甘为人梯、求实求新”的“摇篮精神”，提出了“明理、守纪、精武、报国”的校训，制定了“建一流基地，育一流水兵”的办学目标。

近几年，面对世界新军事变革的浪潮和海军大发展的历史机遇，训练基地党委“一班人”牢固树立科学发展观，审时度势，确立了把基地建设成“学习成才的校园，陶冶身心的乐园，舒适温馨的家园，爱军习武的精武场”新目标。从当新兵至今在基地工作整整 30 年、并成长为基地司令员的苏云太深深懂得：基地发展的出路在于训练。本世纪初，基地赢来了体制编制调整，在苏司令员带领下，基地大刀阔斧，按照“紧贴作战任务、紧贴现有装备、紧贴本职岗位、紧贴部队实际”的原则，对原有教学专业进行整合，先后淘汰旧装备科目 39 个，新增新装备科目 41 个，储备了英语等部分发展中的专业，同时对训练内容和培训模式重新设计。与此同时，基地加快了信息化建设和教工人才队伍建设的步伐，把“学好信息化知识，培养信息化人才，打赢信息化战争”作为当前和今后一段时间基地发展的突破口。2001 年以来，基地加强内部人才梯次培养的同时，每年从地方大学毕业中招进专业人才 20 多人；每年立项并投入资金几百万元加强网络教学、实作训练、体能综合训练硬件建设，实现了“场地设施与训练任务相配套，专业实验室与专业设置相配套”的建设目标，使教学环境和质量大大提升，较好履行了培训使命。

同时，基地政治工作也处于新的发展时期。驻地社情复杂、地方经济和生活对干部拉力大和官兵思想活跃，如何“守住阵地，唱响主旋律”是基地党委多年想解决却一直没有解决好的问题。2006 年初，基地新任政委许益民上任伊始，对机关和基层各层次人员逐一谈心，掌握官兵思想动态，为创新基地政治工作发展“把脉”。随后，基地党委确定把“以人为本、官兵一致”贯穿创新政治教育工作始终，出台了“你成才，我搭台”、“你苦恼，我分忧”等一系列措施，鼓励官兵把心里话说出来，把信念表达出来，把干劲使出来。“艰苦创业，乐于奉献；勤俭办学，勤学苦练；科学组训，精武敬业；严谨治学，不断进取；甘为人梯，求新求实”的“沙角精神”曾经激励一代又一代“沙角人”爱沙角、干沙角，如今，基地赋予“沙角精神”时代特色和新的内涵来教育引导部队，即挖掘鸦片战争屈辱史、驻地改革开放成就史、部队艰苦奋斗发展史“三史”教育资源，围绕“培养战斗精神，唱响摇篮主歌”主题，采取“每月一课、每周一讲、每天三个半小时、课前三分钟”的“链条式”教育模式，开展经常性教育；在教工人员和学兵中分别开展师德师风教育和人生观价值观教育，叫响“今天的课堂、明天的战场”等口号，确保了官兵思想高度稳定和保持昂扬的精神状态。此外，基地还大力加强军营文化建设和积极改善官兵生活条件，营造和谐的军营内外环境，使官兵全身心投入工作中。

据该基地政治部主任杨宇介绍，经过全体官兵的共同努力，近几年，基地建设硕果累累：先后被评为全国群众体育工作先进单位、全军文明卫生军营、全军绿化先进单位、全军营区房地产正规化管理先进单位、全军机要保密先进单位；海军管理教育先进单位、海军后勤管理先进单位、海军营区房地产正规化管理先进单位、海军从严治军先进单位；多次被舰队评为抓基层建设先进师、军事训练先进单位和军事理论研究先进单位。

今天的“水兵摇篮”，正在以冲刺的姿态，为建设强大海军交出满意的“第一棒”！

虎门——这个古老的港湾正在披上新装，集结起一支远洋船队，扬起一片片风帆，勇往直前，破浪飞航！

后 记

写完本书“尾声”的最后一个字，我仿佛是一个刚从浩瀚史海中冲浪回来的海娃——尽管未能游到史海的深处，但我确确实实体味到了史海的广博、深厚，感受到了史海的久远、力量。历史展现在我们面前的是过去，而预示着的是未来。

中华民族是具有悠久历史的民族，又是具有尊史、学史、治史和弘史传统的民族。自古以来，历史知识、历史智慧和历史经验，就像慷慨无私的阳光和润物无声的雨露，哺育了一代代中华儿女。无论是站在时代潮头弄潮的领袖人物，还是与他们同舟共济的平民百姓；无论是满腹经纶的学界泰斗，还是目不识丁的山野渔樵，莫不受益于历史这一取之不尽的精神财富。正如马克思所言：“历史就是我们的一切，我们比任何一个哲学学派，甚至比黑格尔，都更重视历史。”学者田居俭在《论学史》中曾写道：“历史能教人遇事温故而知新，慎思明辨，判断是非，或法或戒，决定行止。历史对于培养人的理想、信念、道德和情操，对于国家的治乱兴衰、得失成败，均有不容低估的作用。”

注重学习和研究历史，是以江泽民同志为核心的党的第三代领导集体一贯倡导并身体力行的重要思想。江泽民说：“中华民族的历史，是全民族的共同财富。全党全社会都应该重视对中国历史的学习，特别是要在青少年中普及中国历史的基本知识，以使他们学习掌握中华民族的优秀传统，牢固树立爱国主义精神和正确的人生观、价值观，激励他们为中华民族的伟大复兴而奉献力量。我一直强调，党和国家的各级领导干部要注重学习中国历史，高级干部尤其要带头这样做。领导干部应该读一读中国通史。这对于大家弄清楚我国历史的基本脉络和中华民族的发展历程，增强民族自尊心、自信心和奋发图强的精神，增强唯物史观，丰富治国经验，都是很有好处的。同时，我们也要学习和借鉴外国历史。历史知识丰富了，能够'寂然凝虑，思接千载'，眼界和胸襟就可以大为开阔，精神境界就可以大为提高。"江泽民同志提倡的领导干部"讲学习、讲政治、讲正气"，而讲政治、讲正气，也是要以丰富的历史知识做基础的。在新旧世纪交替的重要时刻，认真学习中外历史特别是学习中国近代史，对于开拓视野，鉴往知来，在纷繁复杂的形势面前始终保持清醒的头脑和坚定的立场，对于提高自身素质，特别是提高领导干部水平，更好地肩负起历史重任，迎接新世纪的到来，具有十分重要的意义。"

应该说，学苑出版社策划这套丛书并得到海军政治部积极支持，有着不同寻常的政治意义。他们较早地察觉到了在改革开放新形势下用历史教育人的作用；较早地意识到了在报纸、图书、杂志竞争激烈、鱼目混珠、良莠不齐的今天，用优秀的作品鼓舞人、激励人的紧迫性和必要性。正是他们非常的政治敏锐性，才使我有了一次系统学习、探讨中国近代史的机会。十二个月的寒窗苦读，三百六十多天的挑灯笔耕，才有了这样一部《烟锁虎门》。其实，这些都是一代又一代历史学家的成果，我只不过是用读者的眼光，记者的笔触，中国近代史爱好者的感想，把史海中有关第一次鸦片战争期间虎门海战的故事一一讲给读者听——因为历史上的虎门是"天朝之门"，西方侵略中国，鸦片战争的爆发，都是从虎门开始的。

此书从出版到现在已经过去了近半年，出版社本着认真负责的精神，对初版图书又组织了认真细致的审校，纠正了个别误疵，对此我深表谢意。同时，对海军、南海舰队、海军广州基地、海军虎门沙角训练基地等部队在作者采写期间所给与的大力支持，再次表示衷心感谢。

千秋的沧桑不能忘记，百年的屈辱不能忘记。海岸的古炮告诉今天，中国海有过沉重的往昔。愿更多的人关心历史、学习历史；愿更多的读者关心中国海洋的开发利用，关心中国海军的现代化建设与发展。让我们携起手来，用爱心、智慧和不屈不挠的精神，把我们的祖国建设得更加繁荣、昌盛、强大。

作　者

2007年7月再版之际

出版者的话

记得是在1998年，我社邀请了十几位海军的军官、作家、学者座谈，商讨创作一套反映中国近代海战史的丛书。与会者深沉的思索，至今记忆犹新——

当一座座大厦拔地而起，对于昨天，人们以为已经讲述得太多，书写得太多。于是人们开始遗忘昨天，遗忘中华民族苦难的昨天。遗忘，产生冷漠，产生麻木，产生目光短浅和急功近利……

其实，昨天距离我们并不遥远。昨天，起于19世纪40年代，长达一百余年的腥风血雨，把积贫积弱的旧中国拖入深重的民族灾难之中……

深入昨天，一个不常为人注意的史实凸现在我们面前：一百多年前，帝国主义对中国的入侵，绝大部分来自海上，虚弱的海防无法襟护国土，从此中国沿海地区烽烟四起，国门洞开，山河破碎。中国近代海战场的焦土血海所书写的，几乎就是一整部近代中华民族遭受帝国主义侵略的痛史。然而，中华民族从来不甘于耻辱，我们的先人在帝国主义的疯狂入侵面前，进行了殊死的抗争。中国近代海战场的残垣断剑所书写的，又是一整部近代中华民族抗敌御辱的悲壮史诗。我们还看到：中国近代史上，灾难来自于海洋，抗争起自于海洋，觉醒同样兴起于海防斗争的艰苦实践中。西方列强来自海上的侵略，震醒了沉睡的中国，唤起了觉醒、奋起的中华民族……

时间到了20世纪末，海洋已经成为振兴中华民族新的生存空间，成为中国经济发展的生命线。即将到来的21世纪，很早就被称为“海洋世纪”。谁在21世纪赢得海洋，谁就拥有了希望。回首漫长的华夏文明史，中华民族曾经在海洋上书写过辉煌的海洋文明；而在近代，我们却不得不面对海洋上涌来的无穷灾难。历史告诉我们，所有关于海洋的梦想，都必须以海权为依托。我们曾经饱受丧失海权、遭受海上入侵的苦难。历史，绝不能重演。拥有海洋、经略海洋、守护海洋，就是守护我们民族的未来……

我们的思索，产生了创作出版《中国近代海战场纪实》丛书的信念——在新世纪即将到来的时刻，采用纪实文学的方式，记述史实，揭示历史教训，唤起大家万众一心建设强大中国的责任感、使命感。

《中国近代海战场纪实》的讲述内容，时间贯穿1840年鸦片战争到1911年辛亥革命的整部近代史，地域覆盖整个中国沿海，刻画了众多鲜明的人物形象，进行了惊警世人的深层思考，是记述这段历史的最全面、系统、翔实的大型纪实文学作品。

在长达6年的创作和出版过程中，当作者半夜打来电话，声音哽咽地朗诵他刚写就的感人段落时；当跟随作者在斜阳衰草中寻觅古炮台遗址，默默凭吊先烈时；当采访军舰官兵，看到一位舰长在保卫西沙的海战中被弹片击伤的手臂时；当慰问海岛官兵，体验蚊虫叮咬、烈日暴晒、孤独寂寞的滋味时，一定要出好这套丛书的信念与日俱增。

《中国近代海战场纪实》丛书出版后，几十家报刊摘登、报道，中央电视台军事部以此为蓝本制作播放了大型系列专题片。

我们欣喜地看到，近几年来，海洋、海权日益受到全国人民的关注，人民海军日益壮大。今年，恰逢中国人民解放军建军80周年，因此，我们决定重新出版这套丛书，旨在让更多的读者了解历史，重视海洋，关心人民海军的建设，把我们的国家建设成为海上强国，完成中华民族复兴大业。

学苑出版社

孟　白

2007年7月